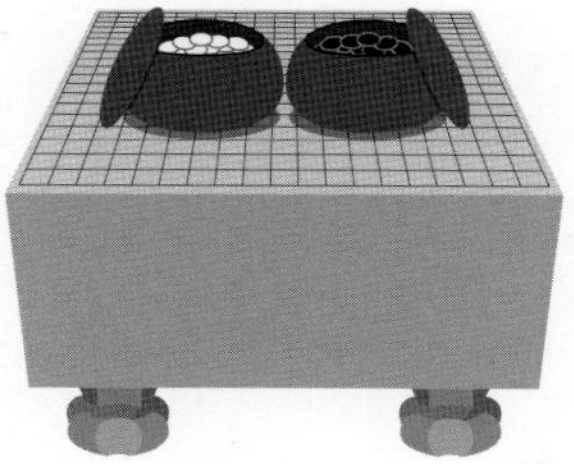

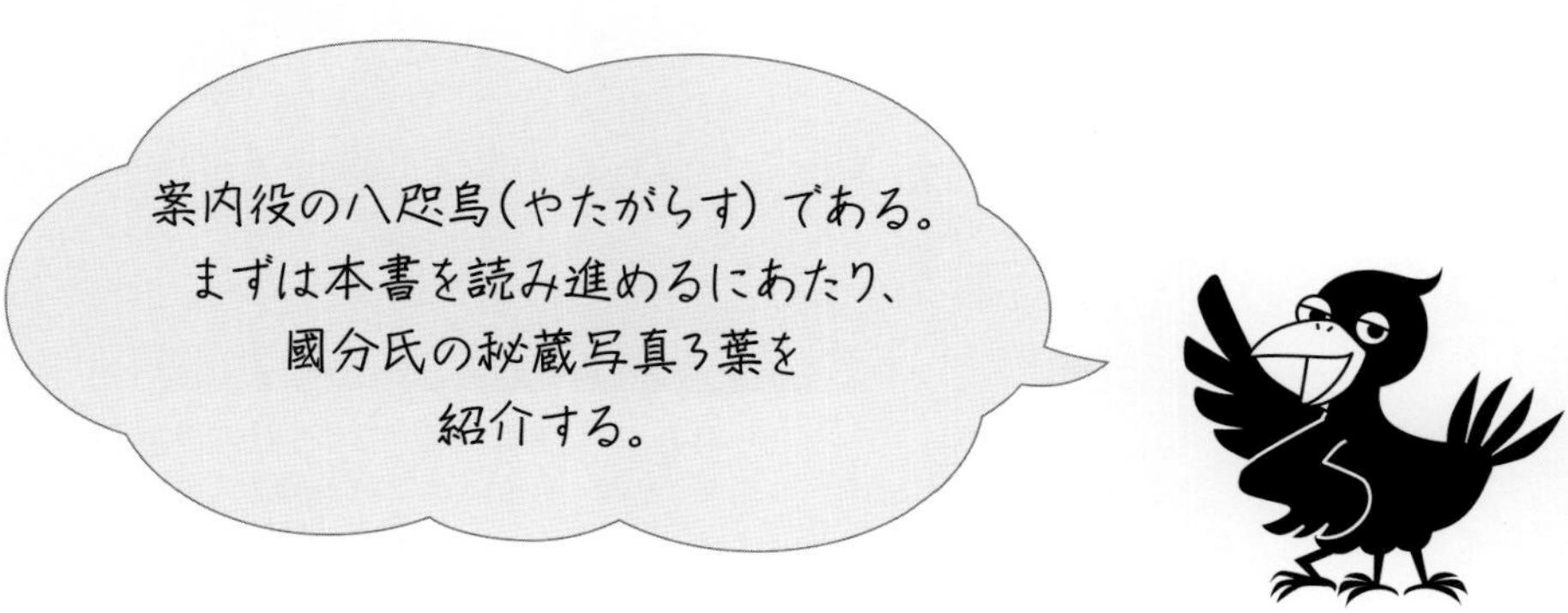
案内役の八咫烏（やたがらす）である。
まずは本書を読み進めるにあたり、
國分氏の秘蔵写真3葉を
紹介する。

中盤 第五章「「遷御の儀」に参列して」(p.188) より
平成25年10月、烏帽子、束帯、木沓、笏といった古式ゆかしい出で立ちで
遷御の儀に参列した

中盤 第五章「創立100周年記念大会を終えて」(p.176) より
平成17年11月13日、明治神宮会館で行われた修養団創立100周年記念大会において、
天皇皇后両陛下(当時) をご案内する著者(右端)

中盤 第四章「團十郎、玉三郎との晴舞台」(p.168) より
平成9年1月、国立劇場にて舞台挨拶をする著者(左から2人目)
左から、4代目中村梅玉、著者、12代目市川團十郎、5代目坂東玉三郎

ひとつの人生の棋譜

國分正明

悠光堂

かつて神武天皇の東征に際し、
熊野から大和まで道案内をしたのが私だ。
サッカー日本代表のエンブレムにもなっており、
諸君もきっと目にしたことがあろう。
私にはもう一つの役割があるが、
これはもう少しあとで話すことにしたい。

まえがき

人は皆それぞれ異なる人生を過ごす。全く同じ人生というものはない。大学を卒業して会社に入り、定年まで勤めるという典型的に平凡といわれる一生でも、一人ひとり異なった人生である。専業主婦であっても、歩んだ生涯は他の誰でもない、その人だけのものである。現在世界の人口は八十億人ほどで、人類の登場は約二十万年前に遡るともいわれているから、これまで地球上に生存した人間の数はとんでもない数である。つまりそのとんでもない数だけの人生があったということになる。私の人生もその膨大な数の中のひとつに過ぎないが、私を含めてそれぞれの人にとってそれは唯一無二のものであり、かけがえのないものでもある。

本年は子《ね》年である。私は七回目の年男なので、八十四年間の人生を過ごしてきたことになる。この間、頼まれて書いた雑文類、新聞雑誌などで報道されたもの、資料として残されたものなどが結構な量になった。これらを整理し、新たに書下ろしたものを加えてできたのが本書である。その時々に感じたこと、これまでに出会った人々、遭遇した事件など、それぞれが私の人生の一コマであり、これまで歩んできた足跡を記録したものである。囲碁、将棋の対局を記録したものを「棋譜」というが、これに倣って書名を「ひとつの人生の棋譜」とした。

人生の終末期になると、多くの人が、その軌跡を一部なりとも残しておきたいという気持になるものらしい。自分史を書く人もおり、写真、絵画、詩歌などの作品集を出す人もいる。私の場合それが本書の出版ということになる。これまでの資料を整理し、新たに色々書下ろしていると、それが過去のいとなみの記憶を呼び覚ますきっかけとなった。そして仕事を進めて行く上での悩み、苦労などを通じ、また多くの人との出会い、交流などが栄養となって、未熟な私をそれなりに育ててくれたのかなと改めて感じた。

遊び心が強いせいもあって、余暇には囲碁、ゴルフなどの趣味にも結構手を出した方である。これが緊張を強いられ勝ちな職業生活に休息と安らぎを与え、同時に私の人生をより豊かなものにしてくれたことは間違いない。今の人達は、個人差もありその実情を十分知っているわけではないが、色々な事件の影響で厳しく規制され、自制というより委縮しているようにも見受けられる。節度を保つことはもとより当然だが、緊張と弛緩のバランスがとれていないとよい仕事ができないのではないかと心配である。

それはともかく、本書の中核をなすのは、集められた既存の雑文などであり、元々独立したものであるので、テーマ、硬軟、長短など様々で、全体として統一がとれているわけではない。雑多なものの集合体と自覚している。したがって、通して読むという形になっておらず、気の向いたところ、興味のもてるところを拾い読みしていただければと思う。そして、一箇所でも二箇所でもそんなところがあって目を通していただければこの上ない喜びである。

最後に、記憶を頼りに書き足したものには記憶違いなどがあるかもしれないが、高齢のゆえとお許しいただきたい。

目次

中盤　職場の棋譜……71

第三章　虎ノ門の時代

終盤　残余の棋譜 …… 191

第一章　思うこと …… 193

【序盤】余暇の棋譜

久保公人氏との序盤戦

第一章　囲碁

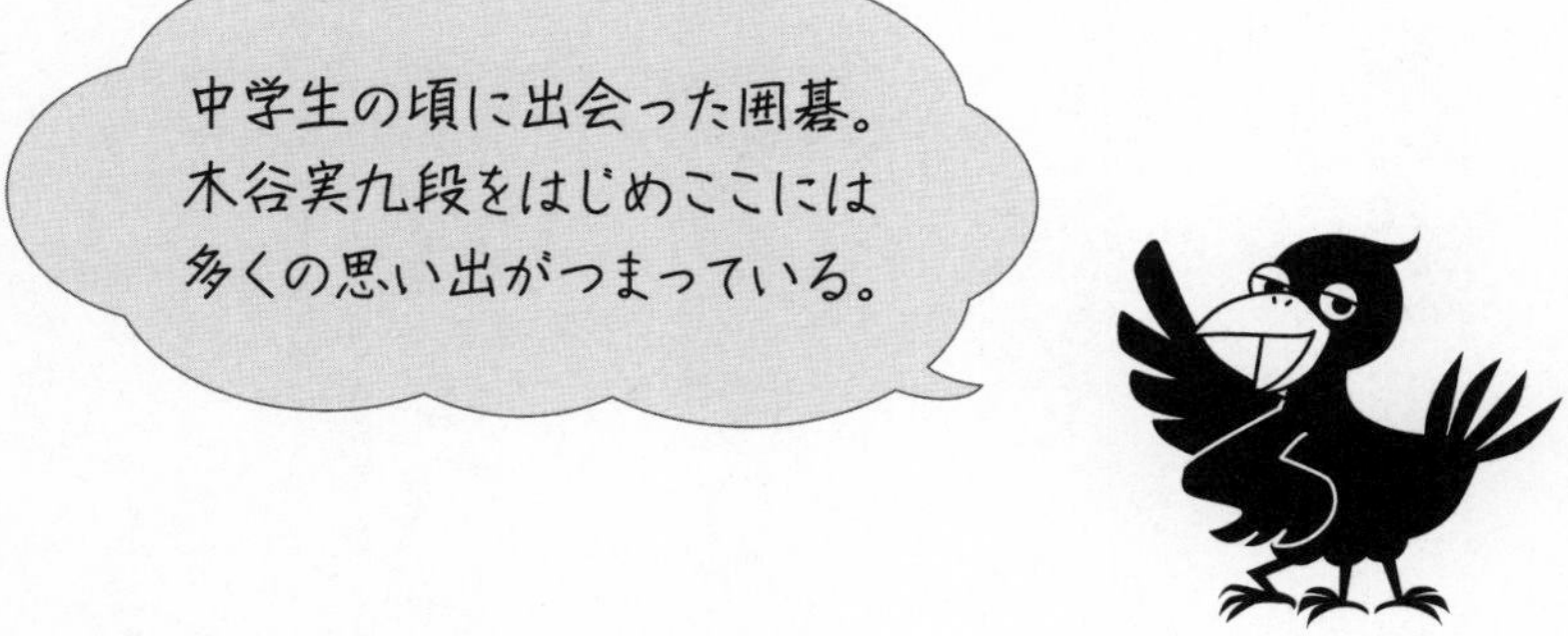
中学生の頃に出会った囲碁。
木谷実九段をはじめここには
多くの思い出がつまっている。

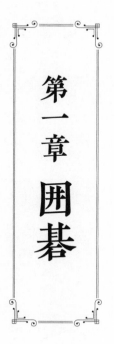

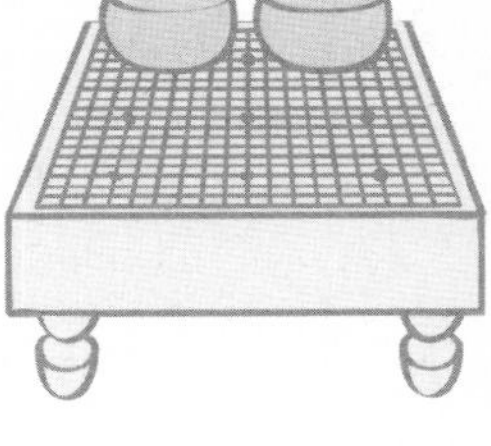

加藤正夫さんは、名人など数々のタイトルを獲得した超一流の囲碁棋士である。囲碁界を統轄する日本棋院の理事長も務めた。

加藤さんは福岡の出身で、同じ福岡出身で文部省ＯＢの劔木亨弘（文部事務次官、文部大臣）先生が後援していた。その劔木先生が、「彼を応援してやってほしい」と当時若手のホープだった加藤さんを文部省に紹介され、省内の囲碁同好会「かとう会」が発足した。劔木事務所の一室が土曜日に開放され、加藤さんはじめ、王立誠（現九段）さんなど若手棋士が指導に見えた。お蔭で、中央官庁囲碁大会などでは文部省は強豪チームとして存在感を示すことができた。また、年末には日本棋院で忘年の「かとう会」を開くのが恒例であった。

私が直接指導を受けたのは昭和五十五年の対局（別掲三十四ページ参照）が初めてで、以後何局か打っていただいたが、一度も勝たせてもらえなかった。素人相手の指導碁でも決して手を抜くことがなかったのである。加藤さんは若手の頃、相手の大石を殺すことで有名で「殺し屋加藤」などといわれていたが、ある五番勝負のタイトル戦で三勝全部が半目勝ち（きわめて僅差の勝ち）という離れ業を演じ、「半目の加藤」と呼び変えられたこともあった。加藤さんは本因坊時代劔木先生の劔をとって「劔正」と号したが、先生は「劔」は人を殺す劔ではなく人を助ける劔であるといわれていたそうで、それを体現されたのかもしれない。

加藤さんの弟子の梅沢由香里（現吉原六段）さんは、その美貌とテレビ番組の司会などで

二人の名人

囲碁界のアイドルといわれていた。その梅沢さんと、加藤さんの解説で、有線放送テレビの企画で二子を置いて対局した。顔に見とれていたら負けるぞなどと冷やかされていたが、中盤過ぎに別に顔を見たわけではないが無理な手を打って切り返され、見事中押負けだった。収録したビデオテープは、いい思い出として私の大切な宝物となっている。

加藤さんが亡くなった今も、毎年年末にご指導を受けた有志が集って忘年碁会「かとう会」を開き、加藤さんを偲んでいる。

囲碁は、中学の頃、田舎初段位の父の晩酌の遊び相手として覚え、暫くして父と同じ位の棋力になった。父以外の人と打ったことは殆んどなかったと思う。本格的にのめり込んだのは、大学に入って間もなく囲碁部に属してからである。山中湖にある東大の施設に一週間合宿し、湖には一度も出ず、食事の時と眠る時以外はひたすら碁盤に向き合っていて、帰る頃には数段強くなっていた。大将、副将級にはプロの院生修行した人や後に県代表になった人など強者がいて、私などは大学対抗などではやっと末席にいられるかどうかだった。

その後、棋書などで知識は増え、技術は向上したと思うが、同時に勝負に対する執着心とか持久力などは年々衰えて、勝負という点では弱くなっているような気がする。事務次官当時、日本棋院の週刊紙「週刊碁」に掲載するため、小松英樹七段（当時）に三子で指導碁を打ってもらい、〝惜敗〟だったということで、六段の免状を頂戴した。多分に名誉的な意味

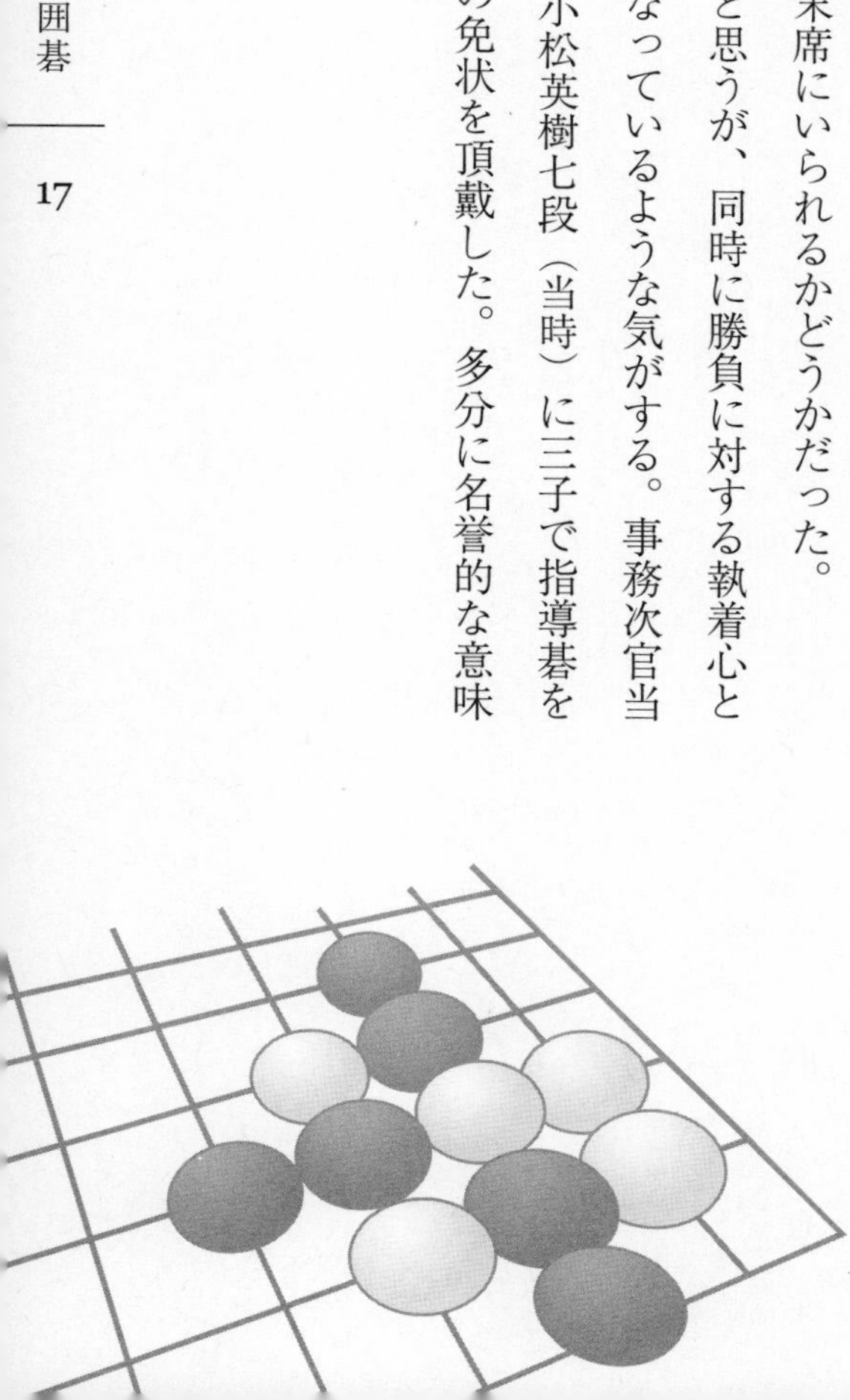

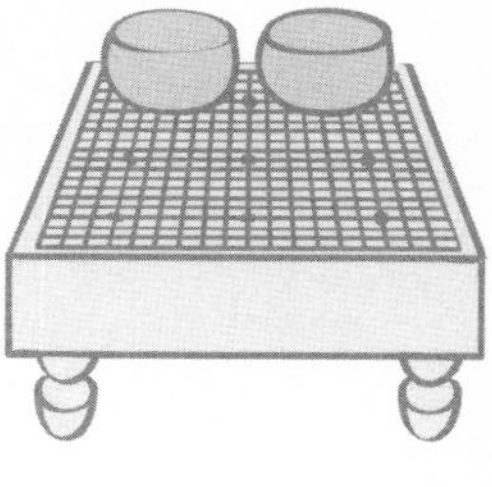

合いもあったのではないかと推測している。

米長邦雄さんは、名人など数々のタイトルを獲得した超一流の将棋棋士である。将棋界を統括する日本将棋連盟の会長も務めた。

それまで講演を聞いたことがあるだけで全く面識のなかった米長さんと知り合ったのは、東京都の教育委員をしている時、米長さんが水泳の古橋広之進さんの後任として教育委員に就任してからである。一芸に秀でた方は、とかくその分野以外のことには興味を示さない傾向があるが、米長さんは博識で世情にも通じていた。

教育委員会では、独自のルートで教育現場を取材して、その具体的事実を基に独特の視点から意見を開陳し、事務局をタジタジさせていた。とにかく熱心だった。地盤沈下の著しい都立高校の活性化の検討で、伝統文化尊重の教育方針を掲げる白鴎高校の取り組みを積極的に支持したり、全国的に論議を巻き起こした扶桑社の社会科教科書の採択ではその教科書の長所を強く主張したりしていたことなどが記憶に残る。

私の将棋は、文部省将棋部の指導に当たっていた武市六段に多面指しで飛車落が精一杯で、せいぜい初段か二段位の棋力だった。それで、名人に対して「将棋を指して下さい」とはとても言えなかったのだが、今思うと、図々しく指導将棋をお願いしてみるんだった、記念になったのになと残念である。

米長さんは鷺宮（中野区）に居を構えていて、出身高校も都立鷺宮高校である。私も西武新宿線の鷺宮駅を挟んで徒歩十五分位の近所に住んでいた。家の近くに「わび助」という家族経営のちょっと洒落たすし屋があって、米長さんと共通のなじみ店であることが判って以来数回（一回はお互いの家内同伴で）すしをつまんだりしていた。

加藤さんが日本棋院の副理事長、私がそこの理事をしている時、囲碁対局のインターネットの導入をめぐって棋院執行部と私が意見が合わず、私が理事を辞任するということが起こった。加藤さんと特別何かあったわけではなく、個人的には今までどおりだったのだが、米長さんが二人の関係がまずくなっているのではと心配して、一緒に会食しようと提案してくれた。理由はともかく、会食自体は常に大歓迎なので、その席を前述の「わび助」に設定した。そこで何を話題としたかは忘れてしまったが、賑やかな米長さんがいたお蔭で談論風発、雰囲気が盛り上って楽しく過ごしたことは憶えている。ただ、囲碁と将棋の名人二人に囲まれているということは普通はあり得ないことなので、記念写真の一枚も撮っておくんだったと悔まれてならない。

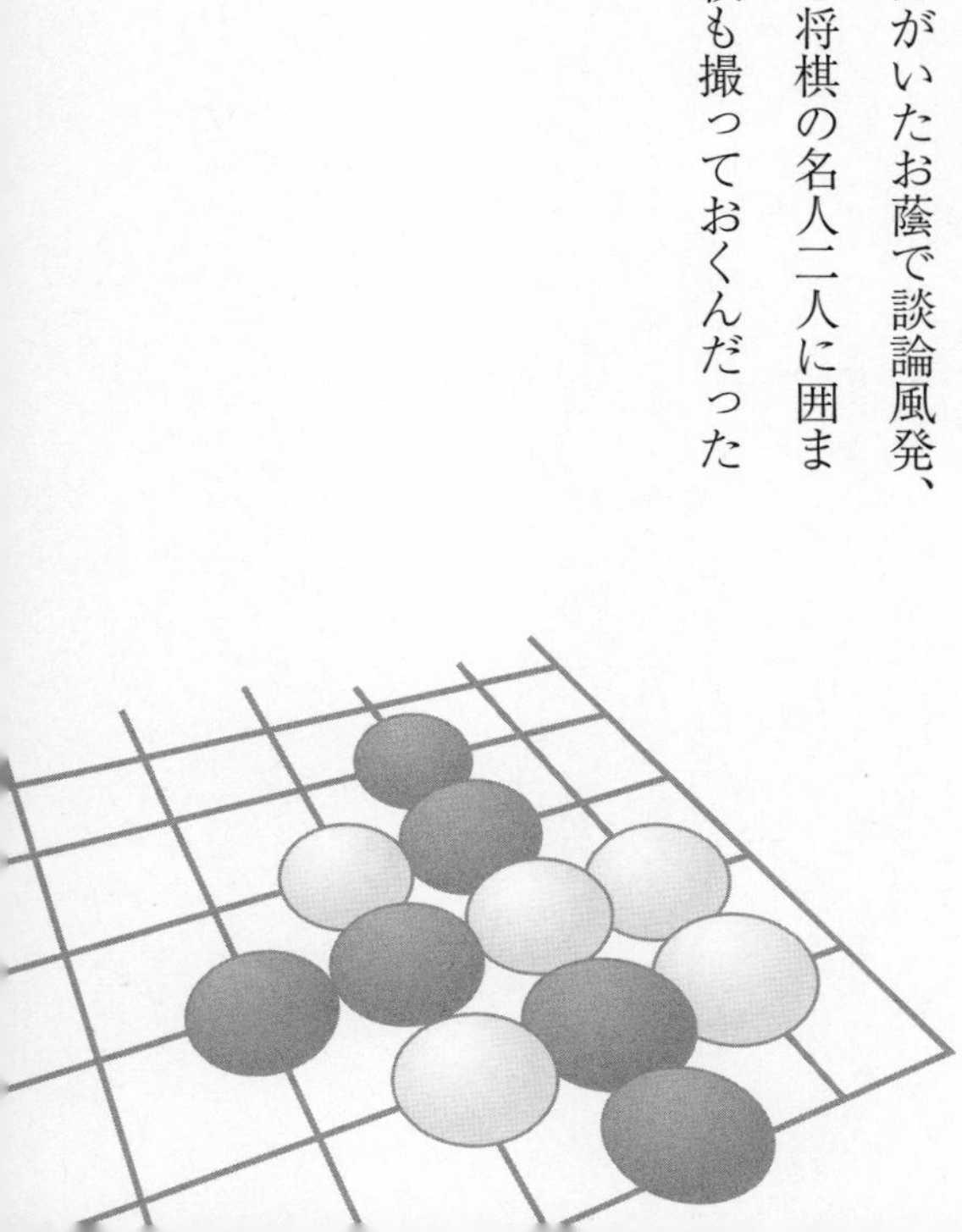

故木谷実九段についての忘れ難い思い出を述べてみたい。

昭和三十五年の紫綬褒章候補者として囲碁棋士鈴木為次郎九段が検討されることになり、担当でもない私に、碁を打つという理由から、功績調書の作成が命ぜられた。早速日本棋院に功績関係の資料提供を依頼した。

数日して和服姿の中年紳士が役所に私をたずねてみえた。それが木谷実九段であった。木谷実といえば呉清源とともに昭和初期から新しい布石法を考案するなど常に棋界のトップにあり、もちろんその時も最高峰の一人であった。碁を打つ者にとって神様みたいな人が突然目の前に現れたのだから、私の驚きと緊張は想像願えよう。

木谷先生は鈴木九段の弟子で、師匠の功績関係資料をわざわざ自分で持参されたのであった。先生はその後も数度見え、師匠の功績を懸命に訴えていかれた。碁一筋、世間的なことには不器用な先生が役所にまで来て折衝事をするなどということは、恐らく空前絶後だったのではないか。弟子

交遊抄

8/31 日経 (32)

故木谷実九段についての忘れ難い思い出を述べてみたい。

昭和三十五年の紫綬褒章候補者として囲碁棋士鈴木為次郎九段が検討されることになり、担当でもない私に、碁を打つという理由から、功績調書の作成が命ぜられた。早速日本棋院に功績関係の資料提供を依頼した。

数日して和服姿の中年紳士が役所に私をたずねてみえた。それが木谷実九段であった。木谷実といえば呉清源とともに

道

明 正

はないか。弟子として師のため日本棋院に任せず、求めて不慣れなことをされる姿には頭が下がる思いがした。

それが縁で、その後しばらく月に一、二度四谷の先生宅にお邪魔するようになった。当時先生は、毎週土曜日木谷道場をアマチュアに開放されていたが、師の紫綬褒章受章を喜ばれて若い私をも多とされ、そこに案内を受けたからである。他のアマチュアとともに小学生くらいの内弟子たちに指導を授けるのだが、礼儀作法などのしつけの厳しさは驚きであった。終わ

『日本経済新聞』32面
平成3年8月31日

『日本経済新聞』, 平成3年8月31日

交遊抄 棋士道

として師のため日本棋院に任せず、求めて不慣れなことをされる姿には頭が下がる思いがした。

それが縁で、その後しばらく月に一、二度四谷の先生宅にお邪魔するようになった。当時先生は、毎週土曜日木谷道場をアマチュアに開放されていたが、師の紫綬褒章受章を喜ばれて若い私をも多とされ、そこに案内を受けたからである。他のアマチュアとともに小学生くらいの内弟子たちに指導を授けるのだが、礼儀作法などのしつけの厳しさは驚きであった。終わると美春夫人と礼子嬢などのお給仕で夕食までご馳走になった。そんな時、指導中の厳しい表情とは打って変わり、「今日相手したA君は強くなりますよ」などと目を細めておられた。

現在囲碁界のトップ棋士のほとんどが木谷一門であり、一門の総段位数は四百段を突破しているという。昭和四十年師に続いて紫綬褒章に輝いた先生は五十年逝去されたが、碁が強いだけでなく、師を思い、多くの優秀な弟子を育てた偉大さを改めて思うのである。（こくぶん・まさあき＝文部事務次官）

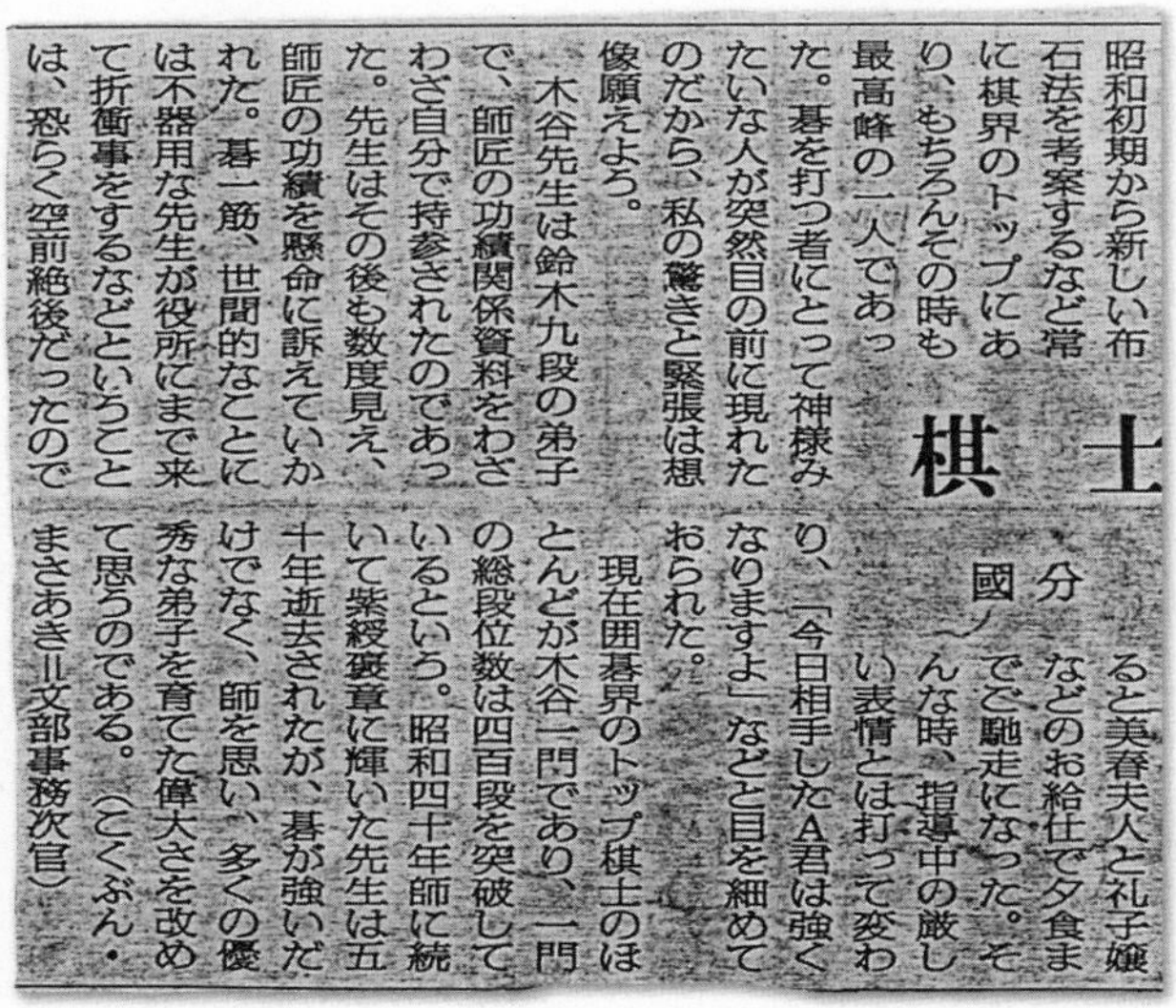

棋士

國分

昭和初期から新しい布石法を考案するなど常に棋界のトップにあり、もちろんその時も最高峰の一人であった。碁を打つ者にとって神様みたいな人が突然目の前に現れたのだから、私の驚きと緊張は想像願えよう。

木谷先生は鈴木九段の弟子で、師匠の功績関係資料をわざわざ自分で持参されたのであった。先生はその後も数度見え、師匠の功績を懸命に訴えていかれた。碁一筋、世間的なことには不器用な先生が役所にまで来て折衝事をするなどということは、恐らく空前絶後だったので

ると美春夫人と礼子嬢などのお給仕で夕食までご馳走になった。そんな時、指導中の厳しい表情とは打って変わり、「今日相手したA君は強くなりますよ」などと目を細めておられた。

現在囲碁界のトップ棋士のほとんどが木谷一門であり、一門の総段位数は四百段を突破しているという。昭和四十年師に続いて紫綬褒章に輝いた先生は五十年逝去されたが、碁が強いだけでなく、師を思い、多くの優秀な弟子を育てた偉大さを改めて思うのである。（こくぶん・まさあき＝文部事務次官）

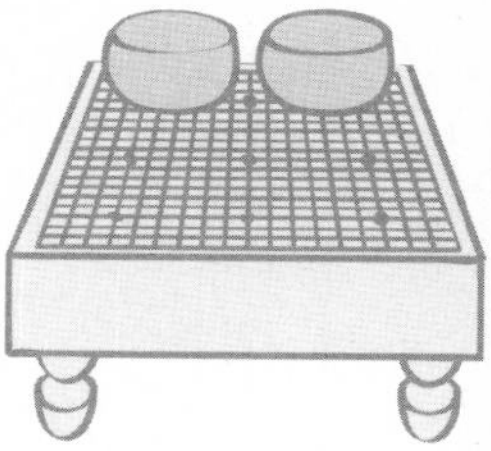

交遊抄 後日談

数年前、引き出しの整理をしていたら巻紙に毛筆で書かれた長文の手紙が出てきた。木谷先生のお嬢さんの礼子さんからの、「交遊抄」に掲載直後の時期のお礼状だった。当時すでに小林光一名人と結婚していて、ご本人もプロ棋士として活躍中で、記事へのお礼とともに父の思い出、礼子さんの囲碁への思い入れなどを綴ったものだった。このままだと私の死後廃棄処分されてしまうであろう、どうしたものかと考え、そうだ礼子さんのお嬢さんならいいのではと思い付いた。光一さんとの間のお嬢さん泉美さんは若手女流棋士として売り出し中で、張栩名人と結婚していた。旧知の観戦記者酒巻忠雄さんを介して手紙をお渡しすることができた。また丁寧なお礼状が届いた。

たまたまとはいえ、不思議なことに、木谷先生の娘さん、孫娘さんと女系が囲碁棋士を引き継ぎお二人とも囲碁の名人と結婚している。泉美さんにも張栩さんとの間に娘さんが二人おり、二人ともプロの囲碁棋士を目指しているという。三代続けて名人と結婚したりしたら、たまたまを超え、不思議を超えて何といったらよいのだろうと将来のことを今からわくわくして待っている。

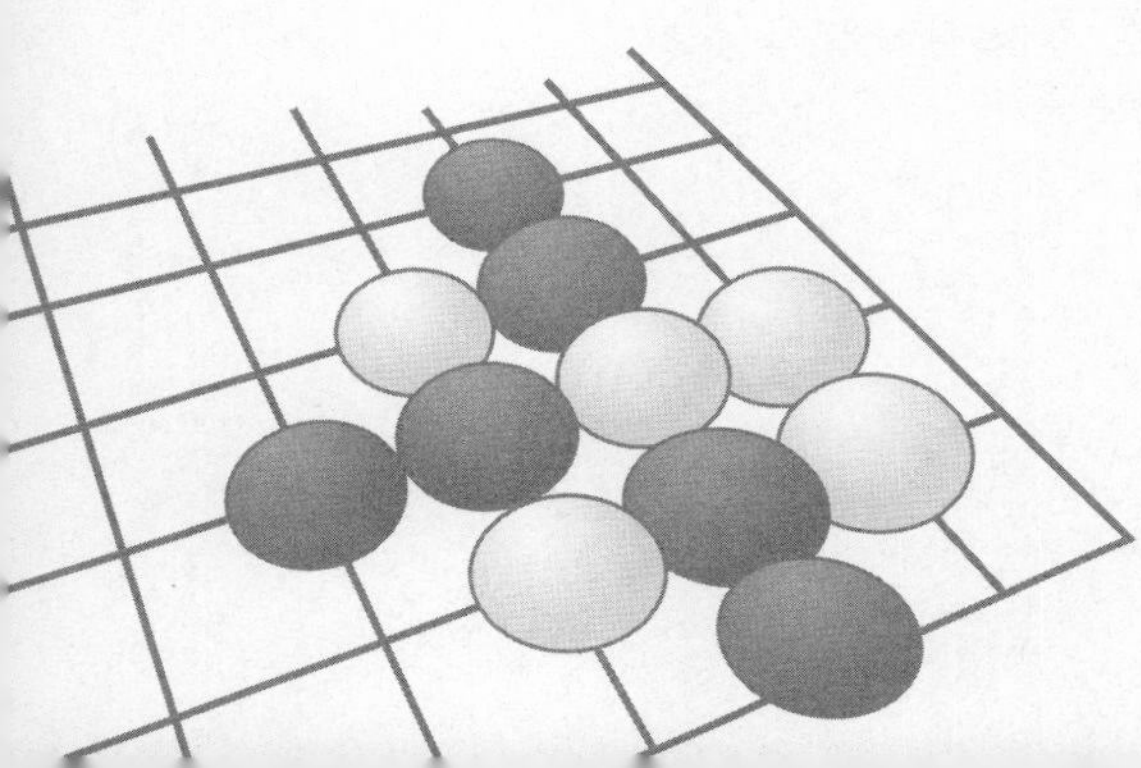

特別対談

囲碁で培われる学力

加藤正夫（かとう・まさお）

日本棋院副理事長。昭和22年福岡県出身。木谷実門下、九段。平成14年23年ぶりに本因坊復帰。獲得タイトル46は歴代5位。

國分正明（こくぶ・まさあき）

日本芸術振興会理事長。昭和11年東京都出身。東京大学卒、文部省に入省、文部事務次官を務める。現日本棋院理事。

『教師のための囲碁入門指導へのアドバイス』，公益財団法人日本棋院
平成15年7月

少年少女団体戦を誕生させよう

——今春、加藤正夫副理事長が「学校囲碁普及委員会」設立を呼びかけました。その動機とその後の活動の展開などからお聞きしましょう。

加藤　今一番問題となっているのは、学校に囲碁を打てる先生が一人もおられない、というケースが増えています。この囲碁ブームの中で、小・中学校の中で囲碁部を作る運動を展開したい、というのが主旨でした。

國分　今この時代、私達がかつて経験したことのない現象が起きているんですね。大人（教師）が宿直室で打っているのを見て、見よう見まねで碁が打てるようになった昔とは違いますね。今、子供たちが大量に碁に関心を持って打つようになった。でも囲碁部を作ろうにも、どうやってよいのやら先生方も大変だろうと思いますね。

加藤　私の出身地福岡で、ぜひ小・中学生囲碁大会を、とお願いしましたところ、熱意ある先生方や元教師が立候補して下さったんですが、「教えるのが難しい」（笑）でした。

國分　元教師にしてもそうなんですか（笑）。入門にしても「石取り」、「囲い合い」など、それぞれが正しいと思うのですが、教え方について一本化されていませんね。

加藤　子供教室など携わっている人の意見をどんどん発表するのも一法なんですが、それを週刊碁等に紹介すればいいんですが、週刊碁は打てる人しか読みませんからね（笑）。

國分　意見を広く聞いて子供はどっちが覚えやすいか、やはり調べて見ませんとね。

加藤　僕は教え方はいろいろあっていいと思うんですよ。普通の授業でも教師によって違うのですから。ただ注意しなくてはいけないことが「教え過ぎ」。

國分　教えたくなるんだなあ、あれもこれもと（笑）。

4

――現在、加藤副理事長が起こされたアクションに全国の小・中学校へのアンケートがありました。

國分　私は月刊「碁ワールド」で読んだのですが、多いか少ないかの議論は別としてかなりのところがやっている、というのが印象でした。

加藤　ですから個人戦レベルではかなり育ってきているんですね。少年少女大会の歴史もありますから。

國分　アンケートに応えてきたところが母体になって町村レベルから郡、市、県レベルまでの連盟が作れるところが出てくると勢いがついてきますね。仮に始めたいという学校が出てきた時は相談にも乗れるでしょうし。こんな時先生一人ではどうにもなりません。連盟というネットワークがあれば学校の内と外、また碁が打てる打てないに関らず、理解者を増やすこともできます。棋院の支部、連合会も学校の応援団になれると思います。

加藤　おっしゃる通りです。私の知る限りでも先の福岡、神奈川、富山など個々の活動はかなりの広まりを見せています。その盛んになった個々の動きを結びつけて組織化するのが日本棋院の使命なのだとは思っています。

國分　新聞で読みましたが、小・中学校へ碁盤の配布を始めたとか？

加藤　アンケートと連動して、現在送っています。囲碁部の人数に応じてですね。（写真）

國分　それはいいことですね。いざ囲碁部を作ろうとしても、碁盤はどうも高そうだ。そこで話が止まってしまうケースもありそうですね（笑）。

加藤　ダイドードリンコ様の好意で二千セットを寄贈していただき、申請のあった学校へ配布させていただいております。

國分　これはもっとPRしなくてはいけません。やっていても棋院のアンケートをまだ提出してないところもあると思いますから（笑）。

加藤　個々でやっていても組織として大きく育てるにはどうしたらよいかを検討して出てきたのが団体戦なんです。

國分　一人二人の個人戦ではどうしても好きな子だけがやっていると思われがちですから、ワイワイガヤガヤの方が皆でやっている意識が出てきます。

加藤　碁の良さというのは参加してみないと分からないというのがありまして、もし団体戦が出来ますと情況が変わってくると思うんです。まず地方代表という意識が加わります。これが大きい。

碁は応用

加藤　小学生が碁を始めたことによる家庭への

6

影響も見逃せませんね。高校・大学生くらいになると親は子供が今何をやっているかには関心が薄く、小学生の場合だとお母さんの関心が強烈です。

國分　「一生けん命やりなさい」、と「それはダメ」では大違い（笑）。その意味でも碁をやっているのが学業や進学のじゃまにならない、それどころかプラスになるというアピールを日本棋院は学校の先生方にも一般の方へもどんどんされる必要がありますよね。

加藤　そうなんです。韓国では囲碁塾が普通の塾より進学率が良いという一般認識が出来上がっています。必ずしも囲碁塾がプロを目指すところでは無い、というところが進んでいます。

國分　日本でも高校選手権の出場校を見れば出場校は進学校ばかり。

加藤　それが大学にも言える。

國分　大学選手権でも東大とか早慶とか一流といわれているところが常連校です。ただ囲碁がどう学業にプラスになっているか実証できていないにしても、さきの韓国の話でも分かるように、経験的に囲碁が学業にプラスにこそなれマイナスにはなりえない。いま学問的に頭脳と碁の医学的分析が進んでいますが、少なくとも碁をやっている人には経験的に分かっていることなんです。

――碁は独得の思考回路を必要とするゲームと思いませんか？

加藤　碁は応用なんです。たしかにテレビゲーム全盛ですが、それはマニュアルがあってパターンを覚えていけば良い。そこから先が無い。だから「ゲーム脳」になってしまう。碁はパターンだけではどうしようもない。

國分　やはり囲碁は頭を使うんですよ（笑）。

加藤　たえず新しい局面に対応しなければいけませんからね。

文化に接する意義

國分　囲碁の持つ大切な要素として常々感じて

いることですが、日本の文化としての囲碁です。碁に限らずスポーツでも非常に礼儀が重んじられていることです。あらゆるものが礼に始まり礼に終る。相撲、柔道しかりで、スポーツを含めた広い意味での日本の文化に接することで礼儀を自然に身につけていくことが大切だと思います。私が体験したことなんですが、昔、木谷実先生（九段）が四ッ谷に道場を持って土、日は一般の方にも解放されておりまして、アマチュアと小学生らの内弟子と打つのですが、子供たちは面白くないんですよ。一方は必死になって考えるけれど、子供達はヒョイと打って「何考えてるんだろう」と思うんでしょうね。キョロキョロしているんですよ。その時手伝いに来ていた大竹先生（英雄九段）が「まっすぐ見ろ」と一喝するんですね。中身じゃなくて礼儀作法の指導なんですね。それくらい礼というものを大事にされているわけですね。やはりそこに教育的な意義があると思います。お父さんやお母さんにとってはどうでもいいのかも知れないけれど上級学校へ行く、という一点だけでなく、そうした礼にも目覚めて欲しいなあと常々思っています。

加藤　碁は勝ちの数だけ負ける数があるのですね。誰でも勝てば嬉しいのですが、本当は負けたときが大事なんです。負けを真摯に受けとめて反省できるかどうかが分かれ目になってきます。

國分　アマチュアが見ると不思議なのは局後の感想戦ですね。私などは負けるとすぐ帰りたくなってしまう。プロの先生はある意味ではアマチュア以上なんじゃないでしょうか。生活がかかっているのですから。

加藤　負けた時きちっとした態度が「次」につながるんです。

國分　次につながる、いい言葉です。

加藤　半分が勝って半分が負ける。つまり半分が痛い眼に会う、その経験がいいのではありませんか。

國分　たしかに負けるということは大事なこと

8

ですよね、悔しいけれど。ある意味では挫折です。この挫折の経験を持っている人間、持っていない人間では本物の挫折をした時、それを乗り越える堪（こら）え性が全く違ってきます。

加藤　人生の試練の時に生きてくる。

ゆとりと教育の精神に合致

——今教育では「ゆとり」とか「生きる力」ということが強くいわれていますが。

「碁は学力を高めます」(國分氏)

國分　囲碁はその主旨にもかなっています。教科以外の体験的な学習が重視されています。たとえば世代を超えた交流。碁を通してお年寄りと子供が、このはげしい世代の断絶時代には特にね。

加藤　そうです。中間層が打ちません。お年寄りが知っていてお父さんお母さん世代が知らない。

國分　碁の体験だけでなく、身につけた碁で、公民館や老人クラブでの交流もいいものです。

加藤　福岡市では公民館でお年寄りが子供に教えているのが一年前二十ヶ所でしたが今では四十ヶ所に増えているんです。これは全国へ広がっていると思います。

國分　核家族化が進み、特に都会ではお年寄りと接したことが無い子が増えていますから、こうした交流は素晴らしいことではありませんか。

加藤　教える方も楽しい。しかも自分が好きなもので役に立つのですから。普通なら子供はついて来ない（笑）。

國分　総合的な学習の時間を利用して地域活動の中に碁が入って行けばその意義、碁の価値は大いに期待できるでしょう。

加藤　神奈川、静岡などの活況を耳にしますが、私たちが知らないだけで、ものすごいスピードで広がっているのではないでしょうか。

――碁会所の危機では？

國分　当座はね。でも限りあるパイを取り合うというのじゃないから、いずれ戻ってくる。

加藤　すそ野が広がれば、いかようにも対応できるわけですから。

――総合学習の時間で囲碁の地位が高まれば良いのですが、一方で「学力の低下」が叫ばれています。囲碁に逆風とはなりませんか。

國分　常に学力低下論はあります。しかしこれは見当違いの議論でしてね。文部科学省でもそういう認識なんです。平たく言えば授業時間が減ったわけです。また週5日になったり、総合的な学習の時間を取ったり、時間が減るということは、英単語の覚える数が減ったり数学なら覚える公式が減る。そういう意味では間違いなく学力は落ちます。あたりまえです。しかしそういうのを学力とは言わない。たくさん覚えることだったら時間をかければ済むことです。しかしもっと大事なことは自分で考える、自分で勉強していく態度を養う、これが本当の学力ではないか、と見直されたんです。知識を学力とすれば確かに低下と見られる。親御さんなどはまさにここで心配されるわけです。基礎基本は徹底して、学力は知識の量じゃない、ということを時間をかけて説いていかなければいけないんでしょうけどね。

加藤　じゃ碁がいいじゃないですか（笑）。

國分　ええ、碁で学力を高める。これで決まりですね（笑）。

加藤　碁はスポーツと同じと思うんですよ。その時その時で咄嗟の判断をしなくてはいけない。そんな時は日頃の練習で身についたものがその結果を左右します。社会人になった時活きてくるのではないでしょうか。

國分　その通りだと思います。

加藤　國分さんには碁はどう役立っています

か？

國分　私もたまたま碁を覚えたのですが、碁がどう役立っているか、これはある意味では難しいですね。色々なところで役立っているのだろうけれど、碁を知らなかった自分が想像できないわけですよ。比較できないけれど碁を知っている大部分の人はいろいろな面で役立っていると思っているのではありませんか。

加藤　私が知る各界の代表で、若い頃スポーツに熱中したという人が多いのに驚きます。スポーツの効用は体力はもちろんでしょうけれど。

「碁は負けた時が大切」（加藤）

國分　チームワーク、リーダーシップ、人間関係、礼儀など色々ありますね。だから最近ではスポーツをやった学生でも、トップになれなくてマネージャーとか四年間補欠で頑張った人を採用するところが多いらしい。

加藤　人間として鍛えられている、ということですね。

國分　好んで補欠になる人はいないですもの（笑）。

加藤　さき程國分さんが言われた挫折ですね。

――来春、東京都の高校入試に囲碁、将棋の段級位などを選考評価のひとつに入れてもよいことになりました。

加藤　嬉しいことですね。國分さんや将棋の米長（邦雄永世棋聖）さんが教育委員になっておられるお陰です。

國分　米長さんとはよく話しをする機会があるのですけど、将棋連盟は日本棋院の後を追っ掛けているらしいのです。だから加藤副理事長にはどんどん改革を進めて欲しい、とおっしゃっています。私が碁の話をすると、米長さんが将棋を持ち出す。すると脚本家の内舘（牧子）さんが黙っていない、相撲で割り込んでくる（笑）。

加藤　それはいい（笑）。

碁は石を捨てること

――ここ十年近く安田泰敏九段による一連の学校訪問による活動がありました。それはふれあいネットワークとして定着していますが、連盟をつくる運動の中で連携は取れるのでしょうか？

加藤　ポン抜きゲームでのふれ合いですね。僕はそれだけじゃもったいないと思うんです。確かにポン抜きは導入としてはいいアイデアなんですが、碁のゲームとしての究極の目的は石を捨てることなんです。碁を覚えたらそこまで行き着いて欲しい。やはり囲碁は難しいゲームだと思います。秀行先生（藤沢秀行名誉棋聖）も神様に比べたら自分の知っていることは四つか五つくらいと述べたことがありますが、私も同感です。

國分　石を捨てる喜びですね。

加藤　今東大生なんですが、長尾（健太郎）くんという碁が強い学生がおりまして、高校生の時に数学オリンピックで連続金メダルを獲得する程だった人ですが、その彼は「碁は数学より難しい。でも解答を模さくする過程が楽しい」とも言っていました。

國分　それはすごい。こうしたニュースはどんどん流して、世のお父さんお母さんに伝えなくてはいけない。やはり碁は「学力」を高めるんですよ（笑）。

加藤　幸い子供たちの関心が碁に向いていることの時期を活かし、組織化したいと思っています。見本になるのは神奈川県でしょうか。中学校囲碁連盟に続き小学校囲碁連盟もできてその活動は多くの示唆に豊んでいます。勢いをつけて団体戦実現へ、と行動しているところなんです。

國分　期待しております。

平成15年7月　日本棋院にて

12

ISSN 0387−7442

文教 1980・冬号

昭和五五年一二月二五日 印刷 昭和五五年一二月三〇日 発行（年四回発行）

No.13

特集 《座談会》新学制を顧みて 小川 勇・冨田武志・荒川 潤 他

論文 教育制度改革に関する試論（一）…西岡武夫

連載 戦後の学制激動の記録（六）……剱木亨弘

★ 日本の教育を考える・提案する・討論する教育誌

『文教』冬号No.13，教育問題研究所 昭和55年12月

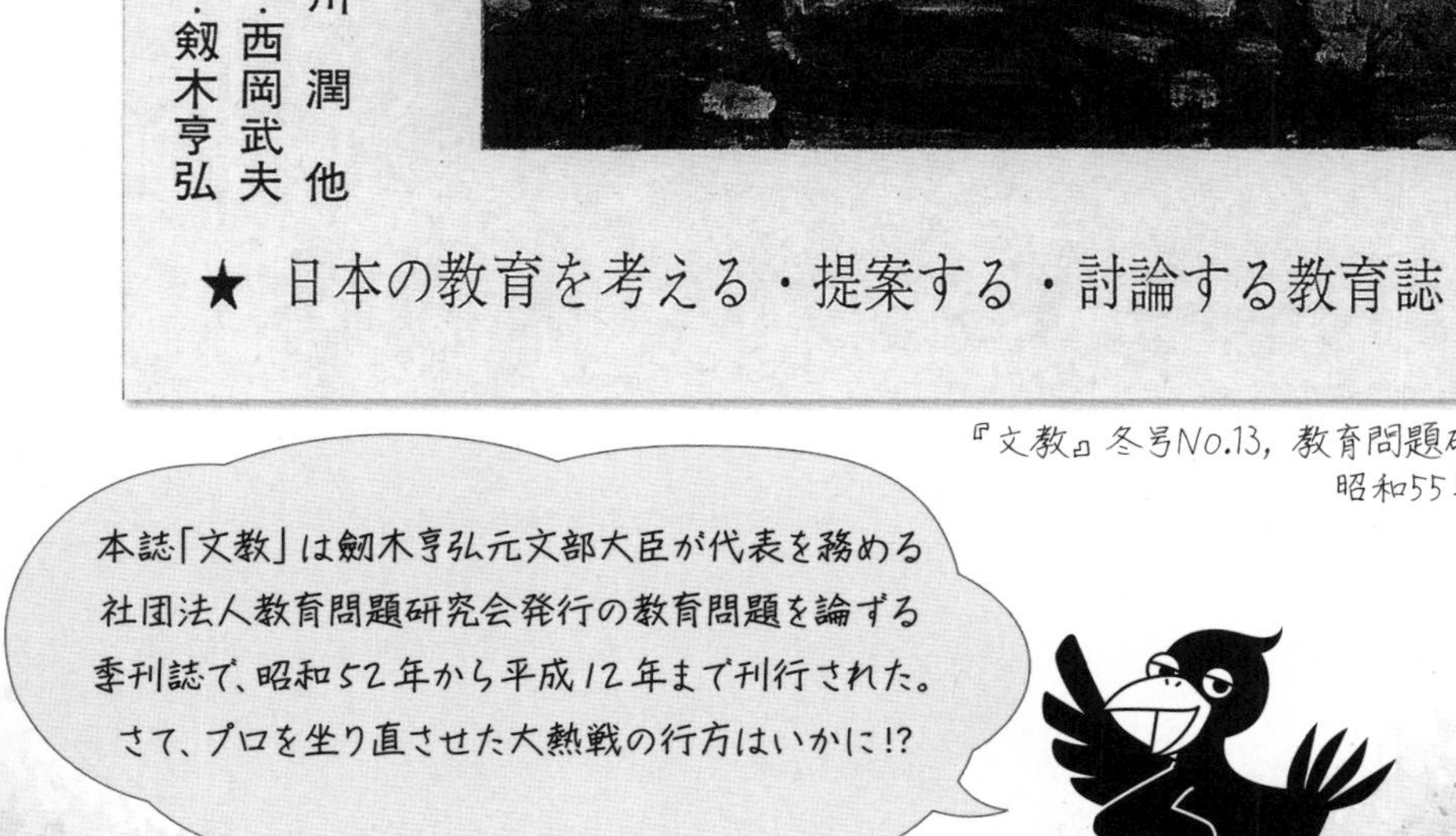
本誌「文教」は剱木亨弘元文部大臣が代表を務める社団法人教育問題研究会発行の教育問題を論ずる季刊誌で、昭和52年から平成12年まで刊行された。さて、プロを坐り直させた大熱戦の行方はいかに!?

TERA

▲加藤天元（右）に胸を借りる国分正明さん。加藤天元が坐り直した熱戦となった。後方はかとう会のメンバー。

文教囲碁シリーズ

加藤天元が坐り直す熱戦

天元　加藤正夫
三子　国分正明

観戦記　鈴木銀一郎

ひさびさに加藤天元の登場である。

加藤さんは、このところ少し調子を崩しているようで心配していたが、天元戦では絶好調の山部九段の挑戦を三―〇のストレートで退けた。これからの巻き返しが楽しみである。

対する文教側の選手は、文部省初等中等教育局地方課長の国分正明さん。

石が踊らないじっくりとした本格的な棋風で、ヨセが得意。つまり、当たり前のよい手が打てる強い人なのである。

この一戦でも、国分さんは自分の碁を打った。結果としては加藤天元の堅城を抜くことはできなかったが、途中から白が長考に次ぐ長考という場面がある大熱戦になったのである。

第一譜　下手殺しのコツ

前号と同じく、黒は2の手で変化の多い小ゲイマガカリを選んだ。国分さんも、やはり私より強い人なのである。

対する白の加藤天元は、5で早くも変化球。さらに11で変化球。定石にあるとはいえ、難解な方へ、難解な方へと誘導する。この辺が下手打ちのコツなのだろうか。

そして、黒は16でついに間違えた。ここはAとサガる一手で、以下1図の4までと黒はサバくことができる。例えば、白が5とくれば、6がいい手になる。ただし、白の5ではいろいろな手があって、やはりごまかされる確率は多い。

だから、小ゲイマガカリはオソロシイのだ。

黒が横にノビたために、17と19をキカされ、21とカケられては、サバキにくくなった。

国分さんは少考ののち、22からイキをはかったが、30と手を入れるのでは、いかにもつらい。24では25とハネダし、左上の黒を捨ててしまう打ち方もあったろう。私ならそう打ってみたい。左上は大きいことは大きいが、先手をとってBの千両マガリに手を回せば、打てないこともないだろう。

30と後手でイキるのでは、左辺の黒は攻められることになる。私は力が弱いので、攻められる石をつくって白のペースになっては、とても自信がないのだ。

果たして、白31から右上隅の折衝のあと、白は39と左辺の黒をハサンできた。

早くも、第一の正念場である。

第1譜

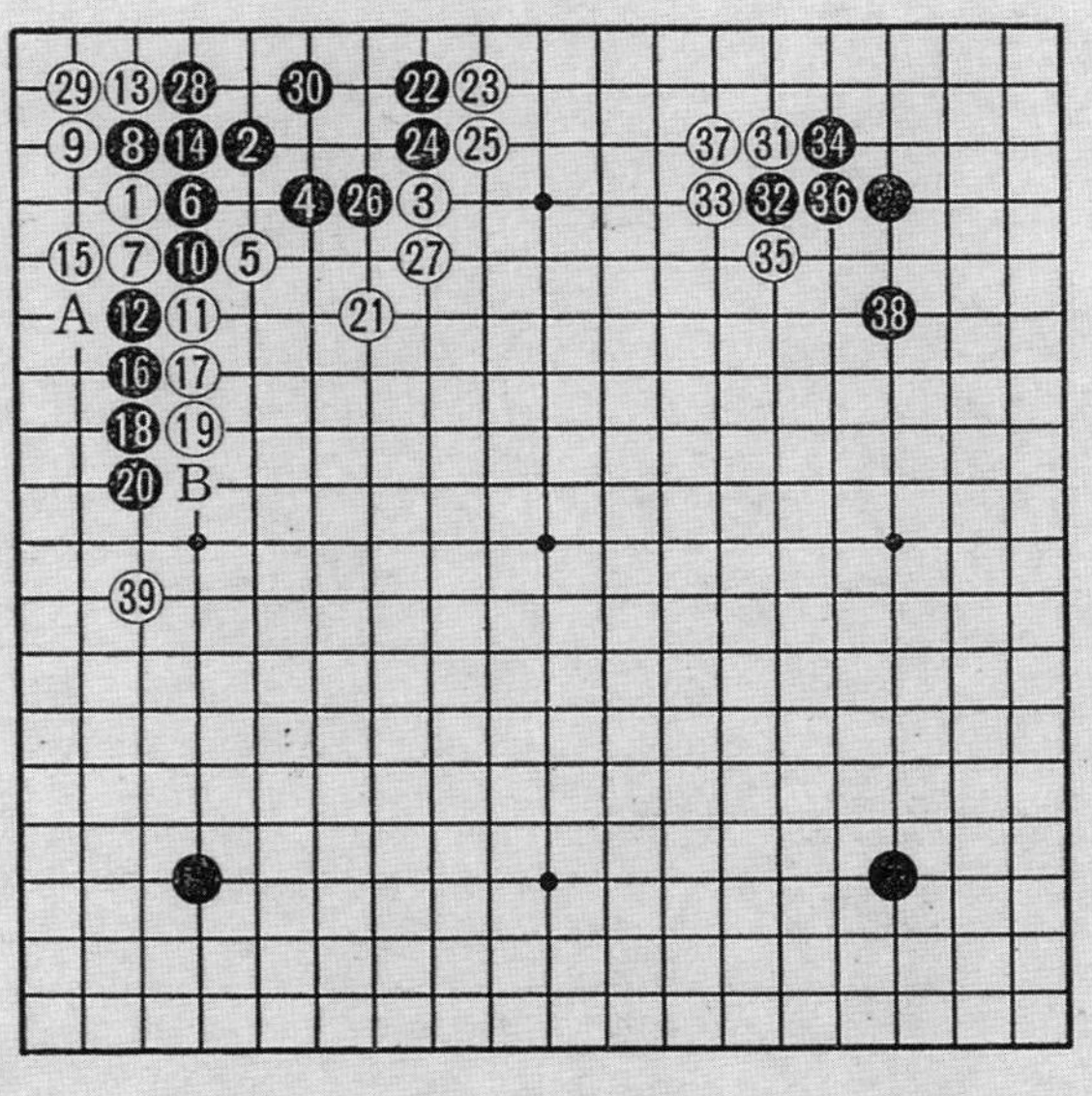

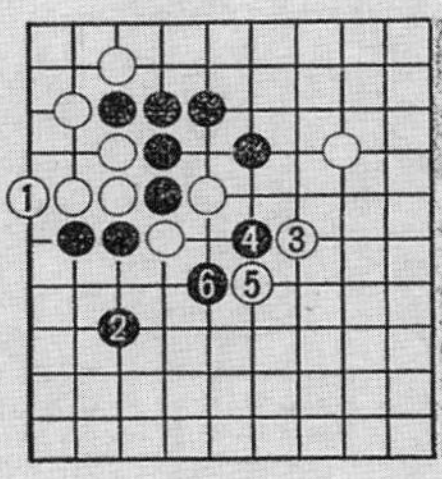

1図

第二譜　黒チャンスを逃す

普通、こういう状態になると、黒はあせって悪手を続けてしまうのだが、国分さんはあわてなかった。3、5と当たり前のよい手を打って左下をがっちりさせる。

白6のすそ狙いには、知らん顔で、7、9と左辺のツケノビ。白が10とトンで、左下の石が包囲直前になると、今度は左下でツケノビて、15とオサエる。全てよい手である。

当たり前すぎてほめるには当たらないと言う人がいるかもしれない。しかし、こういう形が発見される前を考えてみれば、それぞれが好手と言ってよいと思う。実際に、こういう手をタイミングよく打てば、白も変化の余地がない。つまり、プロと同価値の手を打っているわけで、立派なアマ高段の着手といえるだろう。

続く、21、23も絶好のタイミングで、これで攻められそうだった左辺も、大分くつろいできた。そこで、25と急所を一撃する。

しかし、白26のグズミに29と上へノビたのが惜しい逸機だった。理論的にいっても、29はイキている上辺の石に近づくのだから、厚味に近よるなの禁をおかしている。また、左辺の石はまだ弱いのだから、そちらに白を進出させてはいけない。そういう観点で着手を捜すと、30と逆にノビる強手が成立したのである。

そのあとの進行は例えば2図のようになるが、これなら左辺の石が中原に進出して本譜とは大違い。しかも、白にアキ三角の愚形を二か所もつくらせているではないか！これなら、国分さんの打ちぶりから見て、黒の必勝といえただろう。

本譜では、逆に左辺が包囲された。黒のピンチである。

第2譜

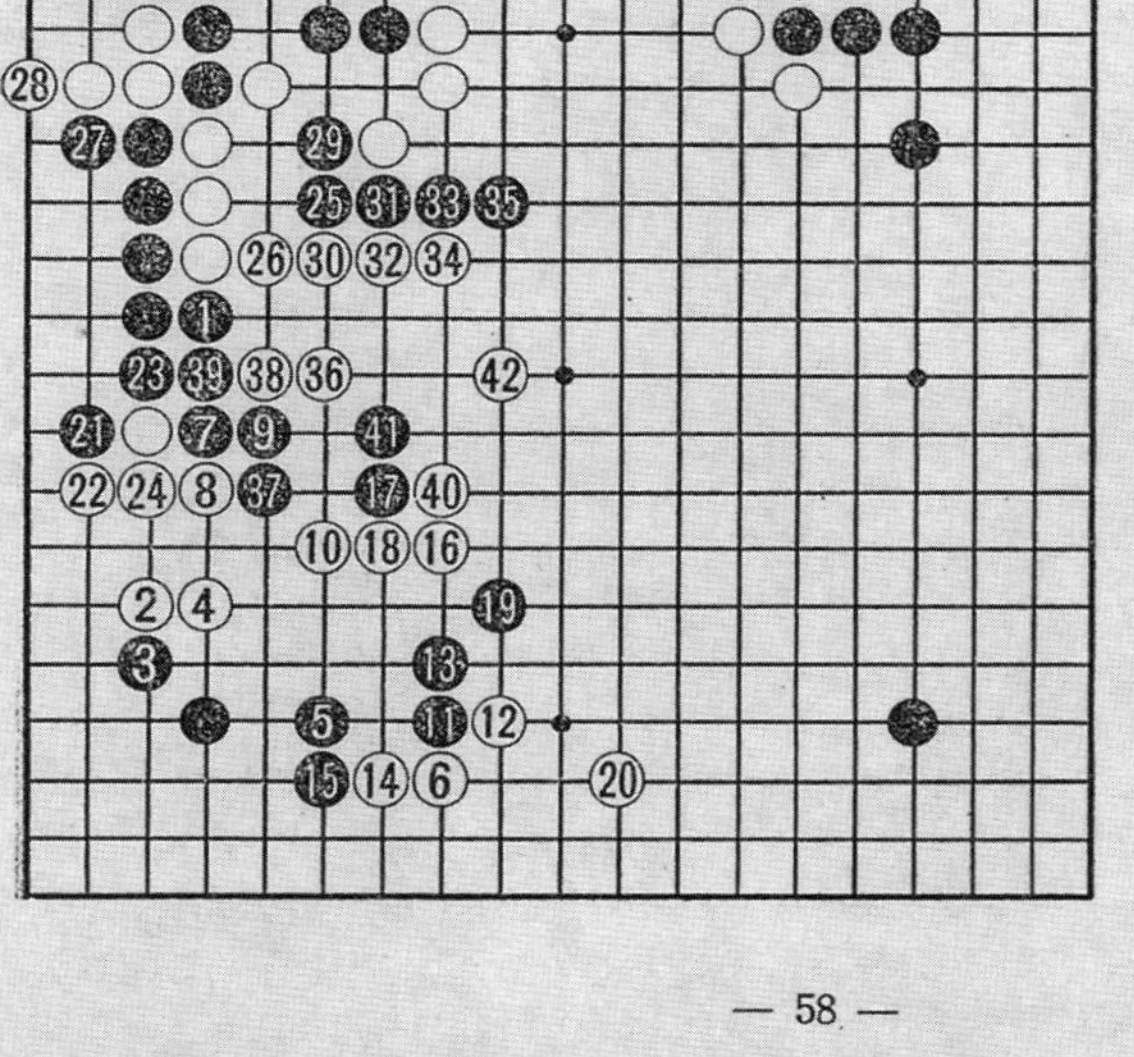

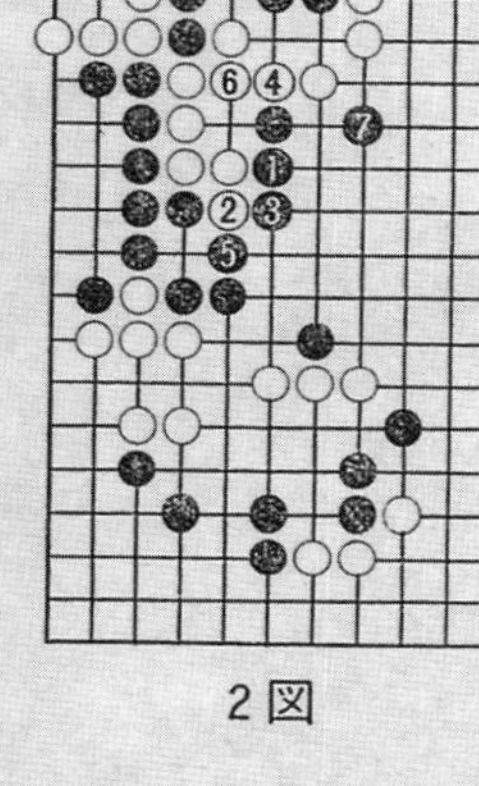

2図

第三譜　黒突っぱる

左辺の石は、結局コウである。

黒は11でコウを解消し、白は、10、12と連打して先手で下辺の三子を分断した。黒13と後手をひいたのはつらいが、省けば左下の石があやしくなる。

普通、この辺でコウ替りを先手で打たれては、黒がいけないとしたものだが、この碁ではまだ黒が優勢である。これも前譜で白と等価値の手を続けていたからだろう。

しかも、これからの国分さんの戦いぶりがすごい。

白14の一間高ガカリに、15の上ツケは局後に加藤天元も「場合の手」として認めた手である。以下、白は隅を取り、黒は白の模様を未然に破るという、フリカワリとなった。途中、黒25がシチョウアタリになっているのに御注意。当然と言えば当然だが、プロを相手としたら、目いっぱいに突っぱった打ちまわしであり、ヨミに自信がなければ、なかなかこうは打てないものである。

ただし、黒15ではおとなくし一間に受け、白17にさらに一間にトンで囲い合う打ち方もあったという。

「それで、いい勝負でしょう」

と、加藤天元は言った。

この辺が碁の深さなのだろう。機略に走らず、地道に打っていれば、それはそれで、なかなか負けるのもむずかしいのだ。

黒は31のカカエで、33を先にキカシてしまったほうがよかったが、39と右上を守って依然優勢。いよいよ国分さんの得意なヨセにさしかかった。

第3譜

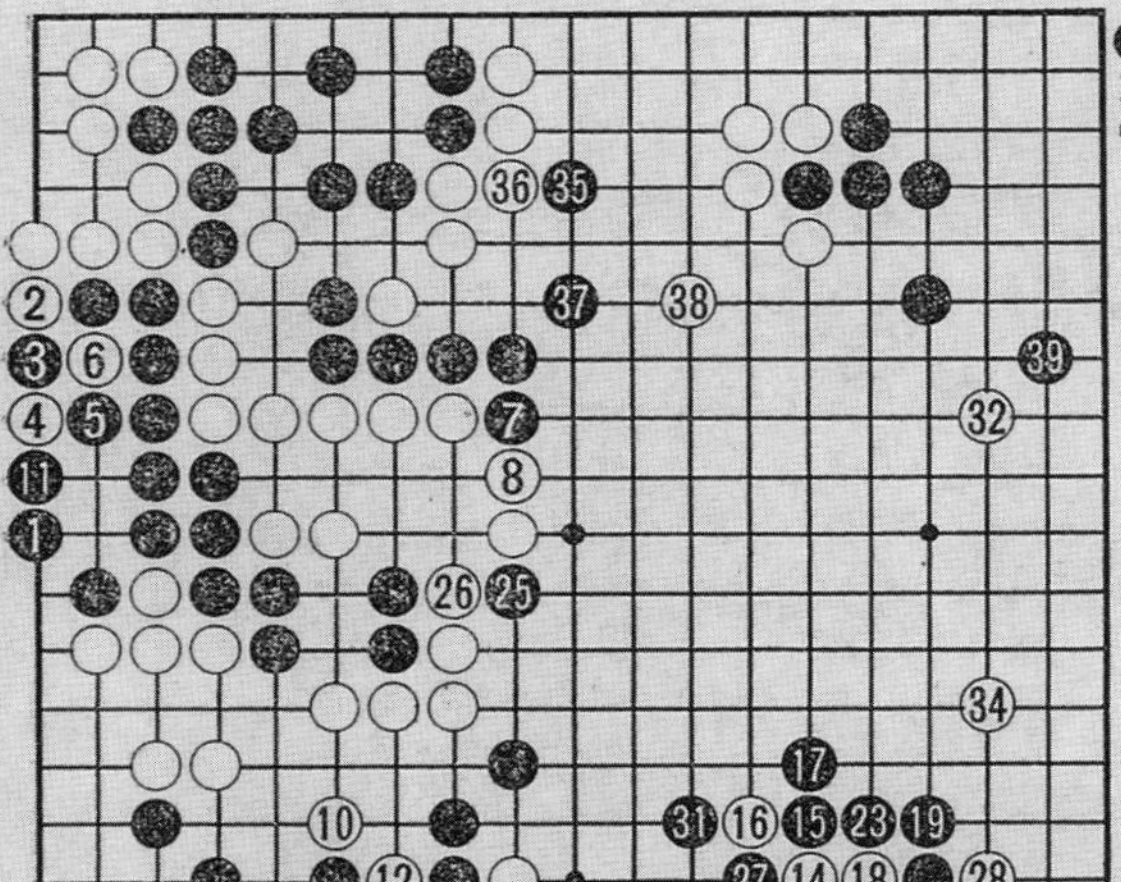

❾コウトリ

第四譜　好手が敗着？

本局の焦点が、この譜の黒10である。

この手はふつう両先手で（正確に言えば、できる地の大きさから白の権利のほうが強い意味はあるが）、どのヨセの本にもできるだけ早く打ちなさいと教えている。そういう点で、よい手であり、国分さんの特徴を出した手でもある。

しかし、この手が白を怒らせてしまった。

プロの棋士だって勝つのが好きなのだ。アマチュア相手の碁でも我々が想像する以上に勝とうとする。

もう十年以上も前になるが引退近い老棋士に指導碁を打ってもらったことがある。その碁は私が見事につぶされてしまったのだが、私が投了した時の老棋士のいかにもうれしそうな顔を、今でもはっきりと思い出すことができる。

その時は、素人に勝ったからといって、そんなうれしそうな顔をしなくてもいいじゃないかと、少々恨みがましく思った。しかし、プロには勝たなくてはいけない宿命がある。たとえ指導碁でもなんでも勝って勝つことが、その積み重ねが公式の対局に勝利をもたらすと考えるのだ。

だから、黒10のように白の権利に近いハネを逆に打たれて、それで負けましたではプロではない。

この手を境にして、雰囲気が一変した。加藤天元がいわゆる「坐り直した」のである。

白の考慮時間が長くなる。13の手を考えている時、腕時計を外して金具をもてあそぶ。煙草を吸わない加藤天元には、腕時計が思考を助ける道具なのだろう。さらにそれに、「チッ、チッ、チッ」という小さな舌うちも加わる。

加藤天元の気迫に押されたか、白13の三々ウチコミに、国分さんは、14と大幅に譲歩した。ここは、右のサガリがあるだけに、17と打ってがんばる手もあったようだ。

これで差は大分縮まったが、黒は24から右辺をきめて、36の好手を打つ。以下、42まで中央が少し黒っぽくなった。そこで46とま

第４譜

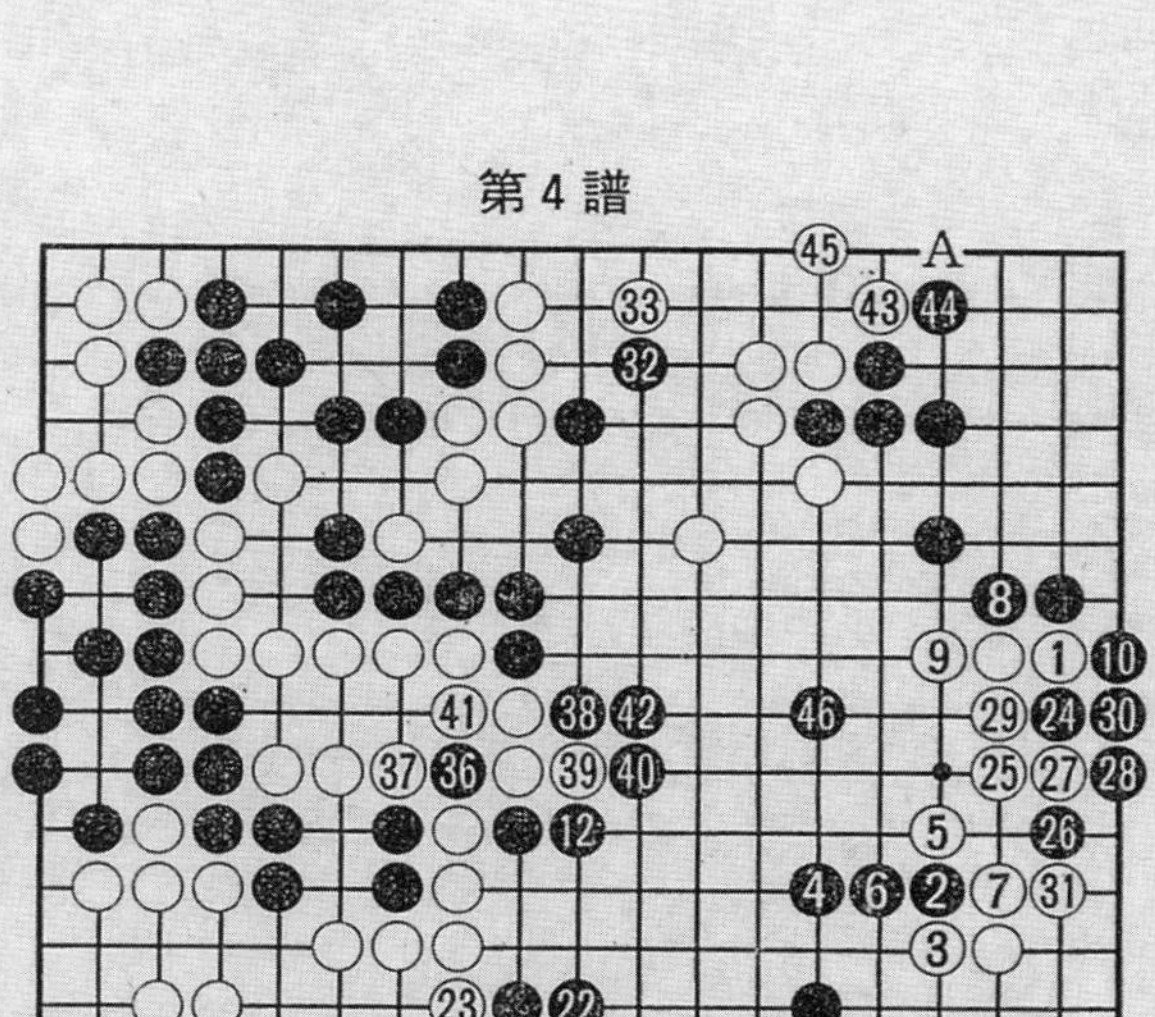

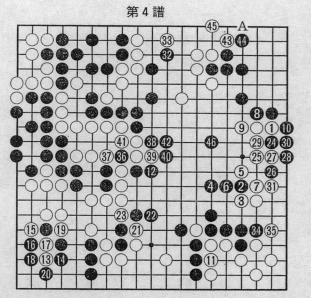

とめにかかったのだが、この手はみかけほど大きくなかった。ここはAのサガリを打たなければならなかったのである。それで右上の黒地が確定し、黒に少し残っただろう。

右上の黒はせいぜいAからのヨセだけと私は見ていた。しかし、外側の白が少し厚くなれば、手が生じるのである。黒の46は、その白の「もしも」に絶好の目標を与えてしまったのだ。

次譜で信じられぬプロのヨミが展開される。

第5譜

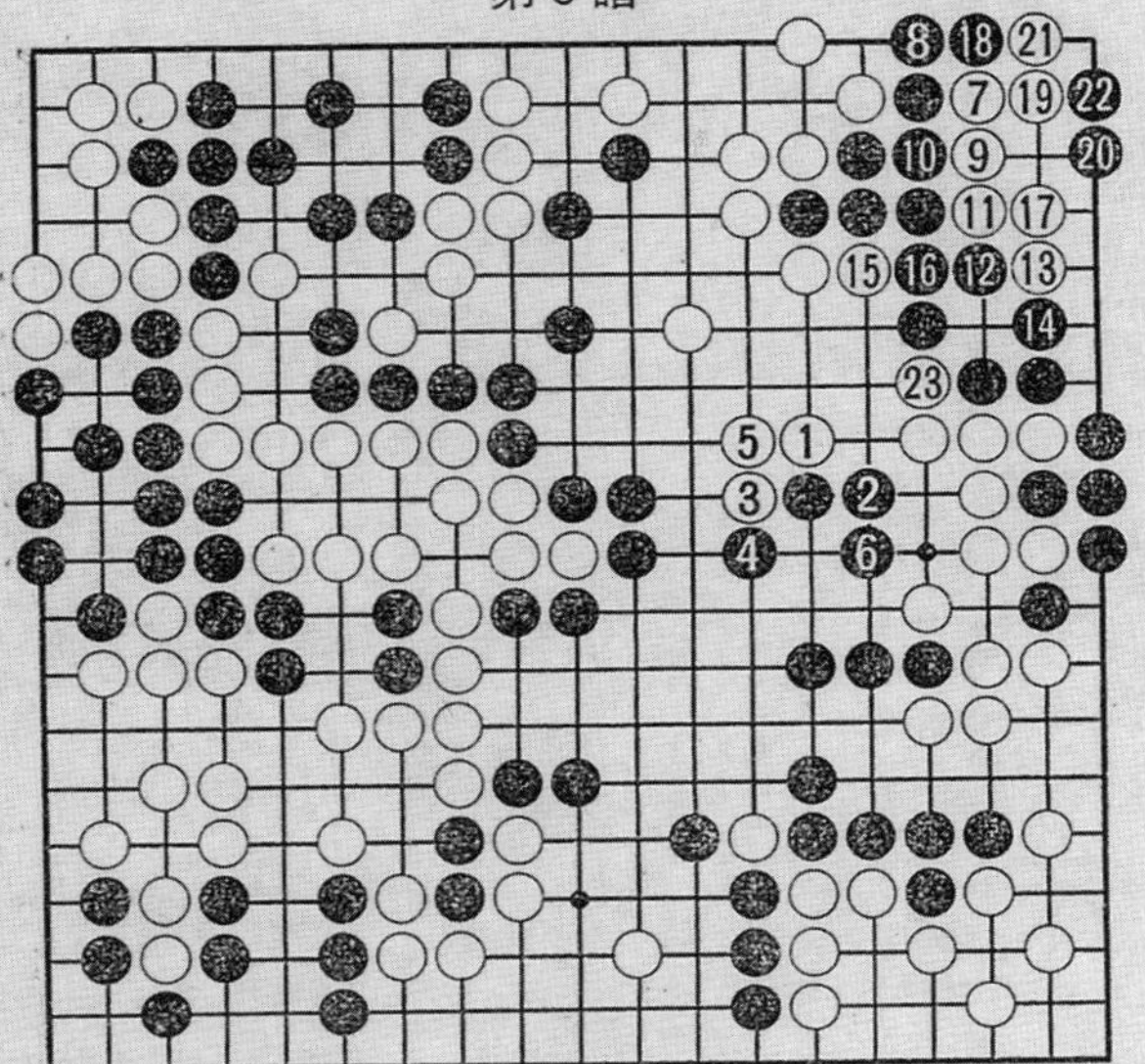

189手（譜の23）まで白中押勝

第五譜　本気のプロの強さ

加藤天元は1から5までと外側を厚くしておいて、7とハサミツケた。

国分さんが長考する。しかし、ここを譲歩してワタらしては、もう地合いが足りない。結果が読み切れなくても勝負ならさえぎる一手と、黒は決断した。

その結果は白17まで必然で、このままでは白にイキがない。私は一瞬黒が勝ったと思った。しかし、加藤天元ともあろう人がこんなモチコミをするはずがない。そう思ってよく見ると、意外や攻め合いの具合がむずかしいのだ。実はもうこの時点では完全に手になっていた。黒は18で19にツケればコウになるのだが、無条件にとらなくては勝負にならない。18から20とオイてトリにかかったが、そのとたん23の目欠きが強烈そのもので、これで黒は一手負。少考ののち国分さんは投了した。

局後に、加藤天元を励ます意味で小宴がもたれたが、その時、国分さんが私の隣へ来て言った。

「どうも、あのハネがねえ。あれからすっかり……」

「そうですね。あれで白が坐り直しちゃったから」

「やっぱり、白を怒らせたのがまずかったかなあ。あれが敗着だったなあ」

でも、プロを坐り直させたのだから、国分さん、大健闘ですよ。あのハネから、指導碁じゃなくて勝負碁になったのだから、あれはやっぱりいい手だったのですよ。

小川誠子のさわやか指南

連載

第八十七局（前編）
観戦記　中村智佳子

前文部事務次官・公立学校共済組合理事長（三子）
國分正明

國分正明さんは、文部事務次官を経て、現在は公立学校共済組合の理事長を務めている。

二度目の登場となった國分さん、三年前は三子局でジゴだった。それも終局五手前の損で勝ちを逃したというのだから、棋力は相当なもの。

「最近は碁を打つ暇がありません。三子だと、プロの先生は勝たせてくれませんが……、三子でお願いします」と、國分さんは頭をさげた。

國分さんの実力を知っているだけに、小川五段の表情が引き締まった。プロ棋士との指導碁では、控えめな人のほうが強いことがままある。さて、どんな碁になるだろうか。

第1譜　四年ぶりの対局は慎重な立ち上がり

國分さんの棋風を知る手がかりにと、三年前の碁を並べ返してみた。

大ナダレ定石の最新型から、一貫して積極的に戦っている。三子局に大型定石ができると形が決まるので、分かりやすい。なかなかの作戦上手と見た。

本局はというと、おだやかな立ち上がり。もしかすると、小川五段のほうが前局のような激しい流れを避けたのかもしれない。

「黒16、正しい方向です。白23から31までは定型、いいですね。黒32が最後の大場ですから、黒はうまく打っています」（小川五段）

黒32まで、堂々としたものだ。

黒18、22と力をためた手の顔を立てるべく、黒34とワリ込んだ。攻めながら右上隅の地を固めようという高等手段だったが、スキのある手だった。

「黒34はAのトビで、隅を地にするのが堅かったのでは。今しかチャンスがないので、白35とやっていきました」（小川五段）

白35のオキは、黒にとって頭が痛い。大ゲイマとコスミで隅を守った形は、効率はいいが、多少薄いきらいがある。黒34でAと補強するか、あるいは黒32でBのシマリで隅を守るべきだった。置き碁の場合は、味のいい黒Bのシマリをおすすめしたい。白35に対して、黒36とワタリを止めて上辺の攻めを狙うのは当然の一着。上辺の白との連絡を許すのは甘い。白37の大ゲイマを見て、國分さんは首をひねる。ぴったりとした手がないのだ。

ここは白37の大ゲイマが筋。白Cの三々は筋違いで黒D、白E、黒37で生きがない。以下、白Fから符号順に黒Mまで、これは有名な形なので覚えておくと役に立つだろう。

第1譜（1―37）

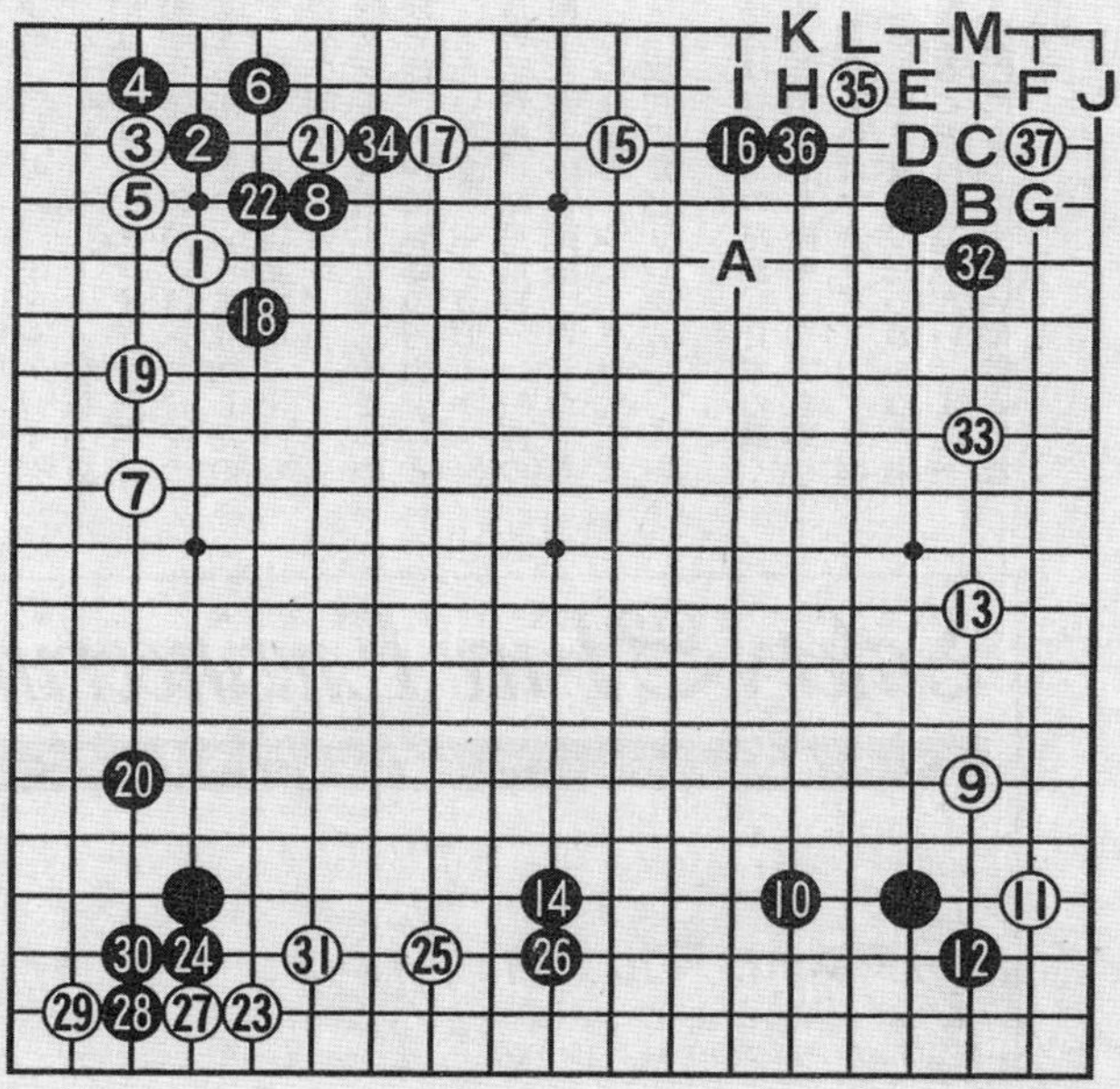

『経済界』夏季特大号，経済界
平成6年8月30日

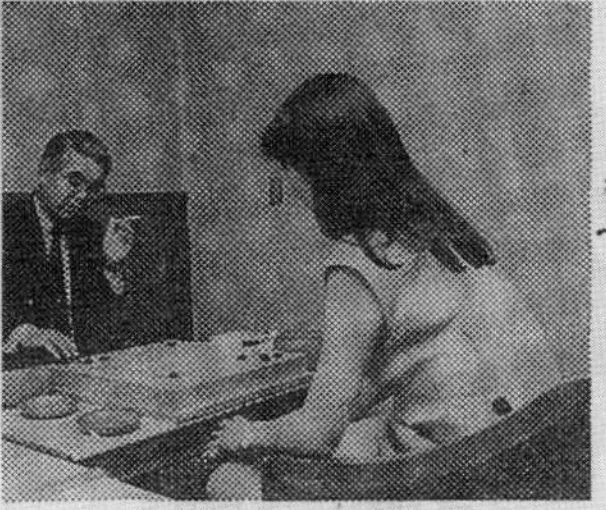

控えめな國分氏であったが…

國分正明氏

第2譜 攻めの方向を誤ったが、厚い形勢

〝困ったときには手を抜け〟という格言は、無責任なように聞こえるが、柔軟な考え方だ。周囲の状況次第で打ち方は変わってくるもの、臨機応変に対処したい。

手を抜いて、黒38から局面を働かしたのは、なかなかの着想だった。「黒38はいいハネです。黒42、46と厚みに押しつける感じで攻めて好調です」（小川五段）

観戦していると、右上隅の死活がどうしても気になる。黒46で49と折れれば、白Aから符号順にI、そして黒48でコウ。コウダテで、どこかに二手連打すればと考えていたのだが小川五段のコメントはなかった。実戦の進行で十分ということだろう。

白47、49と生きて一段落。黒は左下隅の白に目をつけた。黒50から60と勇ましく攻めたのだが…。

「黒50と攻めたのは方向が逆でした。参考図1黒1と攻めて黒3、5と模様を広げて打ちたいですね。すると▲も働いてきます」（小川五段）

白は61から65と補強し、「薄いかな」と言いながら白67の二間ビラキ白が走り回った。

黒68、70とツケノビで囲った地は十数目、参考図1のスケールとは大違いである。

「黒68は國分さんらしくない手でした。参考図2黒1と、白の大石を遠くからにらみたいところです。白2には黒3、5と薄みを突きます。白73から79が打てたので、白は安心しました」（小川五段）

白を攻めそこなって細碁模様、黒が厚い分だけリードしている。

（以下、次号）

〈ひとりごと〉

國分さんとは、三年前に対局し、その折は「ジゴ」でした。若手のバリバリの小松英樹八段に、「國分さんって強いね」と言わしめた折り紙つきの実力派です。この対局のために、今回、中国の女流棋士・孔祥明八段にひそかに特訓を受けていらしたとか……。

「お手やわらかに」と、お互いににこやかに言葉をかけあってのスタートとなりました。前回は、小目からナダレ型でしたので、今回は、一手目を変えてみたのですが……。

（おがわ・ともこ）

第2譜（38―79）

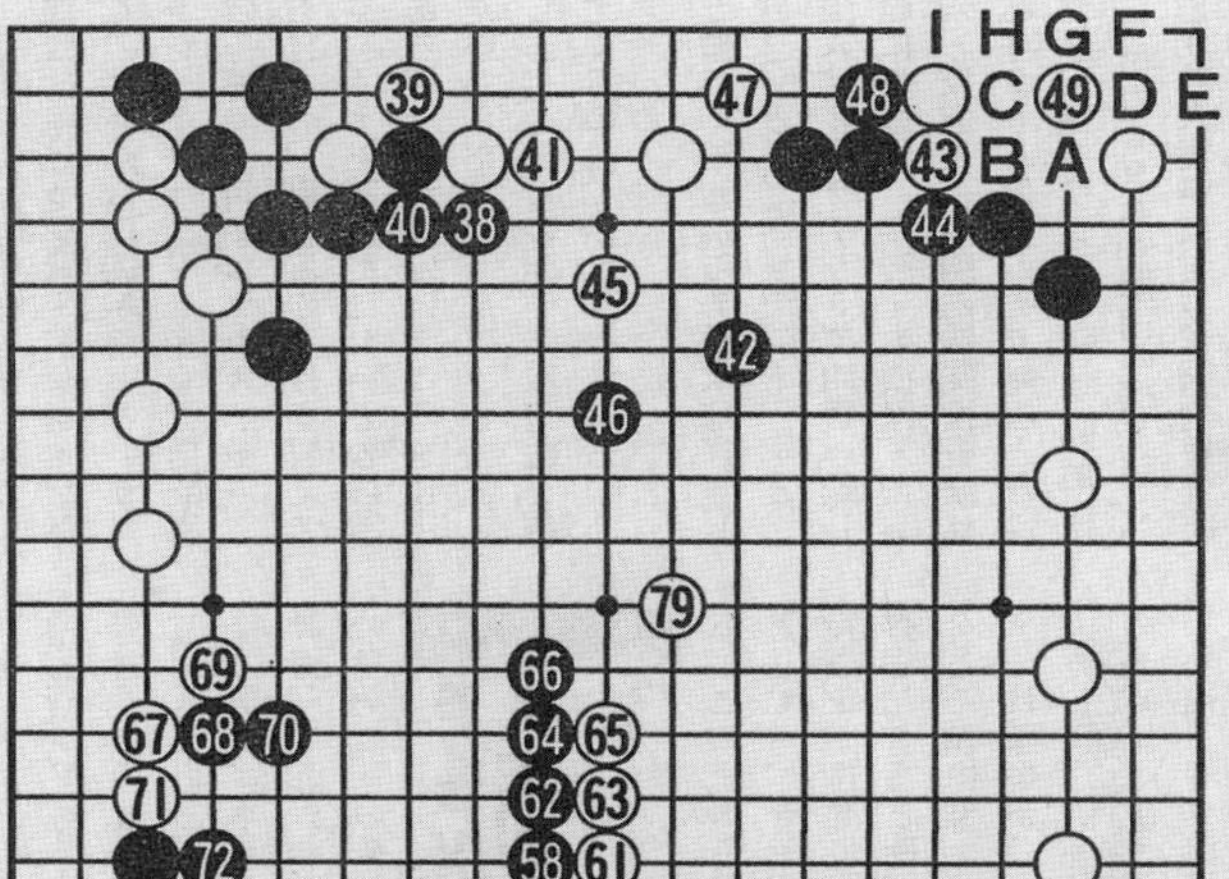

参考図1（49手　局面図）

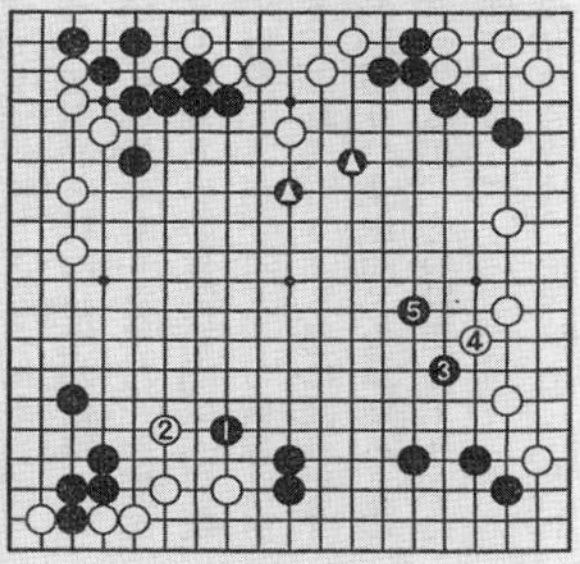

参考図2（67手　局面図）

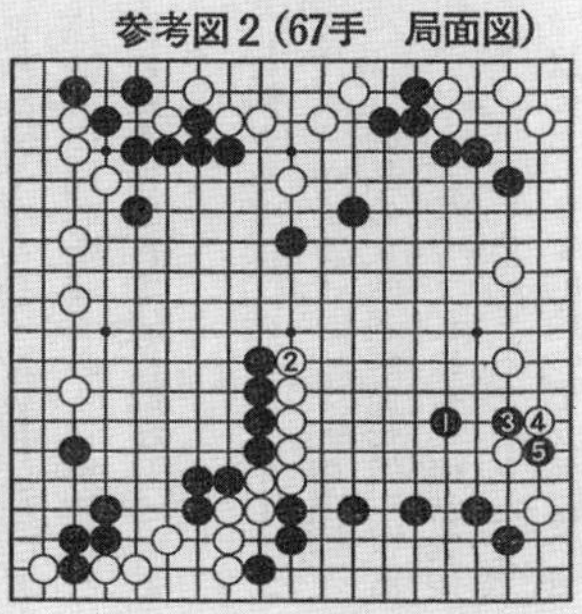

97

小川誠子のさわやか指南

連載

第八十七局（後編）

観戦記 中村智佳子

前文部事務次官・公立学校共済組合理事長（三子）
國分正明

國分正明氏

小川五段がNHK杯の司会を退いて数カ月、寂しい思いをしていた小川ファンに朗報がある。すでにお気付きの方もいるだろう、小川五段と夫君の山本圭さん、そして義兄の山本学さんの三人がテレビCMで共演している。

「演技って難しいのね。普通に歩くシーンで、何度もNGになっちゃって……」と、小川五段は照れくさそうに笑っていた。

CM撮りでは苦労した小川五段、本業のほうは好調である。

「今度、小松くん（英樹八段）と当たっているの。五段になると強い人と対戦できるから、とても勉強になるわ」と謙虚な姿勢で、対局を心待ちにしていた小川五段。後日行われた、小松八段との十段戦二次予選は、先番で中押し勝ちをおさめた。勝ち星ランキングでも、六段以下の部でベスト20に常に顔を出すなど健闘している。

第3譜 増えない白地、黒地は増えるばかり

盤全体を見渡してみると、白石は三線に集中しているのが分かる。三線の二間ビラキは、安定感はあるが中央への発展性に乏しい。黒80、84などのキカシが打ちやすくなるため、後半戦で地が増えることは少なく、追い込まれるほうの立場だ。

逆に黒は全体に手厚く、現段階では目に見えないが、思わぬところに地がつくことが多い。追い込みが効くということが、どういうことかは次第に明らかになる。

黒86の切りは黒の権利。無造作に黒90とキカシたが、ここは参考図1、黒1のアテコミが形だった。黒5のコスミが隅に対してキキなので（手抜きは黒6のオキで死ぬ）、白6が省けず、黒7、9と辺の白をいじめることができる。

國分さんクラスの実力で、さらに上達を望むなら、こうした細かいところに注意を払うといいかもしれない。

「黒92は好点です。白をペチャンコにして、黒は中央がふっくらとまとまりました。ただ、黒114、116はどうだったかしら。コウをがんばるのでしたら、黒114は保留すべきですし、コウの価値を小さくするのでしたら、黒114ではAと切って、白114、黒B、白Cと打って、黒Dとヨセるところです」（小川五段）

細かい指摘はあったが、大まかなところで黒は要点をおさえている。中盤から大ヨセへと、スムーズに移行、黒のリードは変わらない。

第3譜（80—116）101［4,11］ 104［96］ 107［4,11］ 110［96］ 113［4,11］ 116［96］

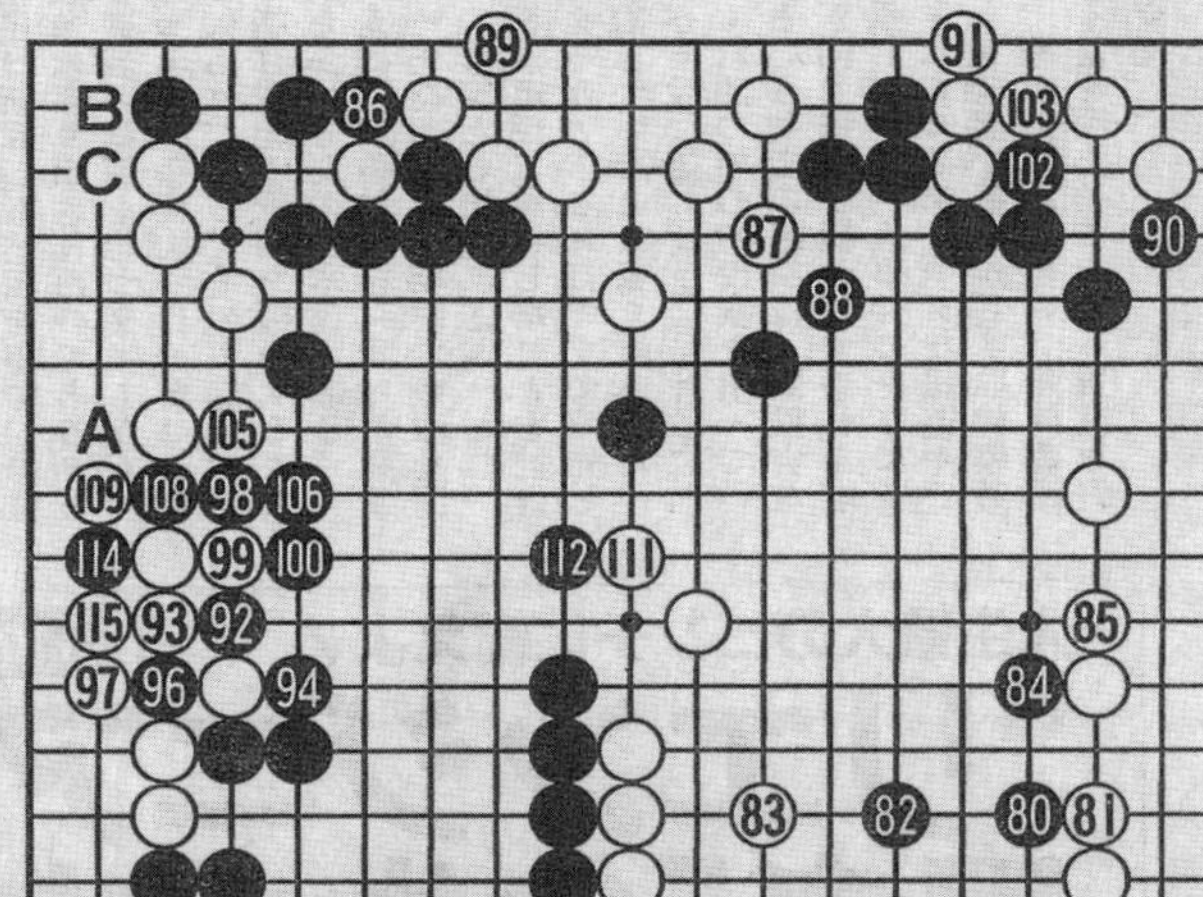

『経済界』, 経済界
平成6年9月13日

虎視たんたんと白の
大石を狙う國分氏

第4譜
手厚くゴールへ。「次は二子で」

白21と右上隅の黒に寄りつきを求めた。ここさえ無事に片付けば、もう危いところはない。黒22とスべって先手を取り、黒28に先着。ヨセに入っても國分さんの着手に乱れはない。

「黒28で33、白Aとキカしておけば完璧でした。白33で黒の形が崩れたかと思いましたが、黒34、38、42が私の読み筋どおりの好手。細かいけれども、黒に3、4目残りそうです」（小川五段）

淡々と進行していると思われたが、國分さんはヨセながら、虎視たんたんと白の大石を狙っていた。黒68を見て青ざめる小川五段、白73には黒AからCで、下辺に眼はない。

「黒68では用意周到に参考図2、黒1と打っていたら、私は気付かずに白2と受けたと思います。すると死んでいましたね」（小川五段）

白の大石は取り逃がしたが、黒72、74の連打で差は広がった。

國分さん、見事な勝利である。

「地がないので、打っているときはずっと不安でした。文部省にいたころは昼休みに早碁を打つこともありましたが、最近は全く打っていなかったので、三日前に孔祥明先生（中国の棋士、八段）に教えていただきました」と、國分さん。

ふだんは実戦から離れていても、若いころに鍛えた腕は衰えておらず、三日前の特訓で〝勘〟が戻り白に付け入るスキを与えなかった。

「石がフワッとして、いい感じでした。前の碁もジゴでしたが、ほとんど黒の勝ちでしたから、二連勝のようなもの。今度は二子でお願いします」（小川五段）

（217手完　黒、中押し勝ち）

〈ひとりごと〉

「このところ、実戦不足なので…」と心配そうな表情で盤面に向かわれた國分さんでしたけれど、イザ、対局が始まると、落ち着いた堂々たる打ち回しを見せてくださいました。攻める所は攻めて、引く所は引く、という上手《うわて》泣かせの打ちぶりに、つけ入る隙《すき》がありませんでした。見事な勝利でした！

この対局直前に、中国の女流棋士・孔祥明さんと特訓なさっただけありましたね。

（おがわともこ）

第4譜（117―180）　⑥③［10, 7］

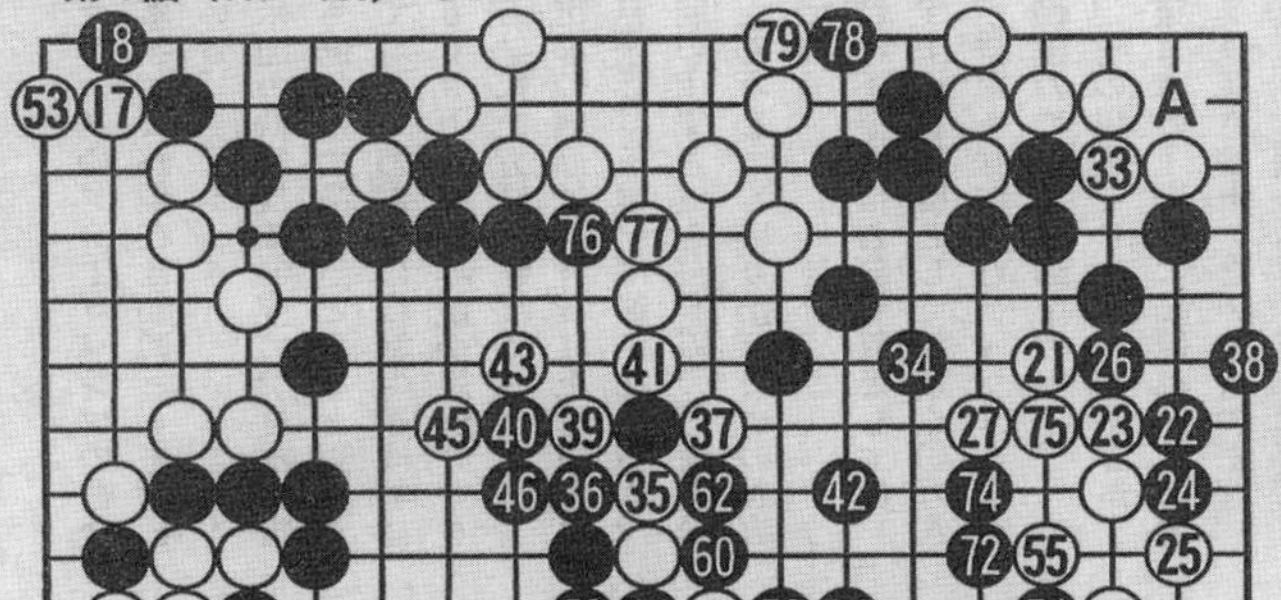

97

参考図1

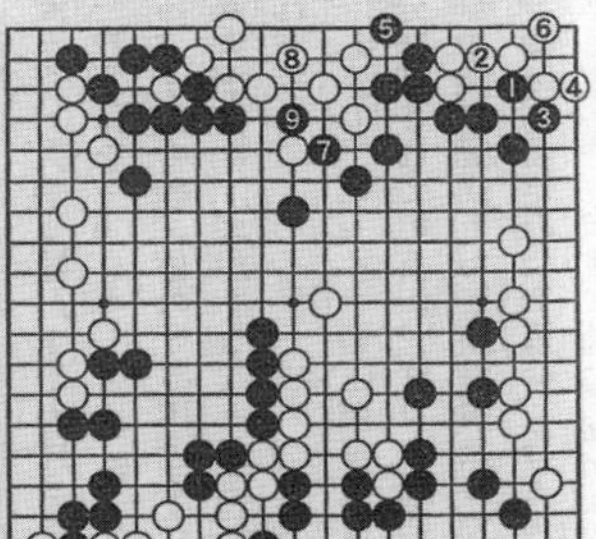

参考図2

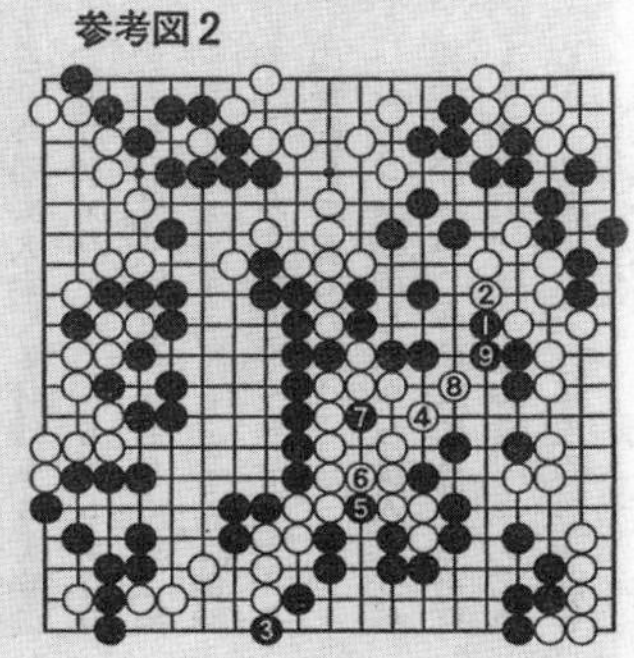

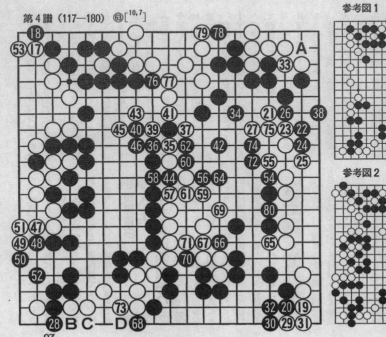

第二章　ゴルフ

囲碁とならび長年の趣味であるゴルフ。
昭和55年と平成24年には
ホールインワンを達成!!
昭和50年の文現会(文部省管理職
クラスのゴルフコンペ)の記録も初公開。

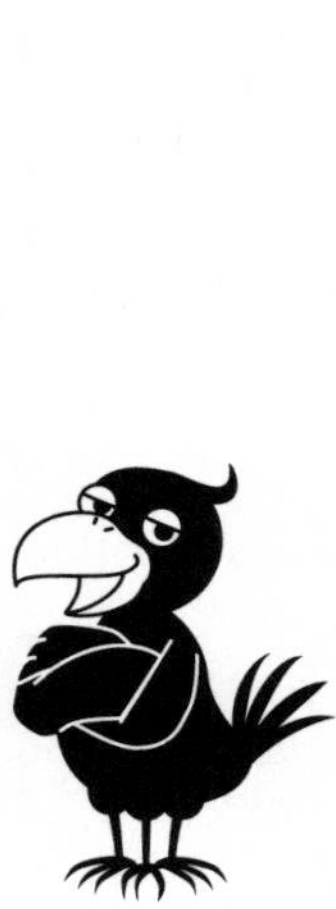

生涯の友　ゴルフ

昭和四十七年七月、振興課長に広島県教育長から宮地貫一さんが就任した。酒豪の宮地課長にはアルコールの方も随分鍛えられたが、ゴルフも「やった方がいいよ」と強く勧められた。これがゴルフが「生涯の友」となった切っかけである。今思えば無茶なことだが、まだ殆んど練習もしていない段階なのに、オブザーバー的な扱いではあったと思うが、当時文部省最大のゴルフコンペ「文現会」にいきなり連れていかれた。当然のことながら、空振りばかりでストローク数を数えることもできない位のスコアだった。

「何事もやらないより、やった方がいい。やるなら下手よりうまい方がいい」と宮地課長に督励され、公務員宿舎のあった松戸の近くのゴルフ練習場に、休日になると出かけて練習に励んだ。一年ほどで江戸川の河川敷ゴルフ場ではあったが、ハーフ五十を切ることができた。以降今日まで、その後総理大臣になられた海部俊樹先生や森喜朗先生をはじめ、多くの方々とゴルフ場でご一緒することができた。北海道から沖縄まで沢山のゴルフ場でのプレーを楽しむこともできた。文現会で初めてハーフ三十台を出して優勝したこと、ホールインワンを二度記録したことなど様々な思い出があるが、これらを述べだしたら切りがない。ゴルフは、私の人生にアクセント、色どりを与えてくれたことは間違いない。

八十四歳の今もスコア抜きで時々芝生の上での運動を楽しんでいる。

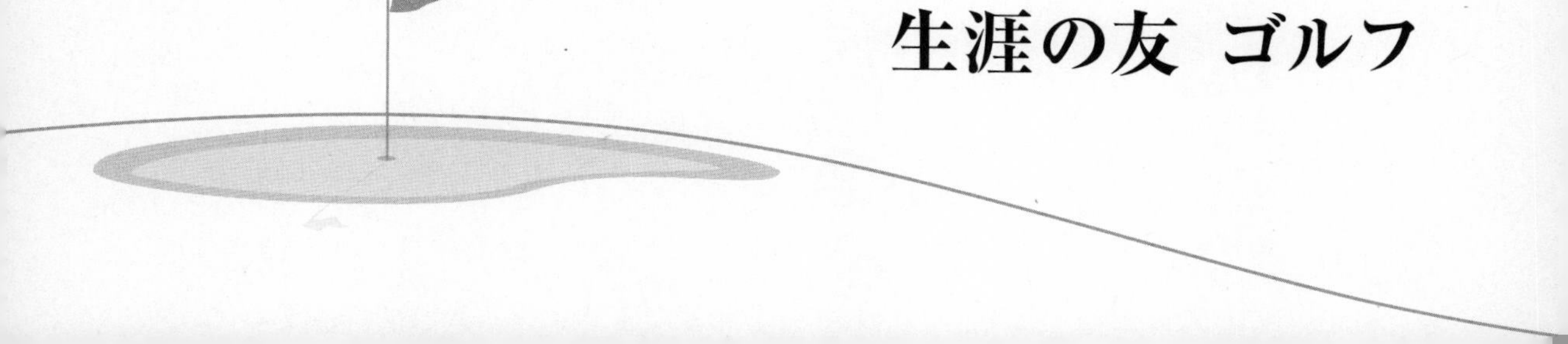

1990.11 あだたら会員誌

特別寄稿

〝台風一過〟の夏休み

戦時中に疎開した三春町が私のルーツ…。サケが生まれた川に戻るように、何となくなつかしい。親戚を頼って安達太良に入会。「夏休みゴルフ…」と新幹線に乗ったはいいが、台風11号接近…。

■ 文部事務次官　国分　正明

安達太良CCアウト最終の九番ミドルホール、カップまで七～八㍍、上りやフックライン、強めに打ったボールはカランと音をたててイン。やった！バーディだ。

★

私の父は、田村郡御木沢村（現在三春町に合併）の農家の次男で、当時の一般的慣行に従って若いころ上京。いわゆる苦学の末、職を得て三春出身の母と結婚した。従って私は、いわば福島二世である。

福島での生活体験は戦時中疎開で祖父母のもとにあずけられた二年間だけである。しかし不思議なもので、年とともにサケが生まれた川に戻ってくるように、何とはなくルーツ（三春）がなつかしくなってきた。そんなこともあって、三春の親戚・渡辺正恒氏に近くにいいゴルフ場はないかと相談したところ、たまたま氏がメンバーになっている安達太良CCが「改装記念で会員を募集しているのでどうか」ということになり、一昨年の暮れに入会させていただいた。

東京在住のため、安達太良CCでプレーする機会は少いが、この八月、夏休みをとって二日間たっぷりゴルフをする計画をたて十日早朝、上野から新幹線に乗った。

折から台風十一号の接近で雨が降りしきっている。梅雨期からの異常気象で、日本国中渇ききっているときだけに、大局的には恵みの雨と喜ばなければならないのはわかっているのだが、何もこんなときに降らなくても…と、やはりうらめしい。

郡山駅では旧知の日大工学部教授・佐藤平氏、郡山女子大のプリンス（?）関口修氏らの出迎えを受け、一路安達太良へ。「台風が近づいているし、この雨では…」と一応抵抗してみたが、正恒氏らはすでに直行しているし、今晩の宿も岳温泉で近くだから「とにかく行ってみよう」という強引さ。

ゴルフ場へ行けば結論は明らか。小降りになったからという理由でスタートする。が、これまた結論は明らかである。風雨次第に強くなり、パンツまでびしょ濡れ。グリーンはプール状態で、五ホールでさすがにダウン。でも、意地になってだれも自分から「やめよう」といいたくないという風であったのは面白かった。発議者なしのコンセンサス方式で中止が決まった。

ハンディキャップの決定と変更

●9月分	新	旧
中平　忠仁	17	未
宮脇　章夫	18	未
橋口　兼雄	20	未
清水　優	24	未
田村　亮司	28	未
高橋　幸次	30	未
鈴木　彰	34	未
北沢　忠義	11	12
安斎　孝意	12	14
加藤　隆	12	13
紺野　隆雄	12	14
松川　直純	12	13
国分　敏男	13	14
田村　忠男	13	14
菅野　正二	16	18
野地　一司	17	19
山下　斤也	19	20
土屋　博	20	22
森田　和徳	22	24
渡辺ナル子	30	31

●10月分	新	旧
市川　善守	20	未
斎藤　浩樹	31	未
宍戸　一男	11	12
吉田　利男	13	14
高橋　進	14	15
佐々木正高	16	17
伊藤　助司	18	19
中川　巌	19	20
大内　恒	20	22
関根　智	21	24
松本　秀夫	21	23
三保　豊寿	22	24
柴田　信	23	25
加藤　國雄	25	26
滝田　藤男	26	30
宍戸　武志	26	28

『あだたら会員誌』
平成2年11月

● あだたら随想

翌十一日、台風一過の典型的な天気。二組でスタート。メンバーは正恆氏父娘のほかに坪井孚夫氏（福島商工会議所会頭）ら正恆氏が日頃ご交誼いただいている県財界の方々。それに昨年、いっしょにプレーしてご指導いただいた当クラブのシングルプレーヤー上野忠雄氏にも加わっていただいた。

改装成ったコースは久しぶりの雨を腹いっぱい吸い込んで、上々のコンディション。快適な気分でラウンドして、前日の欲求不満は吹き飛んでしまった。そして迎えた最終ホールが冒頭記述のシーンである。このホールだけでも、わざわざ東京からやってきたかいがあった。これだから、ゴルフはやめられない。最高の気分。結局、スリーパットはあったがハーフ42。インは昼食のスタミナラーメンが効きすぎて46…。

▶みんなで記念撮影（前列左が筆者）

★

私のゴルフ歴は十八年になる（当クラブのハンディ16）。上司の執ような勧めで始めたのだが、覚えて本当によかったと思っている。プレー自体が奥深くて面白い。若いころと違って、やれるスポーツも限られているからどうしても運動不足になる、その解消。仕事の範囲を越えた多くの人たちとの交遊。最大のメリットはストレス解消。仕事上の緊張がつづいたときなど一日のプレーで後頭部から肩にかけての疲労がスーッと消える。もう一つの趣味囲碁（六段）とともに一生の友と思っている。

現在のところ、東京近辺でのプレーが中心であるが、退官でもしたら、安達太良ＣＣの月例にも積極的に参加し、時には岳温泉から毎日クラブに通勤したいという夢を持っている。それまでは年二、三回でがまんするよりない。

いずれにしても、安達太良ＣＣでの二日間？のプレーは記憶に残る、楽しい夏休みであった。

ハンディキャップの決定と変更

●7月分	新	旧
渡辺　園子	20	未
松本　秀夫	23	未
滝田　藤男	30	未
三浦　弘明	30	未
柳沼　節子	33	未
加藤　元義	9	10
後藤　尚	10	12
織田　金也	10	11
国分　栄市	10	11
本郷　勝也	11	12
渡辺　正則	12	13
北田　美郎	15	17
滝田　綾子	15	16
古内　憲男	15	16
吉村　守	15	16
伊藤　孝	17	18
本田　啓治	18	20
安江　恵	18	20
鈴木　厚二	19	20
土川　直樹	19	20
南　典良	21	24
三保　豊寿	24	25
小川　謙次	31	34

●8月分	新	旧
伊藤　豊美	28	未
川崎　敏明	28	未
鈴木　睦子	34	未
森山悠美子	34	未
内田　誠	10	11
黒須　誠	10	11
渡辺　正則	11	12
加藤　隆	13	14
斎藤　利信	14	15
田中　幸二	14	15
真下　稔貮	14	15
伊藤　孝	15	17
大桃　浩一	15	17
遊佐　金一	19	22
日比野福田	19	21
大喜多賢三	20	23
南　典良	20	21
花木　正光	22	26
赤羽　肇	23	27
安斎　栄孝	23	26
外山　俊孝	23	24
関根　智	24	28
高野　和夫	25	26
柳沼　克己	26	28
宍戸　武志	28	30

昭和 55 年 4 月 27 日ホールインワン 挨拶状・記念品・スコアカード

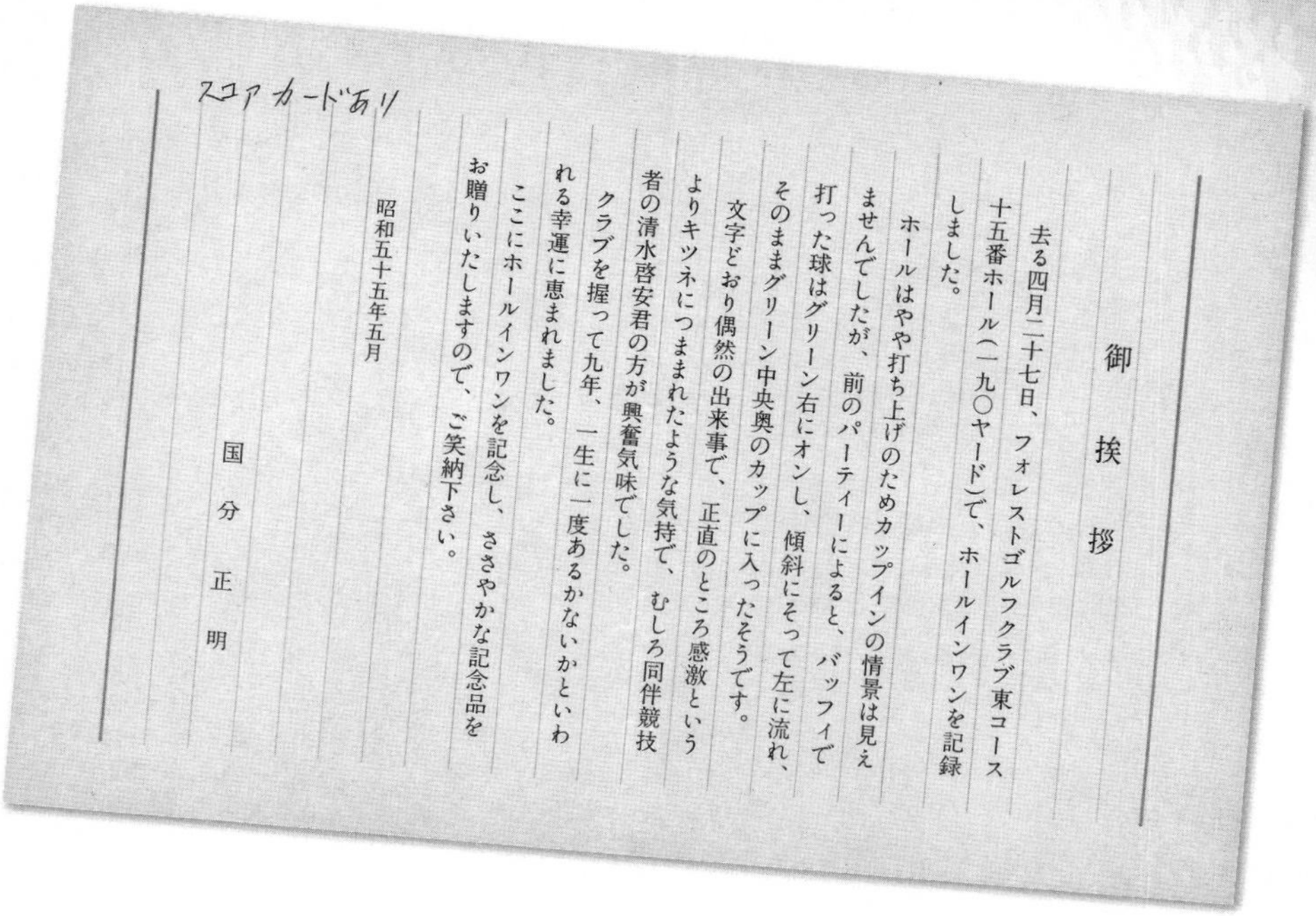

スコアカードあり

御挨拶

去る四月二十七日、フォレストゴルフクラブ東コース十五番ホール(一九〇ヤード)で、ホールインワンを記録しました。

ホールはやや打ち上げのためカップインの情景は見えませんでしたが、前のパーティーによると、バッフィで打った球はグリーン右にオンし、傾斜にそって左に流れ、そのままグリーン中央奥のカップに入ったそうです。

文字どおり偶然の出来事で、正直のところ感激というよりキツネにつままれたような気持で、むしろ同伴競技者の清水啓安君の方が興奮気味でした。

クラブを握って九年、一生に一度あるかないかといわれる幸運に恵まれました。

ここにホールインワンを記念し、ささやかな記念品をお贈りいたしますので、ご笑納下さい。

昭和五十五年五月

国分正明

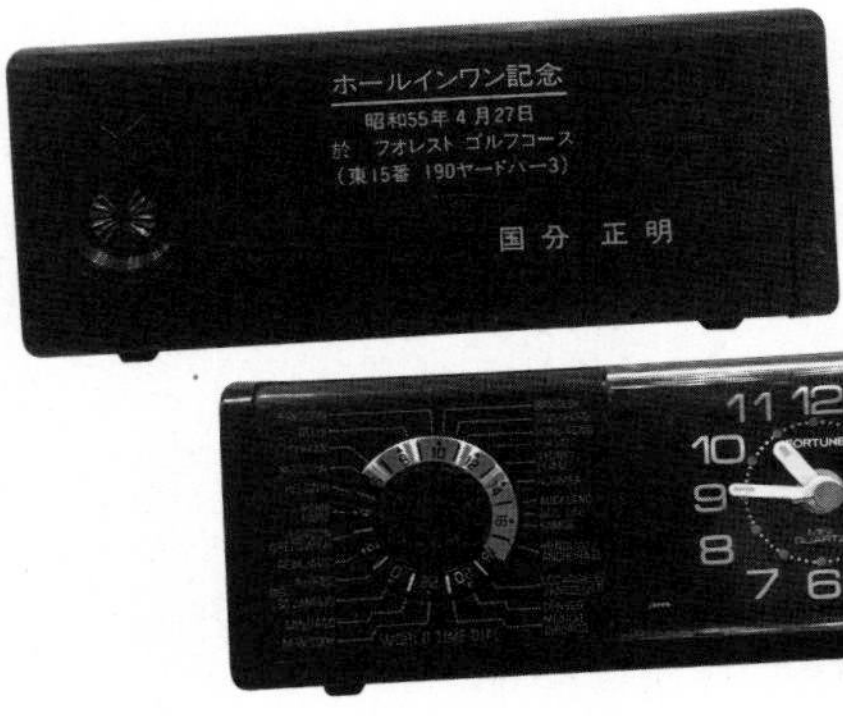

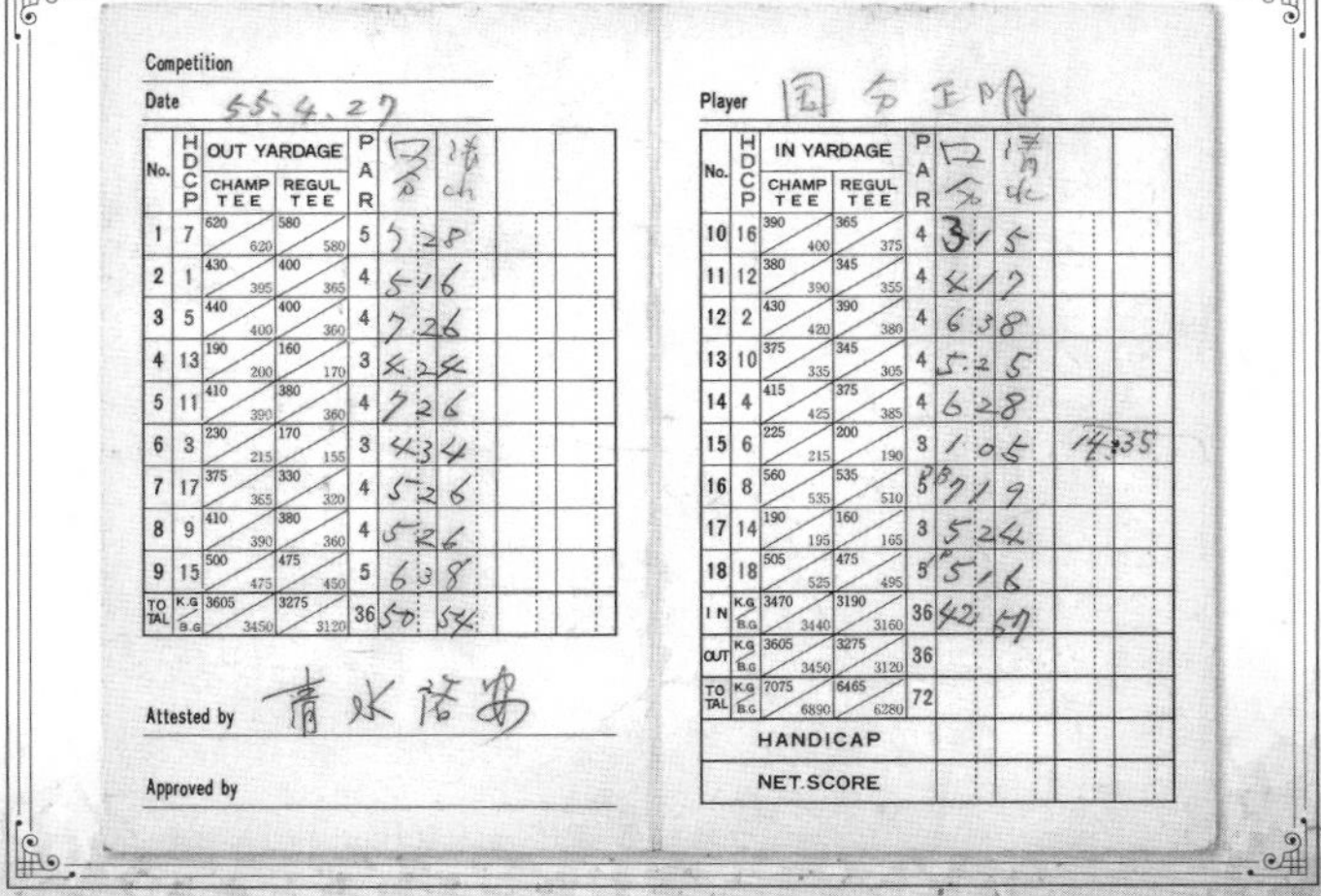

Competition

Date 55.4.27

No.	HDCP	OUT YARDAGE CHAMP TEE	OUT YARDAGE REGUL TEE	PAR	国分	清水		
1	7	620 / 620	580 / 580	5	5 2	8		
2	1	430 / 395	400 / 365	4	5 1	6		
3	5	440 / 400	400 / 360	4	7 2	6		
4	13	190 / 200	160 / 170	3	4 2	4		
5	11	410 / 390	380 / 360	4	7 2	6		
6	3	230 / 215	170 / 155	3	4 3	4		
7	17	375 / 365	330 / 320	4	5 2	6		
8	9	410 / 390	380 / 360	4	5 2	6		
9	15	500 / 475	475 / 450	5	6 3	8		
TOTAL	K.G / B.G	3605 / 3450	3275 / 3120	36	50	54		

Attested by 清水啓安

Approved by

Player 国分正明

No.	HDCP	IN YARDAGE CHAMP TEE	IN YARDAGE REGUL TEE	PAR	国分	清水		
10	16	390 / 400	365 / 375	4	3 1	5		
11	12	380 / 390	345 / 355	4	4 1	7		
12	2	430 / 420	390 / 380	4	6 3	8		
13	10	375 / 335	345 / 305	4	5 2	5		
14	4	415 / 425	375 / 385	4	6 2	8		
15	6	225 / 215	200 / 190	3	1 0	5	14:35	
16	8	560 / 535	535 / 510	5	7 1	9		
17	14	190 / 195	160 / 165	3	5 2	4		
18	18	505 / 525	475 / 495	5	5 1	6		
IN	K.G / B.G	3470 / 3440	3190 / 3160	36	42	57		
OUT	K.G / B.G	3605 / 3450	3275 / 3120	36				
TOTAL	K.G / B.G	7075 / 6890	6465 / 6280	72				
HANDICAP								
NET.SCORE								

平成 24 年 5 月 31 日ホールインワン
挨拶状・記念品・スコアカード

向暑の候、益々ご清栄のこととお喜び申し上げます。

さて、先般二度目のホールインワンを記録しました。三十数年前の最初の時は、旅先で、貸しクラブで、しかも打ち上げホールのためカップインを目撃できず、狐につままれたような気持ちでした。

今回は、自分のホームコースで、もちろん自分のクラブ（７番アイアン）で、やや打ち下ろし気味のため、放物線を描いてグリーンに落下し、二、三回弾んだボールがコロコロとカップに吸い込まれていく様子がはっきり見てとれました。

ある資料によると、ホールインワンの確率は、２，０００ラウンドして一回（毎週ラウンドして四十年に一回）だそうです。それを月一ゴルファーが二回もやるというのは確率的には殆どあり得ないはずで、空恐ろしいような気がいたします。好運なのか、それとも災難なのか、暫くは交通事故に遭わないように気をつけたほうがいいのではないかと思っています。

記念のカードを作成しましたので、同封いたします。どうぞご笑納下さい。

國分　正明

WEST COURSE BENT-GRASS GREEN

COMPETITION

HOLE	HDCP	BACK(Y)	REG(Y)	LADY(Y)	PAR	国分	中山	石井	[illegible]
1	3	550	531	475	5	7_2	5	7	8
2	9	390	365	357	4	6_1	4	6	6
3	15	320	301	301	4	6_2	5	4	5
4	13	165	146	142	3	5_2	4	5	3
5	1	439	413	382	4	5_1	6	5	7
6	7	387	367	351	4	5_2	4	5	7
7	17	163	146	141	3	5_2	4	5	4
8	11	395	371	365	4	5_2	7	4	6
9	5	496	472	453	5	8_2	5	6	6
OUT		3305	3112	2967	36	52	44	47	52

DATE H24.5.31

PLAYER'S SIGNATURE 国分正明

MARKER'S SIGNATURE 石井隆治

PLAYER

BIRTHDAY T・S・H ・ ・

HOLE	HDCP	BACK(Y)	REG(Y)	LADY(Y)	PAR	国分	中山	石井	[illegible]
10	4	614	594	515	5	8_3	6	7	7
11	16	150	132	115	3	1_0	3	4	7
12	10	357	344	319	4	5_2	7	7	4
13	8	392	382	340	4	5_1	5	4	5
14	2	505	485	480	5	9_3	6	7	9
15	14	342	315	309	4	5_2	5	6	5
16	12	407	374	316	4	4_1	4	5	5
17	18	236	222	193	3	4_2	3	3	5
18	6	463	449	384	4	5_1	7	5	5
IN		3466	3297	2971	36	46	46	48	52
TOTAL		6771	6409	5938	72				
HANDICAP									
NET SCORE									

ゴルフ連続写真

3

1

2

な んのかんのと愚痴をいっているうちによい気候の時節になりました。東京は連日汗ばむほどの初夏のような天気が続いています。木々の緑もすっかり青さを増し、とくにゴルフコースの素晴しい緑は目にしみるほどで、そのさわやかさは筆舌に尽しがたいほどです▼そんな天然の素晴しい環境の中で、先日ゴルフコンペで凄いスコアを出した人がいます。本誌「とらのもん往来」欄で紹介のごとく、文部省の課長級以上のプレーヤーを集めた文現会コンペで優勝した国分著作権課長がその人。なにせハンデ20の同課長がハーフで37というプロ並みのスコアを出したのですから一同口をアングリ。本人が一番ビックリしたというほどの猛烈なスコアで午前中に49という御本人にとっては通常のスコアを叩いたにもかかわらず、トータル6アンダーパーという同コンペ始まって以来の最高記録で初優勝を飾ってしまいました▼ついこの間まで3パットの連続でハーフでパット数31という珍記録をつくったとこぼしていた同課長のこの変わり身はまさに驚嘆に値するものです。元々華麗なスイングで並いる師匠連中からその素質を高く評価されていたのですが、やはりそれに〝努力〟が加わらないとこれだけのスコアは出ません。4～5メートルのパットがポンポン入ったという背景には、パットマットで猛練習を繰り返したという努力があるのです▼ラウンドの最中、パーが続いて最初のうちはヒヤかしていた同じ組の柳川審議官、神山主査等の口のうるさい先輩方が途中からは自分のスコアはさておいて応援に回るほどの猛烈さ。8番までグロスで1アンダーというプロ真っ青のスコア、8番（パー3）でワンオンしながら3パット、最終ホールでもボギーを叩いてしまったが、それでも前代未聞の大記録となりました▼ある程度のツキがなければコンペでこんなスコアは出ませんが、ツキを呼び込む勝負強さと日頃の努力に敬意を表したいものです。本誌人物欄の宮園企画官同様（他にも沢山の先達がいますが）、〝よく働き、よく遊べ〟。我々サラリーマンの模範としたいような快い話題でした。

『文教ニュース』第285号,
昭和50年5月19日

デスク日記

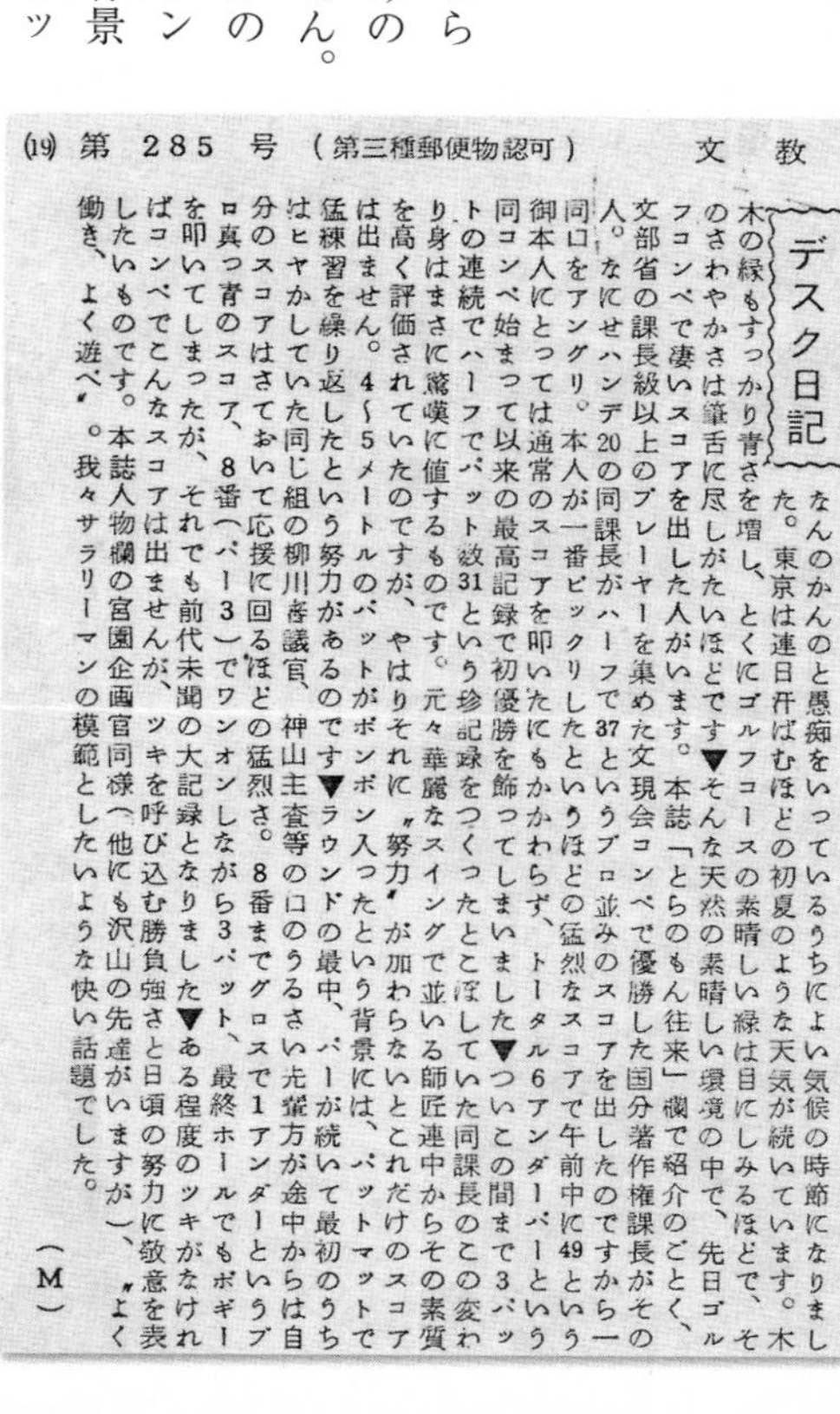
(19) 第 285 号（第三種郵便物認可）　文教

デスク日記

なんのかんのと愚痴をいっているうちによい気候の時節になりました。東京は連日汗ばむほどの初夏のような天気が続いています。木々の緑もすっかり青さを増し、とくにゴルフコースの素晴しい緑は目にしみるほどで、そのさわやかさは筆舌に尽しがたいほどです▼そんな天然の素晴しい環境の中で、先日ゴルフコンペで凄いスコアを出した人がいます。本誌「とらのもん往来」欄で紹介のごとく、文部省の課長級以上のプレーヤーを集めた文現会コンペで優勝した国分著作権課長がその人。なにせハンデ20の同課長がハーフで37というプロ並みのスコアを出したのですから一同口をアングリ。本人が一番ビックリしたというほどの猛烈なスコアで午前中に49という御本人にとっては通常のスコアを叩いたにもかかわらず、トータル6アンダーパーという同コンペ始まって以来の最高記録で初優勝を飾ってしまいました▼ついこの間まで3パットの連続でハーフでパット数31という珍記録をつくったとこぼしていた同課長のこの変わり身はまさに驚嘆に値するものです。元々華麗なスイングで並いる師匠連中からその素質を高く評価されていたのですが、やはりそれに〝努力〟が加わらないとこれだけのスコアは出ません。4～5メートルのパットがポンポン入ったという背景には、パットマットで猛練習を繰り返したという努力があるのです▼ラウンドの最中、パーが続いて最初のうちはヒヤかしていた同じ組の柳川審議官、神山主査等の口のうるさい先輩方が途中からは自分のスコアはさておいて応援に回るほどの猛烈さ。8番までグロスで1アンダーというプロ真っ青のスコア、8番（パー3）でワンオンしながら3パット、最終ホールでもボギーを叩いてしまったが、それでも前代未聞の大記録となりました▼ある程度のツキがなければコンペでこんなスコアは出ませんが、ツキを呼び込む勝負強さと日頃の努力に敬意を表したいものです。本誌人物欄の宮園企画官同様（他にも沢山の先達がいますが）、〝よく働き、よく遊べ〟。我々サラリーマンの模範としたいような快い話題でした。

（M）

○…**文現会コンペ成績**　十一日に千葉新日本ゴルフ場で開催。微風快晴という好条件に恵まれてか国分著作権課長（H20）がアウトで2バーディー、3ボギーの37という本人もビックリするような驚異的なスコアをマーク、インでは49を叩いたが、N66で堂々の初優勝を飾った。この6アンダーは文現会発足以来の最高アンダーで、同課長の次回ハンデは一挙に10となった。また、最近メキメキと上達してきた諸沢体育局長（H30）は優勝間違いなしと思われていたが、52・49のN71で惜しくも準優勝に止まった。前回優勝し全く安定した実力の荻原給与班主査（H12）は44・41でベスグロ賞と三位、最近クラブを高級品に買い換えた宮地会計課長（H16）は47・45で四位、岩間次官（H14）は46・47で五位だった。以下主な参加者のスコアは次のとおり（成績順）。宮園企画官＝46・43、劔木参議員＝55・51、柏木施設部長＝53・51、浦山地方課長＝57・51、内藤参議員＝55・56、早川主任体育官＝48・51、大塚企画連絡課長＝58・47、神山総括予算班主査＝53・47、吉久文化財保護部長＝59・54、野村技術参事官＝54・47、森芸大局長＝48・44、望月審議官＝47・47、柳川審議官＝48・48、佐藤計画課長＝50・57、西崎助成課長＝62・55、松浦人事課長＝54・56、鹿海文化部長＝66・66。

『文教ニュース』第285号，昭和50年5月19日

とらのもん往来

便物認可）　文教ニュース　昭和50年5月19日（月曜日）

とらのもん往来

○…文現会コンペ成績　十一日に千葉新日本ゴルフ場で開催。微風快晴という好条件に恵まれてか国分著作権課長（H20）がアウトで2バーディ、3ボギーの37という本人もビックリするような驚異的なスコアをマーク、インでは49を叩いたが、N66で堂々の初優勝を飾った。この6アンダーは文現会発足以来の最高アンダーで、同課長の次回ハンデは一挙に10となった。また、最近メキメキと上達してきた諸沢体育局長（H30）は優勝間違いなしと思われていたが、52・49のN71で惜しくも準優勝に止まった。前回優勝し全く安定した実力の荻原給与班主査（H12）は44・41でベスグロ賞と三位、最近クラブを高級品に買い換えた宮地会計課長（H16）は47・45で四位、岩間次官（H14）は46・47で五位だった。以下主な参加者のスコアは次のとおり（成績順）。宮園企画官＝46・43、劔木参議員＝55・51、柏木施設部長＝53・51、浦山地方課長＝57・51、内藤参議員＝55・56、早川主任体育官＝48・51、大塚企画連絡課長＝58・47、神山総括予算班主査＝53・47、吉久文化財保護部長＝59・54、野村技術参事官＝54・47、森芸大局長＝48・44、望月審議官＝47・47、柳川審議官＝48・48、佐藤計画課長＝50・57、西崎助成課長＝62・55、松浦人事課長＝54・56、鹿海文化部長＝66・66。

○…垂木官房企画官　読書家で知られる。昼休みはソトにも出ず本を離さない。
…なって大変ですョ、い

すねを引いている。

○…吉川情報図書館課長　一見とっつきにくい印象を与えるが、人当りのいいことは知る人ぞ知る。語り出したら止まらない。「キミ、日本の図書館は欧米と比べものにならないョ。まず後進国だねェ、大体職員の地位が低いし待遇も悪い。いまの学者はどれも先進型追随、これじゃいくら本を買ってもトップを走れないョキミ。まァ語学がまるでダメだねェ、図書館は倉庫だョ、教官の頭を変えないと改善なんかできないョ」とまるで機関銃。ちょっと言い過ぎたのか「まァ博士を沢山つくったことが企業に諸外国との競争力をつけさせたがねェ」と図書館の三段論法的〝功績〟をチラリ。

○…坂元会計課副長　早くから異動が伝えられていたが、やっと発令されたというところ。入省して十五年、そのうちなんと十年間を労働問題一筋。対日教組のエース。上の方が重宝がって前職を六年も在任。いろいろな面で〝伝統〟のある地方課最後のサムライともいわれる。刀の切れ味も抜群。顔に似ずかなりの毒舌家。そのサムライも「しばらくやっていなかったが、そろそろまたやろうかなァ」と、先輩格の国分著作権課長とゴルフ談議。ついに刀からクラブに持ち替る。郷に入れば郷に従いというところか。

○…今村筑波大学務部長　さすがに新構想大学だけあって事務機構も一風変わっている。学生部のほかに学務部がありその初代部長というわけ。入試対策、カリキュラム編成、開放講座、大学院問題

文現会(50.5.11)の記録メモ

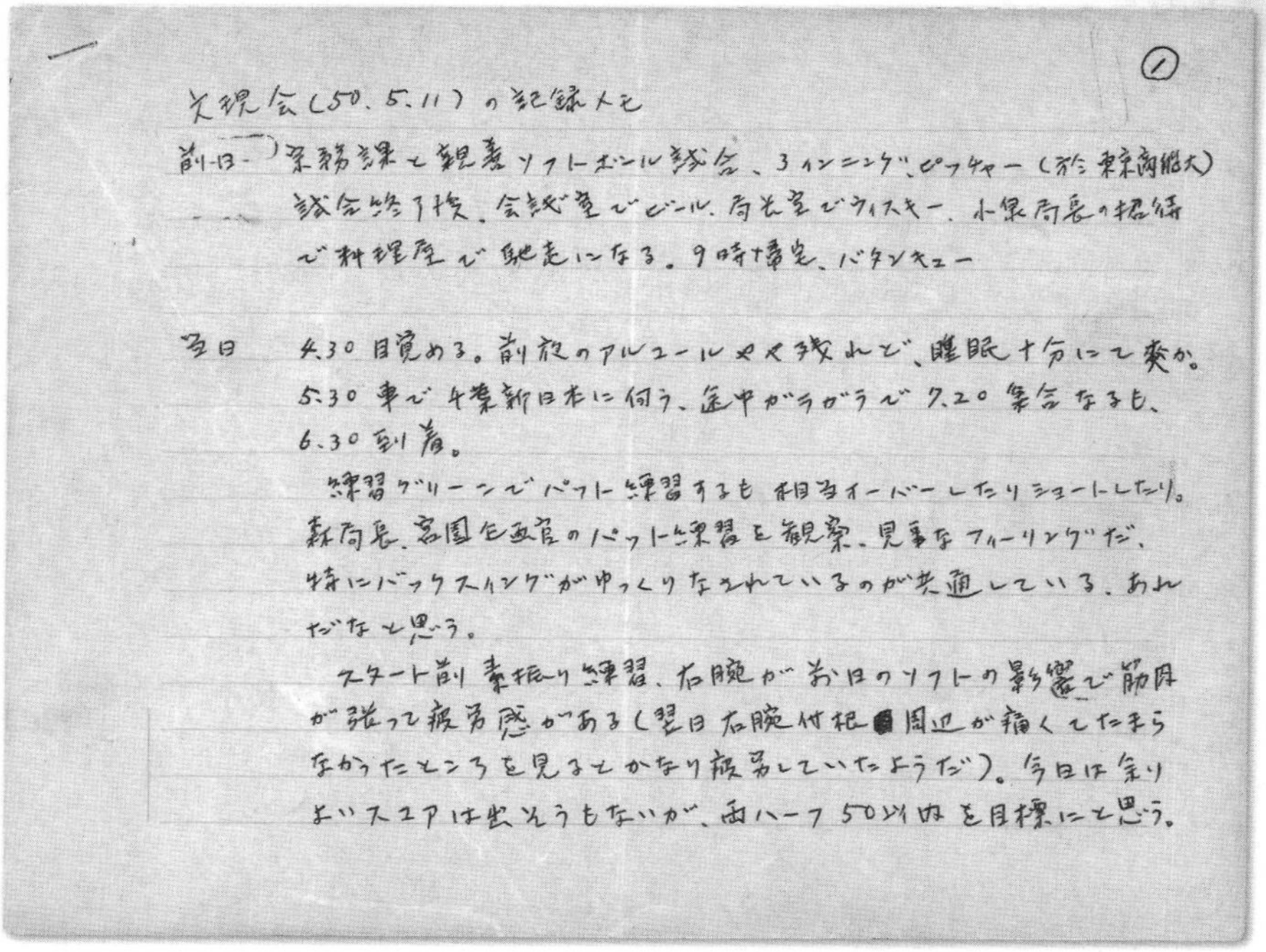
①
文現会（50.5.11）の記録メモ
前日　宗務課と親善ソフトボール試合、3インニング、ピッチャー（於東京商船大）試合終了後、会議室でビール、局長室でウイスキー、小泉局長の招待で料理屋で馳走になる。9時帰宅、バタンキュー
当日　4.30目覚める。前夜のアルコールやや残れど、睡眠十分にて爽か。5.30車で千葉新日本に向う、途中ガラガラで7.20集合なるも、6.30到着。
練習グリーンでパット練習するも相当オーバーしたりショートしたり。森局長、宮園企画官のパット練習を観察。見事なフィーリングだ、特にバックスイングがゆっくりなされているのが共通している。あれだなと思う。
スタート前素振り練習、右腕が前日のソフトの影響で筋肉が張って疲労感がある（翌日右腕付根周辺が痛くてたまらなかったところを見るとかなり疲労していたようだ）。今日は余りよいスコアは出そうもないが、両ハーフ50以内を目標にと思う。

文現会（50・5・11）の記録メモ（①②のみ再掲した）

①

前日　宗務課と親善ソフトボール試合、3インニング、ピッチャー（於東京商船大）試合終了後、会議室でビール、局長室でウィスキー、小泉局長の招待で料理屋で馳走になる。9時帰宅、バタンキュー

当日　4：30目覚める。前夜のアルコールやや残れど、睡眠十分にて爽か。5：30車で千葉新日本に向う。途中ガラガラで7：20集合なるも、6：30到着。

練習グリーンでパット練習するも相当オーバーしたりショートしたり。森局長、宮園企画官のパット練習を観察。見事なフィーリングだ。特にバックスイングがゆっくりなされているのが共通している。あれだなと思う。

スタート前素振り練習、右腕が前日のソフトの影響で筋肉が張って疲労感がある（翌日右腕付根周辺が痛くてたまらなかったところを見るとかなり疲労していたようだ）。今日は余りよいスコアが出そうもないが、両ハーフ50以内を目標にと思う。

②

初めてのコースなので、前日ゼロックスしておいたスコア案内書を参考にラウンドすることにしたが、outは全ホール攻め方が書いてあるが、inは半分程度なのが心配だ。

第1コースinから最終組でスタート、同伴競技者　柳川審議官、森芸大局長、神山主査。

（使用球マックスフライ赤7）

〔inの概況〕第1コース

10H（400Y、P4）第二打残り180Yあれど、左足下りのライのためI5使用、ショート
11H（145Y、P3）I6に引っかけ気味、サブグリーンエッジ、PWザックリ
12H（505Y、P5）第二打W3キチンと当たる
13H（415Y、P4）第二打I3会心の当たり、オーバーしてグリーンを少しこぼす
14H（370Y、P4）W1左へテンプラで爪先下りのひどいラフ、第3打I5オーバー
15H（360Y、P4）W1会心の当たり、残り130Y、I7ダフリでショート
16H（525Y、P5）2、3打W3連続チョロ（柳川審議官、Teeshot右へ、人に当たるaccident、クサル）

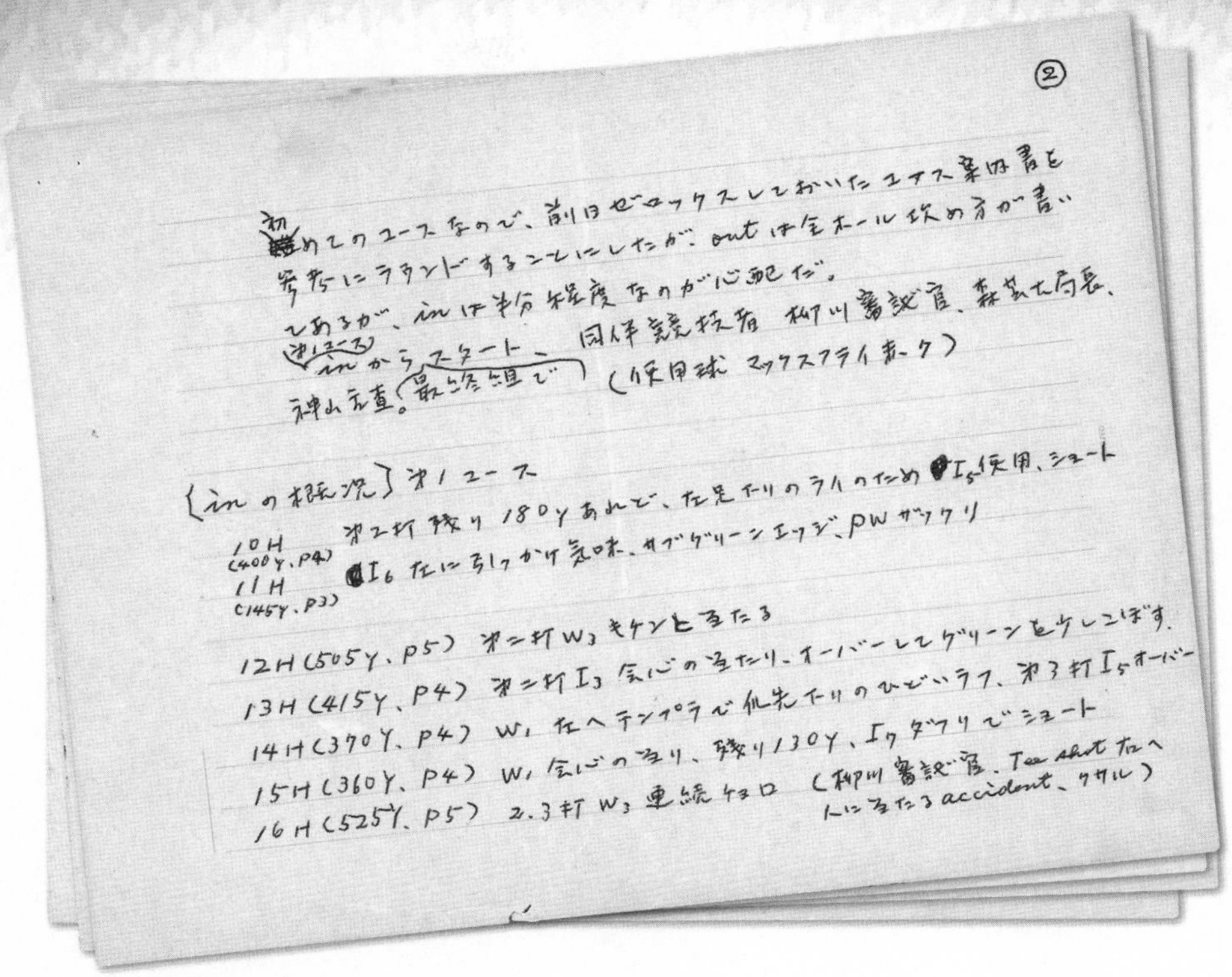

②

初めてのコースなので、前日ゼロックスしておいたコース案内書を
参考にラウンドすることにしたが、outは全ホール攻め方が書い
てあるが、inは半分程度なのが心配だ。
第1コース inからスタート、同伴競技者 柳川審議官、森茂大局長、
神山主査。最終組で （使用球 マックスフライホーク）

{inの概況} 第1コース

10H (400Y、P4) 第2打残り180Yあれど、左足下りのライのため I5使用、ショート

11H (145Y、P3) I6 左に引っかけ気味、サブグリーンエッジ、PWザックリ

12H (505Y、P5) 第二打W3 キチンとあたる

13H (415Y、P4) 第二打I3 会心の当たり、オーバーしてグリーンを少しこぼす。

14H (370Y、P4) W1 左へテンプラで爪先下りのひどいラフ、第3打I5オーバー

15H (360Y、P4) W1 会心の当り、残り130Y、I7ダフリでショート

16H (525Y、P5) 2.3打W3 連続チョロ （柳川審議官、Tee shot 左へ木にあたるaccident、ワザル）

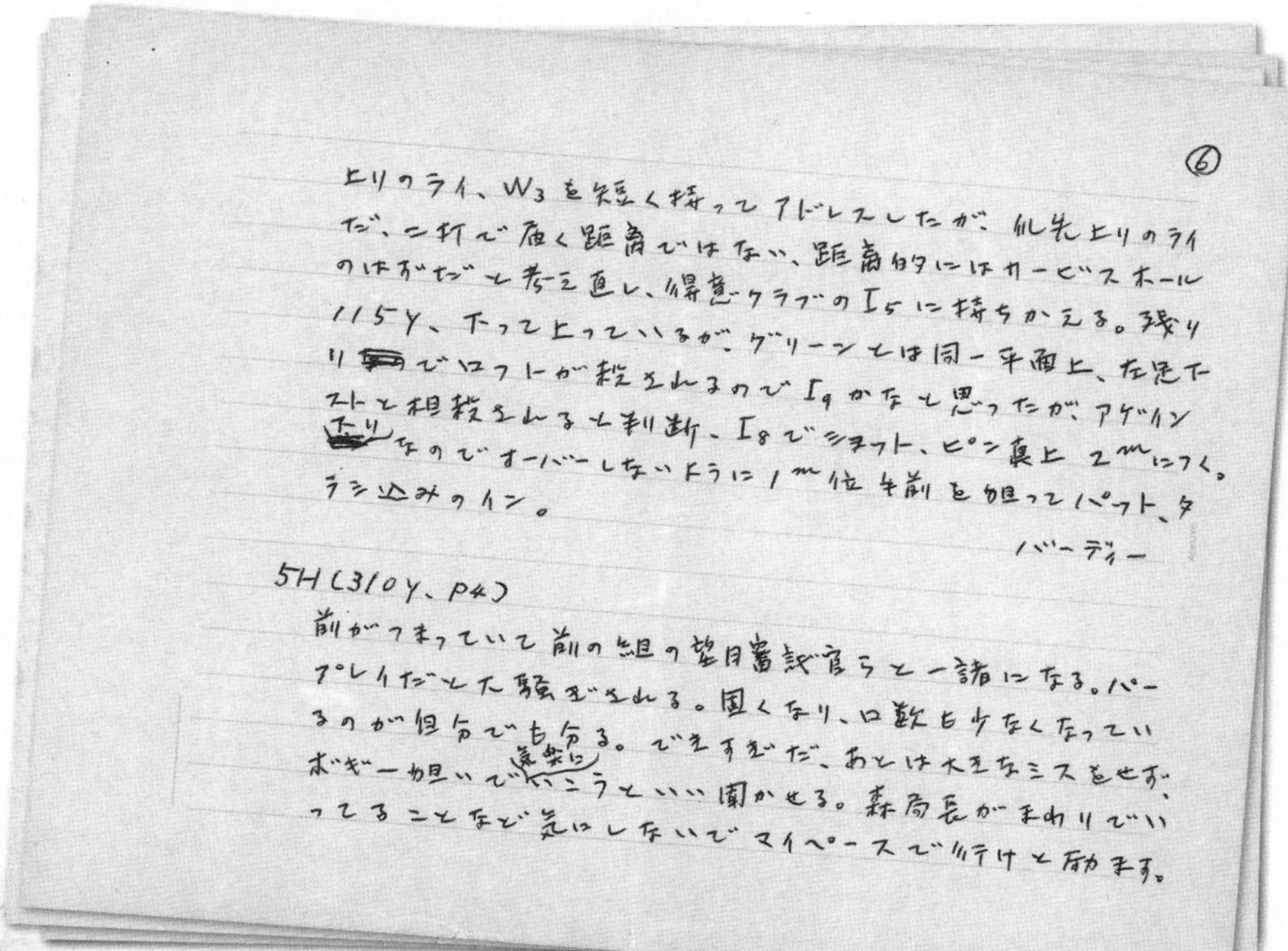

⑥

上りのライ、W3を短く持ってアドレスしたが、爪先上りのライ
だ、二打で届く距離ではない、距離的にはサービスホール
のはずだと考え直し、得意クラブのI5に持ちかえる。残り
115Y、下って上っているが、グリーンとは同一平面上、左足下
りでロフトが殺されるのでI9かなと思ったが、アゲイン
ストと相殺されると判断、I8でショット、ピン真上2mにつく。
下りなのでオーバーしないように1m位手前を狙ってパット、タ
ラミ込みのイン。
バーディー

5H (310Y、P4)
前がつまっていて前の組の望月審議官らと一諸になる。パー
プレイだと大騒ぎされる。固くなり、口数も少なくなってい
るのが自分でも分る。できすぎだ、あとは大きなミスをせず、
ボギー狙いで気楽にいこうといい聞かせる。森局長がまわりでい
ってることなど気にしないでマイペースで行けと励ます。

(10)

グリーンオーバー。続いて打った森局長もオーバーし、キャディが距離表示のくいを左右とり違えて教え、10Y大き過ぎたと僕のために憤慨してくれる。行ってみるともう少しでバンカーに落ちるところ、グリーンまで2mだがピンまで（あと5cm）20mはあるし、グリーンは下り。何とかあと三つでと思いパターで寄せる。3mの第1パット50cmショート、第2パット沈む。柳川審議官おめでとうと祝福してくれる。

ボギー

好スコアの原因

1. 1H.2H ツキに恵まれ好調子に乗ったこと。
2. W_1がフェアウェイをキープしたこと。
3. ロングホールがサービスホール化とフォローのため2打目I_5で距離感に十分で、ミスの出やすいW_3を使わないですんだこと。

(11)

4. I_5が真直ぐよく飛んだこと。
5. アプローチが2パット圏内につき、パットの拙さが出ないですんだこと。
6. 後半がフォローだったこと。
7. ミスが1HのW_1、2HのI_4、8HのI_7、パット位で、しかも大量失点につながらないものだったこと。

第三章　音楽、野球など

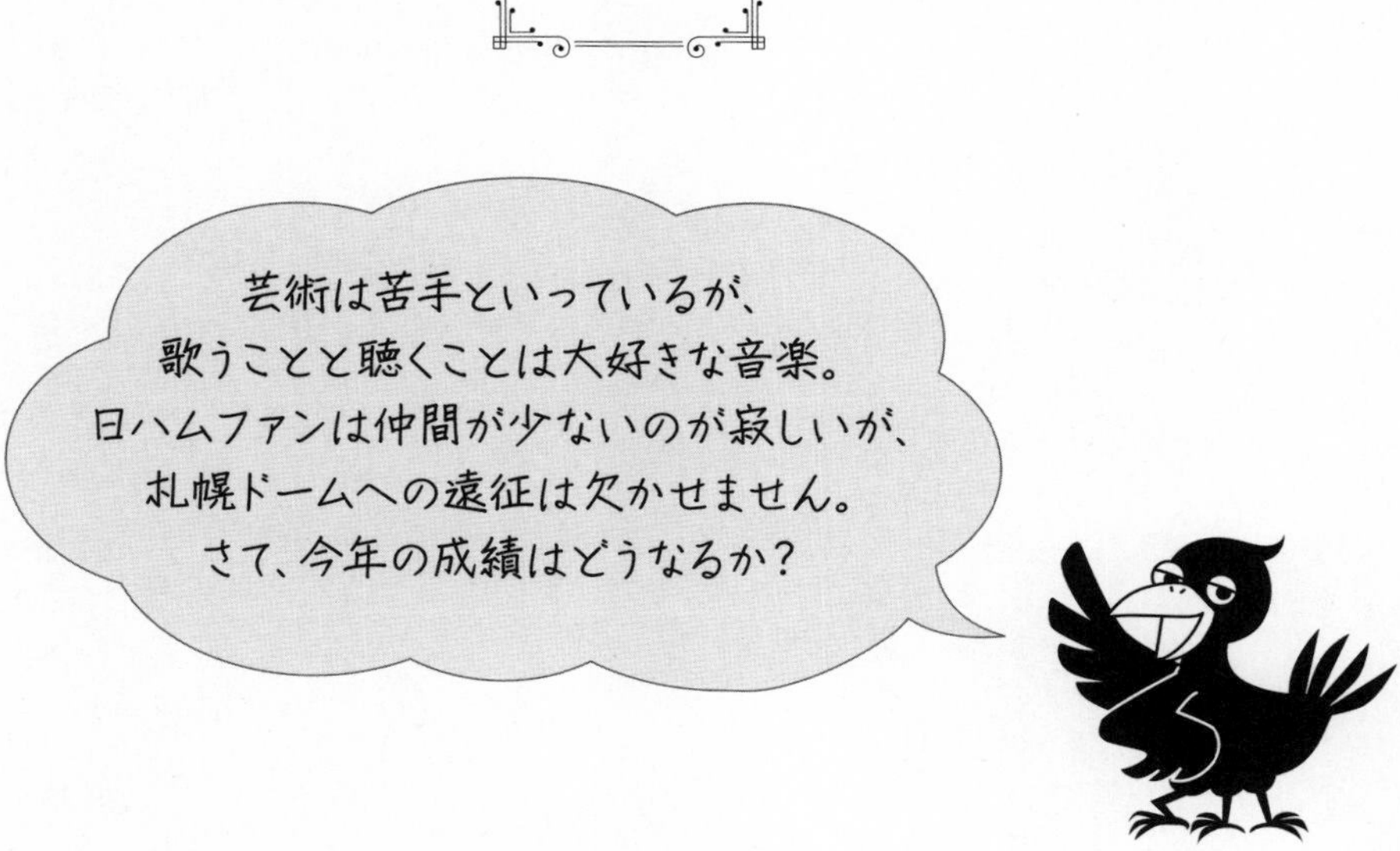
芸術は苦手といっているが、
歌うことと聴くことは大好きな音楽。
日ハムファンは仲間が少ないのが寂しいが、
札幌ドームへの遠征は欠かせません。
さて、今年の成績はどうなるか？

股旅歌謡

『みなみの手帖』No.16,
昭和51年8月号

私はどうも芸術が苦手である。創作活動は持って生まれた才能が前提になるからやむを得ないとしても、鑑賞力も不十分のようである。はっきりいえばよく分からない。

例えば、展覧会に行って、「いいな」と思ったのが選外であったり、「こんなのが」と思ったのが入選だったりという経験はよくあるし、自分が感じたことと専門家の批評とが全く別ということもしばしばである。興味がないわけではなく、外国出張の際にルーブル美術館などをのぞく心掛けもあるのだが、生来の感受性の不足を補うだけの鑑賞の暇がないからだろう。自分勝手に感じ、楽しむよりないと最近はあきらめている。美術に限らず、文芸、音楽、演劇、舞踊等の分野についても、同様である。

だが、好きかどうかとなるとまた別のようで、音楽は本当に分からないながら好きである。それもクラシックといわず、ジャズ、シャンソン、カンツォーネにとどまらず、民謡、なつメロ、軍歌等々古今東西何でもよいのだから、我ながらあきれるくらい統一も秩序もない。クラシックはレコード観賞が中心だが、それ以外の歌えるものは、それにとどまらず、しばしば蛮声を張りあげ、周囲に迷惑を及ぼすの愚を行うのである。要するに原始本能の段階で、これが芸術的に高められたり、純化されたりしていないのだと自己分析している。

中でも愛唱するのは藤田まさと作詞の股旅物である。藤田先生は、音楽作家を代表して音楽著作権の擁護に活動されており、その関係で八年程前私が著作権の仕事に携わっていたとき知り合い、今日までご指導いただいているが、初めてお会いしたとき、真黒でいかつい顔をした人が作詞家と聞いてびっくりし、その作品に興味をもった。

調べてみると、「明治一代女」、「旅笠道中」、「妻恋道中」、「おしどり道中」、「流転」、「麦と兵隊」、「大利根月夜」、「岸壁の母」等々著名な作品があり、「徐州徐州と人馬は進む……」（麦と兵隊）なども素晴らしい詩歌だが、特に股旅物が気に入って、以来愛唱歌となった。

股旅ものといっても、現代のヤクザ物とは全く次元の違うもので、先生の流麗な文筆によって創作された美の世界である。ニヒルをよそおいながら実は義理と人情に厚く、強がりをいいつつ、恋に弱く、また淋しくて淋しくてたまらないがじっ

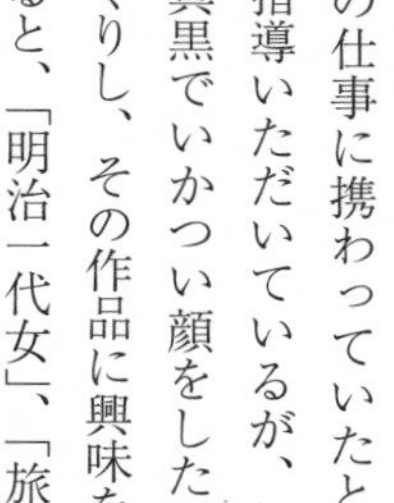
『みなみの手帖』は残念ながら廃刊となってしまったが、鹿児島県教育長として赴任してすぐに依頼され執筆した思い出深い文だ。その後地元紙南日本新聞から何度か執筆依頼されるきっかけになった。

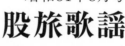

と耐えているという旅がらすを通じて、人間の強さと弱さ、人生の哀歓を歌っている。そして、何ともいえない、しみじみとした雰囲気を持っている。私なぞ一寸気がめいっているとき、「夜が冷たい　心が寒い……」（旅笠道中）と歌い出すと、時に気持ちがいやされ、時にたまらない感情に襲われる。

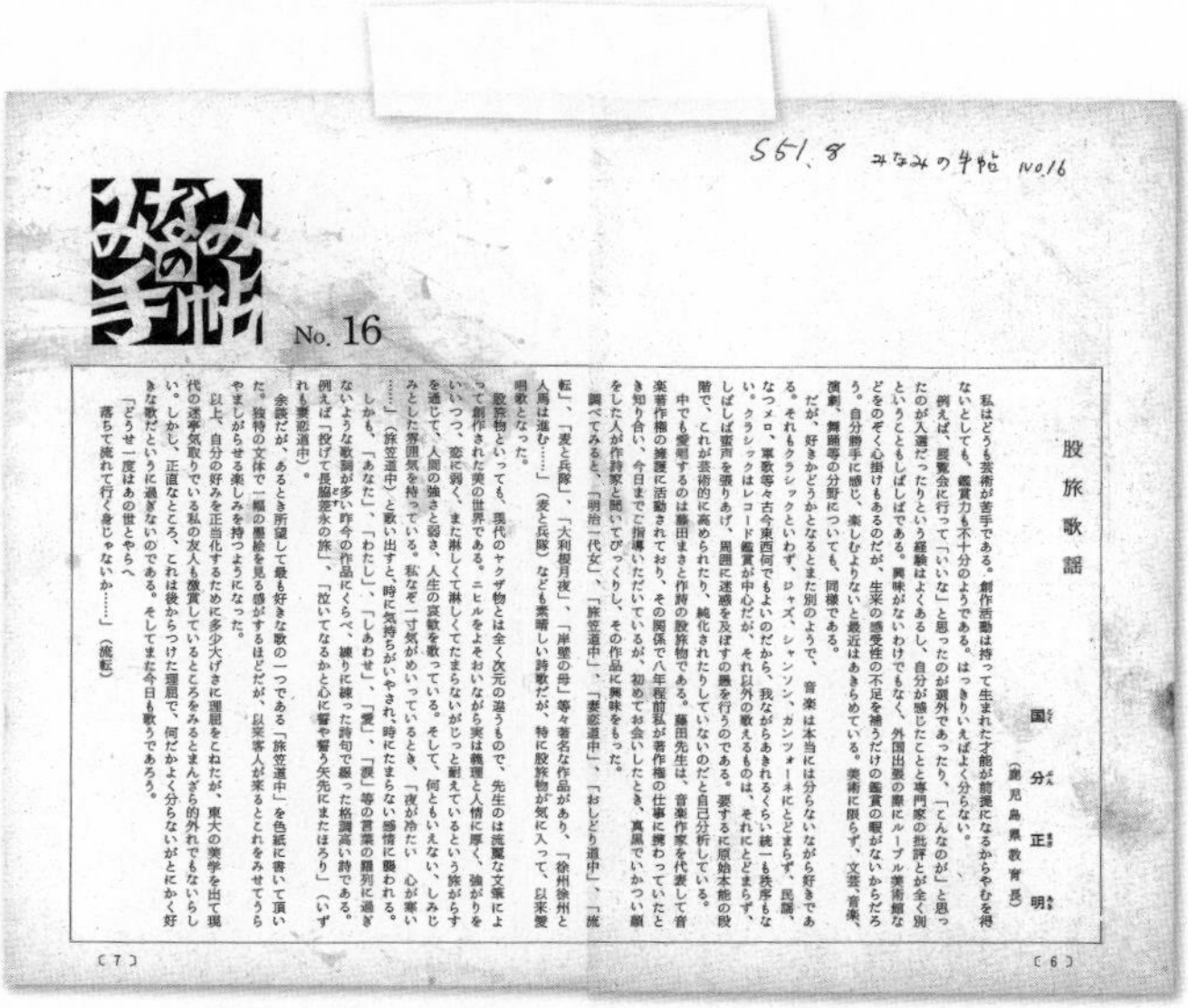
S51.8　みなみの手帖　No.16

みなみの手帖

No. 16

股旅歌謡

国分正明
（鹿児島県教育長）

私はどうも芸術が苦手である。創作活動は持って生まれた才能が前提になるからやむを得ないとしても、鑑賞力も不十分のようである。はっきりいえばよく分らない。

例えば、展覧会に行って「いいな」と思ったのが選外であったり、「こんなのが」と思ったのが入選だったりという経験はよくあるし、自分が感じたことと専門家の批評とが全く別ということもしばしばである。興味がないわけでもなく、外国出張の際にルーブル美術館などをのぞく心掛けもあるのだが、生来の感受性の不足を補うだけの鑑賞の暇がないからだろう。自分勝手に感じ、楽しむよりないと最近はあきらめている。美術に限らず、文芸、音楽、演劇、舞踊等の分野についても、同様である。

だが、好きかどうかとなるとまた別のようで、音楽は本当には分らないながら好きである。それもクラシックといわず、ジャズ、シャンソン、カンツォーネにとどまらず、民謡、なつメロ、軍歌等々古今東西何でもよいのだから、我ながらあきれるくらい統一も秩序もない。クラシックはレコード鑑賞が中心だが、それ以外の歌えるものは、それにとどまらず、しばしば蛮声を張りあげ、周囲に迷惑を及ぼすの愚を行うのである。要するに原始本能の段階で、これが芸術的に高められたり、純化されたりしていないのだと自己分析している。

中でも愛唱するのは藤田まさと作詩の股旅物である。藤田先生は、音楽作家を代表して音楽著作権の擁護に活動されており、その関係で八年程前私が著作権の仕事に携わっていたとき知り合い、今日までご指導いただいているが、初めてお会いしたとき、真黒でいかつい顔をした人が作詩家と聞いてびっくりし、その作品に興味をもった。

調べてみると、「明治一代女」、「旅笠道中」、「妻恋道中」、「おしどり道中」、「流転」、「麦と兵隊」、「大利根月夜」、「岸壁の母」等々著名な作品があり、「徐州徐州と人馬は進む……」（麦と兵隊）なども素晴しい詩歌だが、特に股旅物が気に入って、以来愛唱歌となった。

股旅物といっても、現代のヤクザ物とは全く次元の違うもので、先生のは流麗な文筆によって創作された美の世界である。ニヒルをよそおいながら実は義理と人情に厚く、強がりをいいつつ、恋に弱く、また淋しくて淋しくてたまらないがじっと耐えているという旅がらすを通じて、人間の強さと弱さ、人生の哀歓を歌っている。そして、何ともいえない、しみじみとした雰囲気を持っている。私なぞ一寸気がめいっているとき、「夜が冷たい　心が寒い……」（旅笠道中）と歌い出すと、時に気持ちがいやされ、時にたまらない感情に襲われる。

しかも、「あなた」、「わたし」、「しあわせ」、「愛」、「涙」等の言葉の羅列に過ぎないような歌詞が多い昨今の作品にくらべ、練りに練った詩句で綴った格調高い詩である。例えば「投げて長脇差《どす》永の旅」、「泣いてなるかと心に誓や誓う矢先にまたほろり」（いずれも妻恋道中）。

余談だが、あるとき所望して最も好きな歌の一つである「旅笠道中」を色紙に書いて頂いた。独特の文体で一幅の墨絵を見る感がするほどだが、以来客人が来るとこれをみせてうらやましがらせる楽しみを持つようになった。

以上、自分の好みを正当化するために多少大げさに理屈をこねたが、東大の美学を出て現代の迷亭気取りでいる私の友人も激賞しているところをみるとまんざら的外れでもないらしい。しかし、正直なところ、これは後からつけた理屈で、何だかよく分らないがとにかく好きな歌だというに過ぎないのである。そしてまた今日も歌うであろう。

「どうせ一度はあの世とやらへ
落ちて流れて行く身じゃないか……」（流転）

〔6〕〔7〕

『みなみの手帖』No.16
昭和51年8月号

しかも、「あなた」、「わたし」、「しあわせ」、「愛」、「涙」等の言葉の羅列に過ぎないような歌詞が多い昨今の作品にくらべ、練りに練った詩句で綴った格調高い詩である。例えば「投げて長脇差（どす）永の旅」、「泣いてなるかと心に誓や誓う矢先にまたほろり」（いずれも妻恋道中）。

余談だが、あるとき所望して最も好きな歌の一つである「旅笠道中」を色紙に書いて頂いた。独特の文体で一幅の墨絵を見る感がするほどだが、以来客人が来るとこれをみせてうらやましがらせる楽しみを持つようになった。

以上、自分の好みを正当化するために多少大げさに理屈をこねたが、東大の美学を出て現代の迷亭気取りでいる私の友人も激賞しているところをみるとまんざら的外れでもないらしい。しかし、正直なところ、これは後からつけた理屈で、何だかよく分からないがとにかく好きな歌だというに過ぎないのである。

そして今日もまた歌うであろう。

「どうせ一度はあの世とやらへ
落ちて流れて行く身じゃないか……」（流転）

モーツァルティアン

昭和三十二、三年頃、池袋東口に「幻想」という店名の名曲喫茶があった。当時いくつかの家庭教師のアルバイトをしていたが、授業後生徒のお宅にお邪魔する夕方まで、そこで過ごすことが多かった。一杯確か五十円のコーヒーで、二、三時間粘り、ベートーヴェン、モーツァルト、ブラームス、チャイコフスキーなど、特に誰ということでなく、ポピュラーな楽曲を、時にはオーダーしたりしてＬＰレコードを聴いていた。レコード鑑賞ではあったが、クラシック音楽を集中的に聴いた時期だった。

それがいつの頃からか、特にモーツァルトに惹かれるようになった。楽理もわきまえず、楽譜も読めない私にとって、ワーグナーとかましてやシェーンベルグなどの難しい（?）楽曲にはなかなかついていけなかった。一方モーツァルトの美しく、澄んだメロディはすうっと自然なかたちで心にしみ込んできたからだと思う。いうならばミーハー的なモーツァルト愛好者であった。

日本芸術文化振興会の理事長に就任して、職務柄コンサートや新国立劇場のオペラなどに接する機会が増えた。また、モーツァルト研究で文化功労者にも選ばれた海老沢敏先生ともお近づきになって、著書をご恵贈いただき、専門書で歯の立たないものが多かったが、一層モーツァルト熱が高まった。所有するＣＤの半分位はモーツァルトが占めるようになった。末娘が、モーツァルトが活躍した中心地であるウィーン在住のオーストリア人と結婚する巡り合わせもあった。パソコンのマウスパットもモーツァルトの肖像入りであり、台所の冷蔵庫に張り付けているマグネットの多くはモーツァルト像である。さらにメールアドレスもモーツァルトに因んだものである。

アインシュタインは、「死とは何か」と問われて「モーツァルトが聴けなくなることだ」と答えたそうである。そこまではいかないが、私の葬式で何かＢＧＭを流すことがあったら、モーツァルトの交響曲四十番か、ピアノ協奏曲二十番を頼むと家内に言ってある。

余談になるが、オペラで一番のお気に入りは、モーツァルトの「フィガロの結婚」や「魔笛」などでなく、ましてやワーグナーの大作「ニーベルングの指環」でなく、ヴェルディの「椿姫」であるのが我ながら不思議である。第三幕で歌われるアリア「過ぎ去りし日々」、重唱「パリを離れて」を聴くと、何回も聴いているのに涙がにじみ出てきて、周囲の観客に覚られずにハンカチで涙を拭うのに一苦労する。

昭和二十五年八月三日（木）曇　東急毎日戦の実況放送があったので、スコアブックをつけ、東急が首位毎日を7－5で破った。

昭和二十五年八月二十八日（日）晴　東急の打げきぶりはまったくすごい。首位毎日に三勝一敗、阪急に一勝、その間の打率三割五分と云うからおどろいた。これからの躍進が期待される（東急とはパ・リーグの一チーム、僕もその一ファン）。

中学二年夏の日記の一部である。東急フライヤーズは、その後東映フライヤーズなどを経て今日の日本ハムファイターズになっている。

セントラルリーグとパシフィックリーグに分れる前の一リーグ時代のことだから昭和二十三年か四年頃、草野球仲間の上級生に連れられて、初めて後楽園球場にプロ野球観戦に行った。試合は巨人対東急、当時から巨人の人気は圧倒的で、その時も球場中が巨人を応援していた。私はまだ特別の贔屓チームはなかったが、東急があまりに可哀相なのと反発心から、東急を応援した。これが運のつき、何の因果か以後七十年間ファイターズ一筋でいる。

東急時代の、大下弘、飯島滋弥、白木義一郎、東映時代の、土橋正幸、張本勲、尾崎行雄、近年の、小笠原道大、稲葉篤紀、ダルビッシュ有、大谷翔平などのスター選手を輩出した。

文部省現役時代でも時々は後楽園、駒沢球場、東京ドームに通った。

ファイターズ病

平成十六年本拠地を札幌ドームに移した頃から、時間的にも余裕ができたこともあって、ファイターズ熱が上ってきた。年に数カード、ホームゲームのある東京ドームは勿論、近間の西武球場（所沢）、マリン球場（幕張）での観戦にとどまらず、年に一、二回は札幌ドームに出かけた。楽天球場（仙台）やヤフードーム（福岡）にまで追っかけをしたこともある。こうなると、もう病気である。数少ないファイターズファンである森正直（元国語課長）君、熱狂的なライオンズファンである長谷川正明（元生涯学習局長）君と語り合って、西武球場で年二、三回ライオンズ対ファイターズ戦を観戦し、所沢市内で反省会を開くのが恒例となったりした。

近年で一番の試合は、平成二十九年九月二十八日の西武ドームでのライオンズ戦である。ブランドン・レアードのソロホームランの一点を大谷が一安打完封で守り切り、優勝を決めた。首位と最大十一ゲーム半差あったのを引っくり返し、逆転優勝したのである。生で、目の前で優勝の胴上げを見たのは初めての経験で、今でもそのシーンを思い出すと……。その年はそのまま勢いに乗ってクライマックスシリーズを勝ち抜き、日本シリーズで広島カープを4－2で下して日本一となった。

今、令和五年三月完成を目標に、北海道の北広島に札幌ドームに代わり新しいホーム球場を建設することが計画されている。何とかそこでの試合を観に行けるように健康寿命を維持したいと頑張っている。

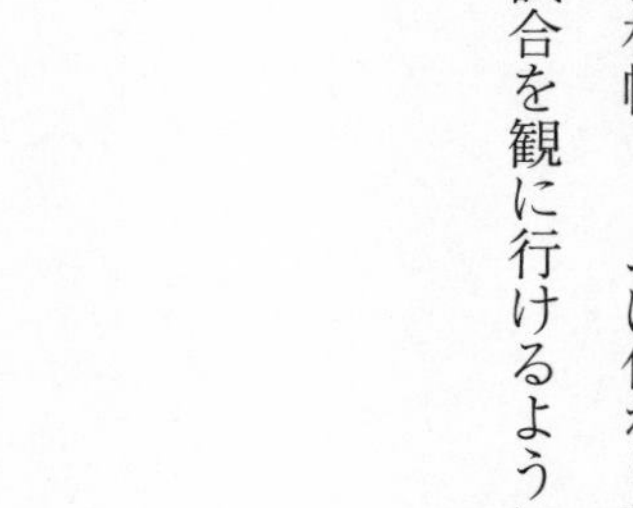

旅行と災難

現役の時代、出張で全国大体の県は行っているが、仕事が終わったらトンボ帰りで、ついでの観光など殆んどしたことがなかった。その反動か、退官後時間的余裕もできたこともあって、年数回、奈良・京都などの古都、天橋立、佐渡などの景勝地を中心に全国各地を観光で訪ねるようになった。公務でないから当然常に家内同伴である。特に本州にはない雄大な自然、豊かな食材が魅力的な北海道が多い。利尻、礼文の離島、摩周、阿寒の湖、富良野、美瑛の花々、十勝川、登別、湯の川の温泉などなど。若い頃北海道に勤務していて出張であちこち行ったけれども、前述のとおりあまり観光はしていなかったし、家内も子育てなどで札幌を殆んど離れることがなかったからでもある。海外には年一回位のペースで、もっぱら手間のかからないツアーを利用してヨーロッパを中心にお定まりの名所旧跡巡りをした。

国内外のこういった観光旅行が本来の旅といえるかどうかだが、曽野綾子さんは、日程どおり、定められたルートで定められた所へ行くのは面白いとは思えない、先々の予測がつかない旅、そして思わぬ経験をする旅が面白いのだと述べておられる（令和二年二月十六日付産経新聞「小さな親切、大きなお世話」）。確かにそうかもしれないが、私など度胸がないから、飛行機、列車のチケットは購入済、ホテルは予約済で安全が確保されてないと、不安で仕方がない。旅行すると一定期間日常を離れ、心身ともリフレッシュするから、こういうのもありではないかと思うが、そうはいかず観光旅行ではなかったが、ひどい目に会ったことがある。

昭和四十四年の五月、パリとジュネーヴで開催された著作権関係の国際会議に一人で出席したのが初めての海外旅行だった。パリには文部省の先輩がアタッシェとしておられたので安心して過ごせたが、次のジュネーヴでは大変だった。当時の海外旅行事情として旅行代理店のサービスも十分でなく、外務省を通じて依頼した在外公館の便宜供与も若僧が参加する会議と軽く見られたのか殆んど機能しなかった。簡単なスケジュールと宿泊ホテル名が書かれた半ペラ一枚を頼りに、フランス語圏なのに片言の英語で毎日を不安一杯で必死に過ごした。パレ・デ・ナシオンでの会議はオブザーバー出席だったので発言する必要はなかったが、翌日配布される英文の議事要旨を見て「ああ昨日はこういうことを議論していたのか」と理解する始末だった。

アリタリア航空でジュネーヴからローマ空港に出て、そこで日の丸をつけた日航の飛行機を見た時は、これで生きて帰れると涙が出そうになった。機内サービスで出た熱燗の日本酒のうまかったこと！　これがトラウマとなって、避けられないものもあったが、以後海外出張は極力逃げまくった。

平成二十二年六月、末娘の結婚式のため家内とウィーンにおもむいた。ウィーン在住のオーストリア人と結婚し、挙式を東京に次いでウィーンでも行うこととしたためである。郊外の古城を改装したホテルが会場で、一週間ほど滞在予定だったが、式出席以外特にやることもない。シェーンブルン宮殿、シュテファン寺院などは前に観光旅行で来た時に見学していたので、婿さんと娘の案内で、ホーフブルグ（王宮）の礼拝堂でのウィーン少年合唱団の演奏、クアサロンでの当時の服装で行うモーツァルト演奏会などを楽しみ、ベートーヴェンが遺書を書いた場所として有名なハイリゲンシュタットの家を訪れたり、ドナウ川の両岸に古城や修道院が点在するヴァッハウ渓谷（世界遺産）をクルーズするなど、精力的にウィーンを満喫していた。

　ところが、いざ帰国という当日の朝、ベッドで起き上がろうとしたら、地球が引っくり返えるような目まいがして動けなくなった。脳出血かなんかかと思い、病院へ行くよりないがまず搭乗予定の飛行機をキャンセルしなければならない。どうしたものかと動けない体で焦っていると、いつになく冷静な家内が出発前に掛けた旅行保険があることを思い出し、その書類にある連絡先に電話した。早速駆けつけてきた担当者が手際よく空港、病院と連絡をつけ、病院へ連れていかれた。脳の検査では異常はなく、耳鼻科で「良性発作性頭位めまい症」と診断され、一週間入院となった。この病気は内耳の平衡感覚を司る耳石が動いて起こるもので、多くは疲労が原因だという。時差ボケなのに、欲張って遊び回ったツケがきたということである。事情が分からないうちは、何事が起きたかと心配したが、医者にいわせると医学の教科書にも載っている典型的な病気だそうだ。外国での医療費はとんでもなく高いと聞いていたので、ひやひやものだったが、保険のおかげで、入院費を含めてすべて無料、家内の延長ホテル代も付添介護者ということでこれまた無料、おまけに帰りの飛行機は家内ともどもビジネスクラスと、それまで何回も払ってきた保険料の元をとってなお釣がくるという感じで、これだけは幸運だった。

以上二件は今でこそ忘れられない思い出となっているが、それでも旅の醍醐味どころか二度と経験したくない出来事であった。曽野綾子さんには悪いが、少なくとも私には旅は予定どおり、無事が一番である。

“近代5種”(碁・将棋,麻雀,ゴルフ,酒,カラオケ)ランキング表

『文教ニュース』第887・888合併号
昭和62年1月12日

(28) 第887・888合併号 (第三種郵便物認可)　文教ニュース　昭和62年1月12日(月曜日)

〔“近代5種”(碁・将棋,麻雀,ゴルフ,酒,カラオケ)ランキング表(本省課長以上)〕

順位	名前と役職	碁・将棋	麻雀	ゴルフ	酒	カラオケ	計
1位	国分体育局長	98	80	100	85	85	448
2位	高石事務次官	90	90	85	85	95	445
〃位	加戸教育助成局長	100	100	68	82	95	445
4位	井上財務課長	80	98	87	70	80	415
5位	沢田社会教育局長	95	88	68	88	70	409
6位	伊田福利課長	85	80	85	70	85	405
7位	坂元私学部長	85	90	65	82	82	404
8位	古村官房長	88	85	70	98	60	401
9位	石川学校給食課長	90	92	88	50	80	400
10位	熱海小学校課長	60	80	78	90	88	396
〃位	中林私学行政課長	85	78	68	85	80	396
12位	阿部文化庁総務課長	75	80	80	90	70	395
13位	下宮学校保健課長	75	80	65	95	75	390
14位	沖吉臨教審主任調査員	50	85	82	80	92	389
15位	中島官房審議官	35	88	90	80	90	383
16位	西口監理室長	60	88	88	95	50	381
17位	阿部高等教育局長	70	75	75	80	80	380
〃位	野崎会計課長	40	85	85	80	90	380
〃位	佐川指導課長	50	75	90	90	75	380
〃位	御手洗教科書検定課長	70	75	75	85	75	380
21位	菴谷官房審議官	30	75	85	85	90	365
22位	斉藤臨教審次長	40	80	90	70	82	362
23位	木村計画課長	85	90	95	40	50	360

順位	名前と役職	碁・将棋	麻雀	ゴルフ	酒	カラオケ	計
34位	植木学術国際局長	50	75	55	65	100	345
〃位	高橋幼稚園課長	75	65	68	65	72	345
36位	糟谷文化庁会計課長	78	70	55	70	70	343
37位	重藤官房審議官	60	92	10	90	90	342
38位	伊藤青少年教育課長	30	85	85	85	55	340
〃位	山本美術工芸課長	80	80	65	95	55	340
40位	岡林臨教審総務課長	30	70	85	75	78	338
41位	大崎文化庁長官	50	60	55	92	80	337
42位	前畑文化部長	30	60	82	88	75	335
〃位	林田中学校課長	30	75	90	75	65	335
〃位	菊川職業教育課長	40	70	60	83	82	335
45位	高野文教施設部長	50	78	75	55	75	333
46位	小林技術教育課長	85	83	90	30	40	328
47位	西尾学術情報課長	40	50	65	90	78	323
48位	阿曽村官房審議官	50	45	80	90	55	320
49位	伊藤学校法人調査課長	30	75	55	88	70	318
50位	宇多川調査統計課長	30	75	60	72	78	315
51位	奥田地方課長	75	70	55	55	55	310
52位	広田学生課長	30	70	65	80	60	305
53位	西崎初中局長	30	70	76	65	58	299
54位	川村総務審議官	30	60	55	90	60	295
55位	小林記念物課長	30	30	65	85	80	290
〃位	佐々木教職員課長	30	80	55	90	35	290

(16) 第683号 (第三種郵便物認可)　文教ニュース　昭和58年1月17日(月曜日)

〔“近代5種”(碁・将棋,麻雀,ゴルフ,酒,カラオケ)ランキング表(本省課長以上)〕

順位	名前	碁・将棋	麻雀	ゴルフ	酒	カラオケ	計
1位	国分会計課長	98	80	95	85	85	443
2位	玉木学校給食課長	85	90	85	83	85	428
3位	高石官房長	80	85	75	86	90	416
4位	加戸総務課長	100	98	40	80	92	410
5位	阿部職業教育課長	80	85	80	90	72	407
6位	新田工営課長	60	75	100	100	70	405
7位	神山文化庁会計課長	65	100	85	65	88	403
8位	井上学生課長	80	90	83	70	70	393
9位	野村教育施設部長	60	75	88	85	82	390
10位	宮地大学局長	42	80	80	95	90	387
11位	熱海小学校教育課長	62	68	75	90	90	385
12位	坂元大学課長	80	90	35	85	80	370
13位	原契約課長	62	68	75	75	85	365
14位	中島高校教育課長	20	88	90	80	85	363
15位	斉藤官房審議官	40	80	80	90	70	360
16位	阿部管理局長	40	70	75	88	85	358
17位	古村初中審議官	80	78	42	100	57	357
18位	藤村教科書検定課長	70	75	80	70	60	355
19位	野崎地方課長	20	80	82	80	90	352
20位	福田企画調整課長	60	90	30	90	80	350
21位	佐藤技術参事官	88	75	82	40	62	347
22位	横瀬財務課長	65	60	90	70	60	345
23位	重藤研究機関課長	60	92	10	90	90	342
24位	野村芸術課長	10	88	77	85	80	340
25位	大谷幼稚園教育課長	80	60	48	70	80	338
26位	河野研究助成課長	95	70	10	92	70	337
27位	糟谷特殊教育課長	80	60	55	70	70	335
28位	沢田管理審議官	95	95	0	85	58	333
29位	斉藤大学審議官	35	75	80	70	70	330
30位	伊藤青少年教育課長	20	85	75	90	58	328

順位	名前	碁・将棋	麻雀	ゴルフ	酒	カラオケ	計
31位	菴谷教員養成課長	0	65	80	90	90	325
32位	宮園福利課長	20	70	100	60	70	320
33位	逸見助成課長	92	0	58	95	73	318
34位	倉地社会審議官	30	68	75	70	73	316
35位	岡村留学生課長	40	78	86	80	30	314
36位	佐藤教科書管理課長	50	94	20	60	86	310
37位	草場国際教育文化課長	0	85	70	88	66	309
38位	大谷視聴覚教育課長	10	70	52	80	96	308
39位	上野企画室長	70	80	65	70	20	305
40位	浦山文化庁次長	40	50	65	85	60	300
41位	北橋文化部長	0	90	42	80	85	297
42位	前畑医学教育課長	30	55	65	85	60	295
43位	斉木ユネスコ国際部長	10	75	50	85	70	290
44位	高野計画課長	30	65	60	50	75	280
45位	植木学術国際審議官	0	70	30	65	100	265
46位	小埜寺記念物課長	30	0	75	88	70	263
47位	菱村初中審議官	0	90	0	85	78	253
48位	大崎学術国際局長	0	50	30	92	80	252
49位	戸田文化普及課長	0	50	30	90	80	250
50位	内田企画連絡課長	0	42	55	90	70	247
51位	小西無形文化課長	20	20	40	85	80	245
52位	石井社会教育課長	20	76	48	80	20	244
53位	戸村スポーツ課長	30	0	85	40	88	243
54位	佐野文化庁長官	0	50	0	100	92	242
55位	久保庭文化財保護部長	20	65	35	80	40	240
56位	西崎体育局長	10	70	65	55	38	238
57位	大門人事課長	0	70	60	45	62	237
58位	三角事務次官	10	20	55	95	50	230
59位	鈴木初中局長	20	0	70	90	40	220
60位	奥田私学振興課長	50	40	20	50	55	215
次点	宮野社会教育局長	60	82	0	25	45	212

『文教ニュース』第683号
昭和58年1月17日

かつて「文教ニュース」で年に一度発表された
サラリーマン“近代5種”。種目は文教ニュース独自
の観点。スコアも文教ニュースの独断と偏見。

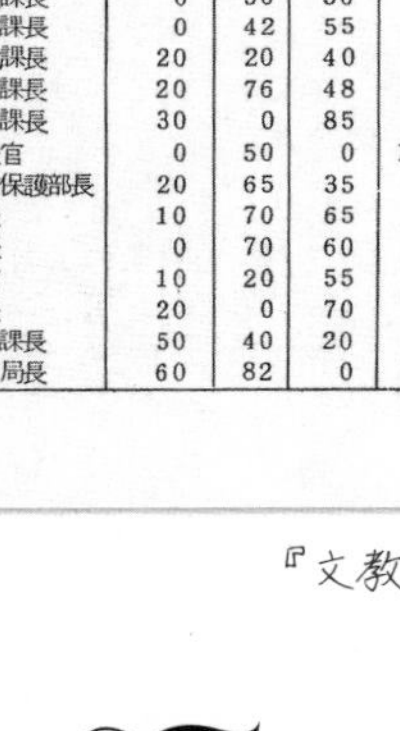

【中盤】職場の棋譜

小川誠子七段との中盤戦

第一章　入省から北海道教委の時代

昭和34年に文部省に入省後、社会教育課、
大学課、地方課を経て北海道教育委員会へ出向。
本省とは異なる経験を積む。

尊敬する大先輩、斎藤正さん

斎藤正さんは、学生紛争が吹き荒れた昭和四十四年東大・安田講堂事件の影響で東大入試が中止されたとき、事務方のトップとして責任をとる形で事務次官の職を辞したといわれている。私とは年代が大きく離れていたので、接する機会がそう多くあったわけではないが、それでも印象に残っているいくつかがある。

私は昭和三十四年四月に入省、社会教育局社会教育課法規係に配属された。暫くして斎藤さんが官房長から社会教育局長に就任された。そのあと間もなくのことだったと思うが、法規係に局長から電話が入り、「法規係に誰かいるか」とのお尋ね、生憎席にいたのは私一人。「君でよいから部屋に来い」との仰せ。おそるおそる局長室に入ると、「社会教育法の最初の方に『国及び地方公共団体の任務』が規定されている、具体的に国は何をなすべきか、君の考えを言い給え」とのご下問、法規係にいたので社会教育法の勉強は一応していたが、もっぱら条文の技術的な解釈が中心で、法の理念とか国の役割とかの大きなテーマは疎かになっていたので、当然しどろもどろな対応になってしまった。就任直後の局長は、社会教育行政のあり方について自問自答をされていて、ふと思いついて議論の相手が欲しくなったのではないかと思う。日常の業務を遂行するにも、条文を解釈するにも、背後にある制度の仕組とか法の理念といったものをふまえてなければならないという当然のことを認識させられた。それよりも、自分の考えを整理するために、議論をするのに上司も部下もない、年齢も関係ないという考えで、入省したての若い職員を相手に真剣に議論する姿にこの方は大変な方だなぁとつくづく感じた。

斎藤さんが初等中等教育局長で私が同局地方課の係長であった頃、答弁資料をもって国会へお供する機会が結構あった。そんな時だったと思うが、ふと「國分君、判断にはね、〝判断しない判断〟というものがあるんだよ」といわれた。判じ物のようで、咄嗟にはどういうことか分らなかった。自分なりに考えた。判断材料が十分あるのに判断をためらうのは優柔不断である。しかし、判断材料が十分でない時性急に判断すると誤った判断をする恐れがある。その時はその場で判断せず、判断材料が揃うまであえて待つべきであるということであろうと理解した。それは、部下の手前もあり、即断するより時には勇気のいることかもしれないが、できるだけ誤りなき判断をするためには必要な心構えだと思った。後年様々な局面で判断を求められるようになると、私はこのことばを思い出す。また、私に限らず、「この場合斎藤さんだったらどうするだろう」と考えた人も随分いたようだ。そんな方だった。

平成元年の秋口、塩川正十郎官房長官から補正予算で芸術文化、スポーツ、学術振興のための基金を作るという構想が打ち上げられた。一度に全部は無理だろうし、海部内閣のカラーとしては芸術文化がふさわしいのではないか、との石橋一弥文部大臣、町村信孝政務次官の判断により、当初全般的に官房で対応していたものを文化庁で具体的に検討することになった。まず、どんな組織がこれを担当するのかということが検討のスタートだった。そのための新しい法人を設立するのが理想だが、当時の行革事情からそれは不可能に近い。同じ芸術分野の国立劇場を利用するよりないというのが官房サイドの現実的判断だった。しかし、文化庁としては新組織を諦めきれずにおり、また伝統文化の保存継承とは別の使命を国立劇場に負わせることになるので佐野文一郎理事長にはちょっと相談しにくいという雰囲気があった。検討が膠着状態に陥ったのである。国立劇場会長の斎藤さんに別件でお目にかかった時、すでに新聞報道されていた基金構想に話が及び、受け皿で行き詰っていることをこぼしてしまった。それ以上のことにはふれた覚えはないのだが、それと察したのであろう、数日後官房長室にふらっと見えて「國分君、佐野君には話をしておいたよ」と仰った。それ以降、文化庁の検討のピッチが上り、遠山敦子次長の経済界からの寄附集めの大奮闘があって、芸術文化振興基金が創設された。国立劇場に新たな役割が加わったので、その法人名も国立劇場から日本芸術文化振興会に変更になった。斎藤さんのちょっとした配慮がなかったら、基金が実現したとしても、それはもう少しギクシャクしていたかもしれない。何事であれ、一つのことが成し遂げられるには知らないところで多くの人の寄与があることの一つの例であろう。

余談だが、芸術文化振興基金といえば、こんなこともあった。基金実現に意欲を燃やした石橋大臣は、巨額の政府出資金が必要であることから大蔵大臣対策が不可欠と考え、時の橋本龍太郎大蔵大臣をお気に入りの料理屋にお招きして理解を求めた。後で伺ったところによると、父上の龍伍先生の昔話から切り出し、芸術文化よりむしろご自身剣道の達人であるのでスポーツに関心があったのを次はスポーツの実現に努力するからと説得したそうだ。お店の名前も教えていただけず、支払いも大臣ご自身でされた。実力派の大蔵大臣がもしへそを曲げていたら、五〇〇億円超の政府出資金からなる基金の実現は危くなっていたかもしれない。これまた、知られていない寄与である。

私が事務次官時、斎藤さんの叙勲が検討された。当時次官経験後さらに要職を務めた人に対しては勲一等が贈られていたが、賞勲局に相談する前に本人の意向を確認する必要があった。お話したところ、「辞退したい」といわれた。「國分君、私は戦争中兵隊のときに勲六等をもらった。私にはそれが一番相応しいと思っている」。自分が辞退することで、私が困ることがないよう、自分の信条を一筆書いておくから、とまで気遣いをしていただいた。斎藤さんが亡くなられた後、周囲のものが配慮して死亡叙勲として勲一等が改めて贈られたが、これが斎藤さんのご意思に沿っていたかどうか私は今でも疑問に思っている。

局長と係長という関係で、当時の慣例から斎藤さんご夫妻に私たちの媒酌人になっていただいた。結婚前に家内（予定者）と斎藤さんのお宅にご挨拶にうかがった時、斎藤さんは、家内に「仕事をしている男というものは、遅く帰ってきている間は心配しないでよろしい。早く帰ってくるようになったら心配しなさい。仕事で遅くなるということはその組織で使われている証拠です。付き合いで遅くなるなら酒を酌み交わす仲間がいるということです。それが五時を過ぎたら帰ってくるとなると、組織で使われていない、酒を飲む相手もいないということだから」と仰った。それもあって、私が早く帰宅すると家内は何かと心配した。効果抜群で非常に助かった。結婚披露宴でのスピーチを頼まれた時、このセリフを――出所を明示して――時々使わせてもらった。新郎からは大いに感謝されたものである。

『千文会第50回記念誌』，平成19年6月

“大管法”騒ぎの頃

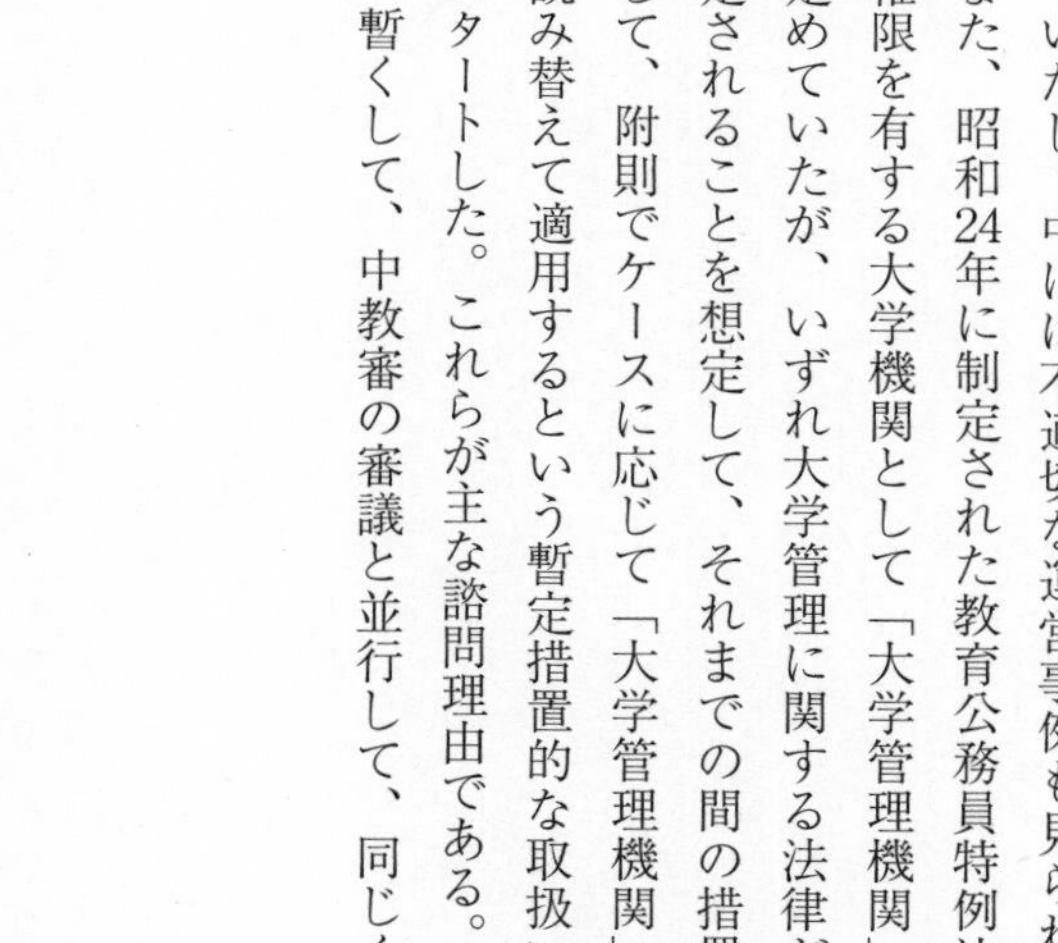

昭和36年当時の大学学術局大学課は、課長が村山松雄さん、課長補佐が笠木三郎さん、説田三郎さんだった。係は、庶務課、国立大学係、大学病院係、公立大学係、私立大学係、学位（大学院）係、法規係とあり、係長には、小島和太郎さん、渡辺章さん、岡田参郎さん、巻島克之さん、露木恵一さん、黒川喜八郎さん、武田典明さんなど錚錚たる方々がおられた。

昭和36年4月から38年4月まで法規係の末席にいた私は、今思っても一兵卒としてただウロウロしていた2年間だったような気がする。ルーティンの仕事として、各国公私立大学から届出があった学則等の変更届の内容をチェックすることがあった。その受理について各係が起案したものを大学設置基準等に照らして適当かどうか法規係として改めて吟味するのだが、各係で指導事項やスタイルが異なるものが多く、各係の若手で勉強会を結成してできるだけ統一的なものにしようと努力したことが記憶に残っている。

そんなわけで、編集担当から在任中の主な出来事、重要施策について示していただいたが、使い走り位はしたかもしれないが私自身責任ある立場で寄与、関与したわけではないので、もうひとつピンとこないのである。ただこれで稿を終えてしまうわけにもいかないので、当時、担当ということではないが、局全体で取り組んだ〝大管法〟問題に関連して見聞し、今も印象に残っていることについて思い出を記して責めを果したい。

昭和35年5月、中教審に対して「大学教育の改善について」包括的な諮問が行われ、大学の管理運営問題についても審議されることとなった。当時すでに、学長、学部長、教授会、評議会等の組織、権限、相互関係等が不明確で多くの大学が苦労していたし、中には不適切な運営事例も見られた。また、昭和24年に制定された教育公務員特例法は権限を有する大学機関として「大学管理機関」を定めていたが、いずれ大学管理に関する法律が制定されることを想定して、それまでの間の措置として、附則でケースに応じて「大学管理機関」を読み替えて適用するという暫定措置的な取扱いでスタートした。これらが主な諮問理由である。

暫くして、中教審の審議と並行して、同じく管

理運営問題を審議するため、大学学術局に大学人を中心に構成される「大学管理運営改善協議会」が設けられた。私は村山課長に命ぜられ（多分課長が都合で出席できない時）、時々それぞれの会議を傍聴し、審議の内容を課長に報告していた。そんなある時、協議会は、管理運営上の具体的事例として田川事件を取り上げた。

田川事件とは、愛媛大学の田川教授が日教組の勤評反対闘争に関連して懲戒処分を受け、人事院に対し不利益処分取消の提訴をしていた事件である。提訴理由の一つに当該処分に関し教授会の審議を経ていないというのがあった。教育公務員特例法（第9条）によれば「教員は、大学管理機関（25条1項4号の読替規定により、教員にあっては評議会）の審査の結果によるのでなければ、懲戒処分を受けることはない。」とされており、教員の懲戒処分については教授会の審議は法律上要件とされていない。大学当局の措置は条文通りで手続上何らの瑕疵もないように私には思われた。

これに関する協議会の委員である田中二郎東大教授（行政法の最高権威であり、後に最高裁判事となった。）の発言に私は驚いた。その要旨は「教授会の教員人事に関する運用が慣習法として確立している東大においては教授会の審議を欠く懲戒処分は違法であるが、歴史の浅い愛媛大学においては適法である」というものであった。新しい大学制度の下で学び、東大も愛媛大学も制度上は同じ大学であると認識していた私にとって、対象によって同一条文の解釈、運用を変える田中教授の発言は理解を超えたものだった。というより、旧帝国大学の既得権益の守旧派的主張であり、いわゆる新制大学を見下した東大の権威主義のようにも思え、私もその教科書で学んだあの田中教授がとショックを受けたのだった。

しかし、当時は十分理解できなかったが、今になって考えてみると、大学の現状を冷静に分析した上での、現実的な解釈だったのかもしれないとも思うのである。是非は別として学部（教授会）の自治が確立していた旧制大学と、多種の高等教育機関が昇格し、慣行がない故にとかく問題ある運営が指摘されていた新制大学とが存在していた状況からすると、前記の条文を解釈する上で、旧制大学の伝統を持っている大学については「教授会の議を経て」ということを補って運用すべきであるとの説はかなり説得的ではなかったのかと思うからである。

いずれにせよ、37年になり中教審、管理運営改善協議会の審議が進み、一方国立大学協会や日本学術会議なども大学の管理運営に関する見解を発表し、マスコミなどでも様々な報道、議論がなされるにつれ、世の中は段々騒々しくなっていった。多くの大学の教授会（有志）では反対の決議、意見表明が相次ぎ、学生などが「大管法反対！」というシュープレヒコールを連呼して連日虎ノ門界隈をデモっていた。数年前まで「授業料値上げ反対！」などと文部省へのデモに参加していた私も、急に、学生に反対される、体制側の立場になったような妙な気分を味わったものである。

中教審の答申に沿って「国立大学運営法案」と「教育公務員特例法一部改正案」が作成されたが、38年に入って「国立大学協会はなおこの法案の取扱いについて慎重な配慮を要望しているので」（文部大臣談話）ということで、国会未提出のまま立法化は断念された。後年、私が高等教育局長当時、大学審議会で大学設置基準の大綱化、弾力化をはじめ様々な大学改革案の審議が開始されても、従来なら大学人等から起こったであろうアレルギー的反応が殆んどなく、審議は粛々と進められ、答申は当然の如く実行に移される状況に隔世の感を覚えたものである。

大学の管理運営に関する立法は、大学紛争に対応するため立法された「大学の運営に関する臨時措置法」を除き、その後においても実現されず、平成15年に至って「国立大学法人法」が制定された。これにより、国立大学は、新しい時代を迎えるとともに、管理運営の面でも役員会、経営協議会、教育研究評議会等の整備が図られ、――多くの事項が自己責任に委ねられたことによって暫くは各大学で試行錯誤が続くかもしれないが――永年の課題が一気に解決されてしまったのはご承知のとおりである。

『阿部悟郎自伝「しべちゃに生きて」』，平成4年3月22日

発刊によせて

阿部さん――先生とか前町長とかいうのも他人行儀なのでこう呼ばせていただく――が自分史をまとめられると聞き、誠に意義深いことだと思い筆をとりました。

現在七十歳台の方は、青春期、壮年期と激動の昭和を生き抜き、それぞれの立場で今日の我が国の繁栄に貢献されてきた方々であり、その歴史はそれだけで貴重な昭和史だと思います。中でも阿部さんは、教員を振り出しに長く道教育界の中枢にあり、また最近まで出身地の町長として活躍された方ですから、多年に亘る豊富な体験やその時々感じられたことなどは、我々後に続く者にとって示唆に富み、教訓を与えてくれるものだと確信します。

私が阿部さんと初めてお会いしたのは、昭和四十一年七月十六日文部省から道教委総務課長として札幌に赴任した日でした。その日、阿部道教委教職員課長は、教育庁の会議室で数十人の北教組組合員に取り囲まれて交渉中で、もう何日目かになるということでした。柔道で鍛えた体力と持前の誠実な人柄でこれに耐え、教育正常化のため努力されていたのでした。それを目撃した私は、これは何とかしなければならないと思ったものでした。交渉は、交渉の両当事者が意見を出し合い、話し合い、一致点を見出す作業ですから、事前に交渉議題、交渉人数、交渉時間等を取り決めて、正常な雰囲気の中で行われる必要があるからです。総務課は北教組との窓口も担当していたので、交渉のルールづくりが私の最初の仕事になりました。

そんな印象的な出会いでしたが、当時の同教委は激動の最中にあり、教職員人事のあり方をはじめ道教育行政の進め方について随分議論し合いました。私などは若いので、ややもすると形式論理で短兵急に結論を求めがちでしたが、阿部さんは、スジを通す中に経験に根ざした中長期的な展望と教育者としての信念を持ち合わせており、親子ほども齢が違うのに礼儀正しく諄々と説いて頂き随分教えられました。そんな時だったと思いますが、阿部さんが何気なく「自分が校長時代、用事で道教委に行った時、緊張をほぐすため深呼吸をし、

最敬礼して担当課の部屋に入ったもんですよ。その気持を忘れずに今先生方と接しています。」といわれたのを今でもはっきり覚えており、その言葉は教育行政に携っているわたしの心構えの一つになっています。

札幌では、阿部さんが教育次長に栄進されるまでの一年間公宅が隣同志でしたので、折々に色々なお話を伺い仕事以外の人生勉強をさせていただいただけでなく、私生活面では阿部さんご夫婦に全面的にお世話になりました。とくに新婚ホヤホヤで花嫁修業が不足気味の家内にとって、奥様は家事の指南役でした。とても見ていられなかったのでしょう。女房学、母親学に関し今でも範としておりますが、到底及ばないと最近では開き直っています。今日までの阿部さんの少くとも幾分かは奥様の支えによるところがあると思います。

その後も、国立大雪青年の家所長時代地元有志から町長選に出馬要請を受けたこと、当選後の町議会、町役場との関係、町政充実発展のための数々の努力等々を上京の折に伺い、人生の転機における人としての身の処し方、苦難の時期における忍耐と明日への情熱、そして一貫していた私心のなさを感じたものでした。失礼ないい方ですが、私にとって人生の生きた教材です。

以上述べてきたことは阿部さんの一時期の一断面に過ぎないと思います。今回、本書——すべてを書き切れないかもしれませんが——によって、少しは阿部さんの全体像、立体像が分ると思うと楽しみでなりません。まだまだお若いのですから、今後ともご健勝でご活躍され、続篇を書かれるよう期待します。

『庁内だより』第47号，昭和43年1月

課員の復しゅう

昨年五月の連休に、同じ課のTさんなどからスキーに誘われた。ニセコならまだやれるのだという。へその緒を切って以来、クツとゲタ以外はいたことのない私は、生来のものぐさと、恥をかきたくない気持もあって一応断わった。

ところが、Tさんたちはいつになく強硬だ。「初歩からわれわれがタダで指導して上げますよ」「課長は運動神経が発達してますからすぐ上達すること請合いです」「羊蹄山を眺めながらのスキーはそう快です」などと口々に心をかき乱す。とうとう、私もその気になって彼らの甘言にのってしまった。しかもその時はトニー・ザイラーばりのわが勇姿を想像しながら。

ニセコに着く。リフトで山の中腹まで上がる。そこからさらにスキーをかついで上へ上へと登っていく。どこで練習するんだろう、変だなとは思ったが、事情を知らない私は黙ってついていくよりない。目がくらむようなところまで登ったところで、スキーをはけという。何とかはいたが、次の瞬間わが耳を疑った。

「さあ、みんなで下まで滑って行こう」

〝冗談じゃない、約束が違う生まれて初めてのスキーなんだ、手とり足とり教えてくれるのではないのか〟と必死になって抗議したが、Tさんたちの今までのやさしい態度は一変している。「あぶなくなったら、尻餅を突けばいいんですよ。そうすれば止まりますから。簡単ですよ」と私ひとりを残してちょっと下降し、ニヤニヤしながら見上げている。

何が簡単だ、私ははじめて自分のうかつさに気付いた。彼らが心底から親切なはずがない、日ごろの仕事のうらみをはらす機会をねらっていたのだ。「よーし、向うがその気なら」と思って下を見ると谷底のようだ。恐怖で身体が動かない。そのうち、意に反してスキーが滑り出した。アッと思ったが、もう遅い、ステンとひっくりかえって雪の中に埋ってしまった。

それからはもう目茶苦茶だ。スキーで滑っているのだが、身体で滑っているのだか分らない。雪の中から悪戦苦闘してやっと立ち上がるとステン。

側らを小学生がスイスイと通り過ぎていく。何んでこんなみじめな思いをしなけりゃならないんだろうと思いつつ、やっとの思いで下に着いた。

札幌に帰ると、事情を知った課員が「初滑りの印象はどうでした。スパルタ教育のようでしたね」などと聞いてみんなでニヤニヤしている。意地悪のかたまりのような連中ばかりだ。一生スキーなんてしないぞ。

しかし、妙なものでその時はコリゴリしたつもりだったが、またシーズン到来とともにやりたくなった。今度は相手を選ぶつもりだ。

（教育庁総務課長）

『ひろば』No.1, 昭和43年4月1日

喜ばれない人事異動を

職員がソワソワと落ち着かない人事異動の時期になった。私も昨年一回の経験だが、すべての人が満足する人事というものはないらしい。希望のすべてをかなえることは困難だし、自分の能力評価も他人のそれより高いのが普通だからである。

人事は職員を満足させる――それも人事管理上大切なことだが――ためにあるのではなく、究極的には行政効果を高めるためにあるのだが、私は、逆説的かも知れないが、こんな風にも思う。それは、職員に適当な苦労を与えることが人事の大きなねらいでなくてはならないのではないかということである。

楽な、手慣れた仕事は、職能を沈滞させ、職務がだ性に流れ、気合いもはいらない。ところが、職務上の適当な困難は、一時的にはつらくてもこれを突破するためにいやでもその人の職能をみがき、新たな職能を開発する。その結果、仕事に張りもでき、心からの喜びも味わえる。この過程を経て、人間的にも、職能的にも大きく飛躍する。

この意味で、本年度は、どういう仕事に向けたら本人は程よく苦労するであろうかという意地の悪い観点に立って、職員にはあまり喜ばれない人事をやってみようかなどと考えている次第である。

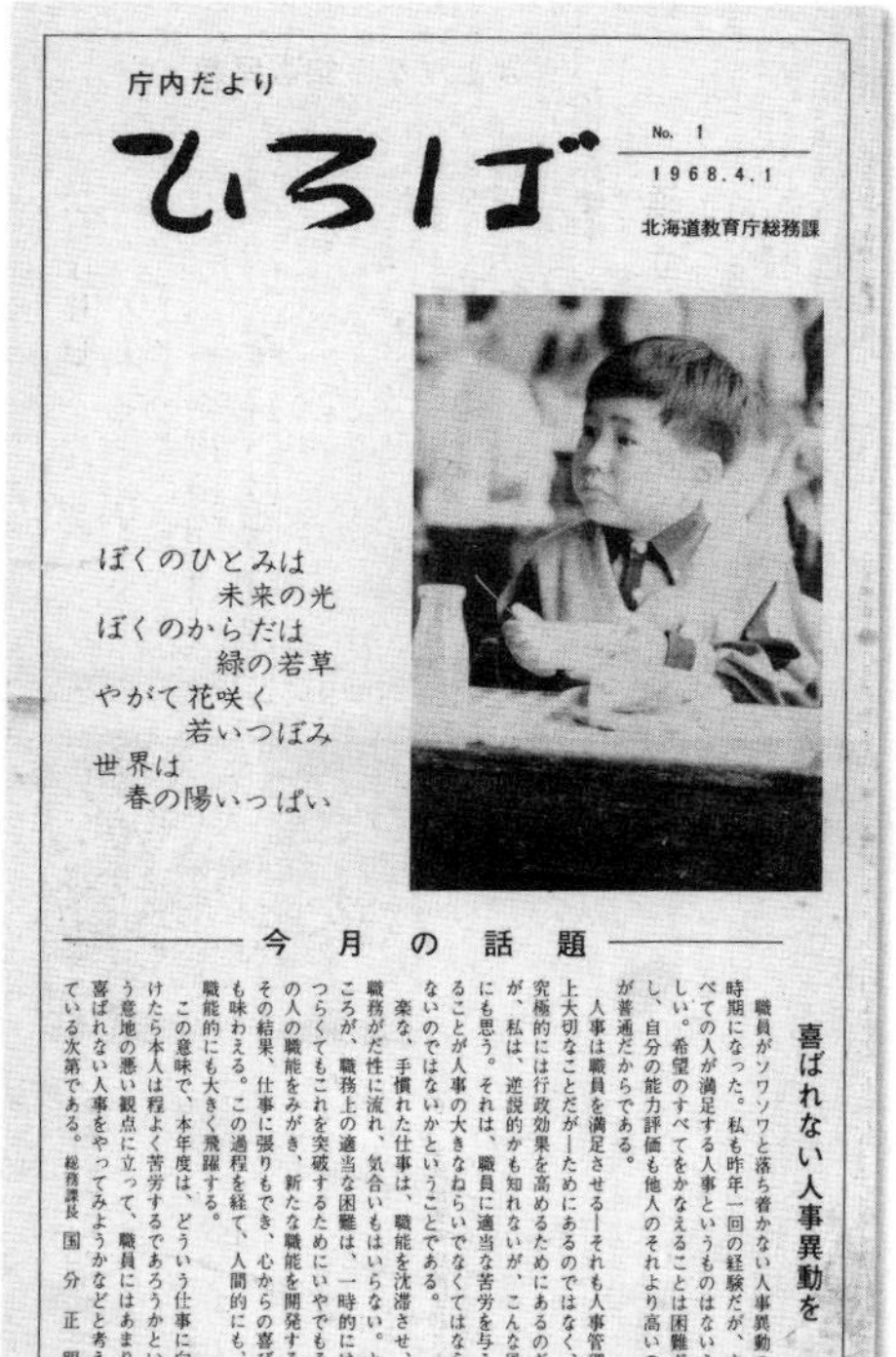
庁内だより
ひろば
No. 1
1968.4.1
北海道教育庁総務課

今月の話題

喜ばれない人事異動を

職員がソワソワと落ち着かない人事異動の時期になった。私も昨年一回の経験だが、すべての人が満足する人事というものはないらしい。希望のすべてをかなえることは困難だし、自分の能力評価も他人のそれより高いのが普通だからである。

人事は職員を満足させる―それも人事管理上大切なことだが―ためにあるのではなく、究極的には行政効果を高めるためにあるのだが、私は、逆説的かも知れないが、こんな風にも思う。それは、職員に適当な苦労を与えることが人事の大きなねらいでなくてはならないのではないかということである。

楽な、手慣れた仕事は、職能を沈滞させ、職務がだ性に流れ、気合いもはいらない。ところが、職務上の適当な困難は、一時的にはつらくてもこれを突破するためにいやでもその人の職能をみがき、新たな職能を開発する。その結果、仕事に張りもでき、心からの喜びも味わえる。この過程を経て、人間的にも、職能的にも大きく飛躍する。

この意味で、本年度は、どういう仕事に向けたら本人は程よく苦労するであろうかという意地の悪い観点に立って、職員にはあまり喜ばれない人事をやってみようかなどと考えている次第である。

総務課長　国分正明

この庁内だよりは「北海道身体障害者福祉総合センターリハビリーエイト印刷部」で働らく、身障者のみなさんの手で作られたものです。

『庁内だより　ひろば』No.1
1968年4月1日

『ひろば』No.4, 昭和43年7月1日

サヨナラ札幌

「ひろば」の創刊号に「喜ばれない人事異動を」などと書いたら、たちまち我身にふりかかり、七月一日付けで文化庁著作権課課長補佐を命ぜられてしまった。全く未知の分野だが、何でも音楽著作権を中心とする著作権制度の改正を控えているところだそうである。

この二年間を振り返ってみると、楽しかったこと、つらかったことなどの思い出はつきないが、在任中、不なれで力不足の私に対し、総務課の課員をはじめ職員の方々からお寄せいただいた、暖くそして力強いご支援、ご協力だけは何としても忘れることができない。

今後上京の折は、直接仕事の上のつながりはないかも知れないが、どうか私設東京事務所のようなつもりでご利用いただきたい。それがお世話になった皆さんに対するせめてもの恩返しだと思うからである。

今後に対する注文をというのが編集子の注文だったが、感傷にひたっている現在なので離任のあいさつになってしまった。

雨に濡れてるアカシヤの花
鐘もないてる時計台
サヨナラ札幌サヨナラ
……………
皆さん、お元気で。さようなら

庁内だより

NO. 4
1968.7.1

ひろば

北海道教育庁総務課

3時です。
背をのばして　新しい空気を
腕をのばして　新しい力を
からだに　みなぎるファイト
さあ　みんな笑顔で　一・二・三

今月の話題

サヨナラ札幌

「ひろば」の創刊号に「喜ばれない人事異動を」などと書いたら、たちまち我身にふりかかり、七月一日付けで文化庁著作権課課長補佐を命ぜられてしまった。全く未知の分野だが、何でも音楽著作権を中心とする著作権制度の改正を控えているところだそうである。

この二年間を振り返ってみると、楽しかったこと、つらかったことなどの思い出はつきないが、在任中、不なれで力不足の私に対し、総務課の課員をはじめ職員の方々からお寄せいただいた、暖くそして力強いご支援、ご協力だけは何としても忘れることができない。

今後上京の折は、直接仕事の上のつながりはないかも知れないが、どうか私設東京事務所のようなつもりでご利用いただきたい。それがお世話になった皆さんに対するせめてもの恩返しだと思うからである。

今後に対する注文をというのが編集子の注文だったが、感傷にひたっている現在なので離任のあいさつになってしまった。

雨に濡れてるアカシヤの花
鐘もないてる時計台
サヨナラ札幌サヨナラ
……………
皆さん、お元気で。さようなら

国分正明

この庁内だよりは「北海道身体障害者福祉綜合センターリハビリーエイト印刷部」で働く、身障者のみなさんの手で作られたものです。

『庁内だより　ひろば』No.4
1968年7月1日

第二章　鹿児島県教委の時代

二度目の出向は、南の鹿児島へ。
教育長としての3年は新しい仲間と
焼酎との出会いがあった。

焼酎五ヵ月

『南日本新聞』, 昭和51年10月17日

本県に赴任して五ヵ月になるが、宴席で焼酎を飲んでいると、「ほう焼酎を飲むんですか」「もう焼酎には慣れましたか」「焼酎の味はどうですか」などなど、いまだにあいさつ代わりに聞かれる。焼酎は鹿児島の人の飲み物であり、「よそ者」はなかなか飲めないのではないかと心配し、飲めてもやむを得ず飲んでいるのではないかと気遣ってくれるのであろう。外交辞令でなく、「どうも焼酎は私の体に合っているようです」と答えている。当初はあの特有の匂いがさすがに気になったが、今ではそれも味の一つとなり、連日焼酎にとっぷりつかっている。

焼酎五ヵ月　国分正明

私のアルコール歴は大学卒業後からだから、おく手の方だが、以後人並みに研鑽（さん）し、人並みに失敗もしている。電車で寝込んで下車駅を乗り越し、戻りの終電が出てしまっているので仕方なく始発が出るまでホームのベンチで過ごしたことも少なからずだし、鼻の下を長くして勘定が足りなくなり、私が店で人質になって飲み仲間が金策に出かけるといったこともないではなかった。勢いがつくととまらない、一人より二人、二人より三人がよい、酔うほどに人の迷惑も顧みず、放歌高吟するという悪質なタイプである。

ところで、多くの人が経験しているように、札幌で飲むビールは一きわうまく、ヨーロッパで飲むワインの味は日本では味わえない。アルコールはその土地の気候風土、雰囲気などで味が変化するようだ。私は日本酒、ビール、ウイスキーと種類は何でもよい方だが、縄のれんでは日本酒、バーの止まり木ではウイスキー、夏はビアホールで

ビールといった具合に、比較的雰囲気に合わせて飲む方ではあるらしい。「従って」という程論理的に意識しているわけではないが、現在は焼酎である。

外ではもちろんだが、家でも焼酎一途である。それも黒ジョカで上品に飲むというのでなく、コップに焼酎を入れてポットのお湯をジャーッと注ぐ実用本位の例のやり方である。家内はおカンの手間が省けて大分楽をしているが、油断していると、一歳ちょっとの末娘が白湯と間違えて飲みそうになるのが、未解決の課題となっている。

焼酎は、酔い心地がよい、翌日残らないというのが定説だが、私の場合は少し違う。日本酒だとある程度飲むと頭が痛くなったり、胸がむかついたりするので、限界が来たなと思って、以後控える気分になる。しかし、焼酎だといつまでたってもこの赤信号がつかず、ついつい量を過ごすことになり、定説に反して翌日やたらに水分を欲するという結果になる。何事も程度問題という一つの見本だが、それでも目がまわる、頭が上がらない、吐き気がするといった経験はいまだない。

味は、正直なところまだよく分らない。数多くの銘柄があるが、十分区別がつかないし、どれでなければならないということもない。もともと、酒の味というのは、たしなむ程度の人の方がよく分るのではないだろうか。ただひたすら飲み、口角泡を飛ばして天下国家から女房まで同じ次元の問題として真剣に議論し、ついには山芋を掘るに至るというタイプには、味などどうでもよいという傾向がある。私もそうだが、県民の多くもこれに属しているように見受けられる。そのせいか、焼酎について多少の雑学を仕入れるべく探してみても、意外なくらい焼酎について書いたものがない。

焼酎を理屈や講釈抜きで愛飲し、そして議論するということが県民性の形成に大きな役割を演じているような気もするが、研究不足である。

先日上京した際、久し振りに日本酒を飲んだが、甘い物を食べた後のように胸が焼けて困った。五カ月ですっかり焼酎の体質になったようである。

（鹿児島県教育庁＝鹿児島市栄吉町二六〇〇－四一九）

『県教委だより』No.240, 昭和52年1月1日

心身ともにたくましく伸び伸びした子供を育てよう

K先生、年賀状有難うございます。

新年を迎えての抱負、大変心強く承りました。本県教育が年々着実に充実してきているのも、K先生をはじめ教育界の多くの方々の不断の御努力に負うものと心より感謝申し上げます。

私も早いもので本県教育長を拝命して八か月がたちました。この間に感じたことはかつての郷中教育の影響でしょうか、質実剛健の気風に支えられた本県の教育的風土が大変素晴らしいということです。父母も教育に熱心であり、これに応えるべく、東京をはじめ多くの県の先生が身も心もサラリーマン化しているとき、鹿児島の先生は、子供達と肌を接し、心を交わせ、骨惜みせず教育に取組んでいます。他県に自慢できる宝だと思います。

私も労働基準法などの存在を十分承知してますから誤解のないように願いますが、とくに教育は「時間を忘れて」打ち込まなければ本物ではないと思います。教育に生きがいを感じ、喜びを覚えればそうなるはずです。そうでなければ、子供達も可哀想ですし、先生自身も不幸でしょう。

K先生、こういった本県の土壌にこれから必要なことは教育指導力の一層の充実でしょう。この点では他県に較べてもまだまだ努力しなければなりません。私どもも教育機器の導入や研修機会の拡充などに努めますが、先生方の日々の研鑽を期待したいと思います。妙な言い方ですが、先生の待遇も人並以上になったのですから、これをやらなくては父母、県民の批判を受けることともなります。

K先生、頭でっかちでなく、心身ともにたくましく、伸び伸びした子供を育てましょう。近く教育課程もそういう趣旨で改訂されます。明治維新を為し遂げ、近代日本を築き上げた若者達を生んだ鹿児島です。今日また、郷土の建設を担い、そして維新期のように明日の日本をリードする人材を輩出させ、日本国中が注目する鹿児島の教育にしようじゃありませんか。すべての教職員が使命感に燃え、力を合わせ、地域の方と手をつないで前進すればできないはずはありません。

新年の夢ですが、夢に終わらせたくありません。協力して下さい。私も微力ですが頑張ります。

昭和五十三年某月某日、加戸地方課長から県教育長室に電話がかかってきた。「國分君、ハブの剥製を貰ったか。今国会から戻って来たところだが、離島の万年教頭が教育長宅を訪れ、奥さんにハブの剥製を渡し、奥さんが『こんな珍らしいものを有難うございます』と受け取り、その教頭は翌春の人事異動で校長に昇進したという、国会質問が出た」という。身に覚えがないから即座に「そんな事実はありません」と答えたが、自分のことではなく家内のことなのでちょっと心配になって自宅に電話したら、「貰ってないわよ」と笑われた。冷静に考えれば、そんな正視するのも恐ろしく、気味の悪いものを貰えば家中の話題になるはずで、わざわざ家に確めの電話をする必要などなかったのだ。

当時、鹿児島県では中央指令に基づき毎年のように教職員のストライキが行われていた。学校の授業を放り出してストに参加するなどとんでもないことだし、地方公務員法でも禁じられていたが、これまでスト参加者についてはいつも幹部処分にとどめられていた。違法ストに相変わらず多くの参加者がいること、また地方公務員法の趣旨からしても、これでは不十分であると判断し、市町村教委、校長会などと連係を密にしつつ、スト参加者の全員処分に踏み切った。事前に厳正措置をとると臭わしてはいたが、まさかと思っていた教職員組合はこれに猛反発をした。人事委員会に通常は代表者が不服申し立てをするのを被処分者全員が個々に申請書を持参し、連日に亘って庁舎に座り込むという戦術をとった。最終的には警察の力を借りて排除したわけだが、組合との関係悪化は決定的になった。

ハブの剥製（鹿教組告発闘争）

そんな背景があってか、組合は告発闘争なる運動を展開しだした。校長、教頭等の管理職の、あることないこと不祥事みたいなものを調査し、告発するというものなのだが、その中に前述のハブのこともあったらしい。組合の機関紙にも載っていて、教職員課の担当者は知っていたが、御手洗康教職員課長が「馬鹿々々しい」と一笑して、私には報告しなかったそうだ。

参議院文教委員会では、鹿児島県に地縁のある組合出身の議員が、このほか、多分組合の情報に基づき、いくつもの不祥事なる事例を挙げて質問した。答弁者の文部大臣が、私が植木泥棒をしたと勘違いすることなどもあって國分教育長を厳しく指導するという答弁をすることとなった。翌日の地元紙「南日本新聞」は、一面トップで、「文部大臣県教育長を厳重注意」といった趣旨のことを大々的に報じた。

その後、県議会の質問に対しても、私は事例自体を「事実無根・事実歪曲・針小棒大」と答弁し、「そもそもこんなことを議論して本県の教育振興に何の益があるのか」と切り返したりした。また、市町村教育長会、校長会、教頭会等各種会合でのあいさつで、県議会で答弁したようなことを繰り返し申し述べた。その影響があったのかどうかは分らないが、直後の参議院議員選挙で当該議員は落選した。

後々、家内とは、「お前のことが国会の議事録に記録されていて、永遠の記念だな」と笑い合っている。

『南日本新聞』, 昭和54年7月7日

国分教育長の3年

ルール尊重貫く　組合は管理強化を批判

「ルールを重視した手堅い行政」と称賛の声。一方、教職員組合から「管理一辺倒で、教育がなかった」と批判の声も。国分教育長が〝県教育界の波乱の時代〟といわれた山中前教育長の後を継いで三年二カ月。この間の教育行政はどうだったろうか？　各方面から国分教育行政の足跡を振り返ってみる。

「標準」の定着

「最も力を入れたのは標準の定着化」と国分教育長自らも認める通り、山中前教育長が四十九年作成、五十年の異動から適用した「長期人事異動の標準」の定着化には力を注いだ。標準とは、同一校、同一地域に永年勤務する者が多く、よどみがちだった人事異動を解消し、離島、へき地との交流を密にするため制定された制度。

国分教育行政も、この制度を踏襲。「画一的人事」（鹿教組）など反発が強いなかで、五十二年は同一校九年、同一地域十四年以上の長期勤務者の解消率を五七・九パーセントに、五十三年には同一校八年、同一地域十四年以上の解消率を六二・四パーセントに、そしてことしは同一校七年、同一地域十三年以上の解消率を六五・一パーセントまで高め、軌道に乗せた。また新規採用者のへき地赴任率は、四十八年度が六六・二パーセントもあったのに、本年度は二九・三パーセントまで下がっている。立場によって評価はわかれるが、明確な基準が教職員異動に永年求められてきたことを考えると、大きな成果ともいえる。

だが、制定当時から反対している鹿教組は、四月の標準人事で「画一的な標準人事には大きな弊害が出、教育計画、生活破壊がなされた」として、かつてない規模の人事闘争を組み、ストライキ、裁判闘争まで発展した。

主任手当

山中教育長時代に制度化された「主任制」は、五十三年三月、制度に伴う主任手当支給問題でもめた。

主任手当というのは、第三次教員給与改善策の一つとして小・中・高校の学年主任など七つの主任に月額五千円の手当を支給するもの。だが主任制を中間管理職とみる両教組は三月、教育庁での座りこみ、二時間ストライキで抗議したが、両教組の強固な反対にもかかわらず三月県議会は主任手当を可決。四月二十一日には五十二年度分の手当が支給された。

　これに対し両教組は、支給された手当を受けとらない闘争を組み、鹿教組は特別奨学金資金の貸与や、障害児のための経済援助、高教組は公立高への図書費寄付を打ち出した。現在も、受け取り拒否は続いている。また主任制そのものに対する反対運動も「形がい化」をねらって根強く続けている。

全員処分

法律論、筋目論を強調。教職員組合にもルール尊重を求めたのも国分行政の特徴。この流れのなかで、県教委は昨年四月二十五日の国民春闘統一ストに参加した組合員に対し、八年ぶりの全員処分を適用した。全員処分とは、これまで一時間以上の職場放棄であっても分会長以上の懲戒戒告で、一般の参加者は訓告で済ましていたものを、一時間以上のスト参加者を全員懲戒戒告とするというもの。県教委は「五十二年十一月から五十三年四月までに五回もストライキを打ち、反省の色がみられなかったこと。それに九州各県も全員処分を適用しており、鹿児島県もそれにならった」と処分政策の転換を説明した。

　これに対し鹿教組、高教組は反発、同年九月には処分の撤回を求めて県教育庁内に九日間座りこみ、機動隊が出動する騒ぎになった。また反国分闘争も「総告発運動」の形で燃えあがり、教委、教組の関係は長期にわたり断絶した。

高校問題

　学校教育の関係で、国分教育長が最も対策に苦慮したのは高校問題といえる。年々過疎化が進む鹿児島県。中学校卒業者の推計では、五十七年度の卒業者は、ことしより五千四十四人の減少。県内二十校の私立高校の一学年生徒数に相当する数で、適正配置が必要となった。

このような見通しのうえから、国分教育長は五十三年十二月議会で「高校教育振興対策協議会」（仮称）を五十四年度から発足させる意向を明らかにし、五十四年度予算に百万円を計上した。

協議会は、公立高校の適正配置と、五十七年度から実施される高校の新学習指導要領にどう対処するかが検討内容。現在、県教委はメンバーの選定、諮問内容の整備など発足準備作業に取りくんでいるが、会そのものの旗揚げは国分教育長の在任期間中にはなく、後任の井之口行政の手にゆだねられそうだ。

派遣社会教育主事

「教育行政は個人の力によるものではない。総力によるもの」とつねづね口にし〝業績〟を語ろうとしない国分教育長が「これは県民に喜んでもらえた」と口にするのが、県単の派遣社会教育主事制度。

同制度は、市町村の社会教育充実のため専門の先生らを市町村職員として派遣、指導に当たらせるもの。国の補助事業として四十九年にスタートした。五十二年度までに六十三の市町村に派遣を終えた。だが、国の補助の伸び率は鈍る一方。残りの三十三市町村から「早く当方にも派遣してほしい」と要望が強かったことから、五十三年度から県単の補助事業としてワクを増やし、五十三年度十人、五十四年度十人を派遣した。五十五年度には十二人配置の予定で、三カ年計画を終了する。県単で派遣制度を設けたのは全国でも鹿児島県だけだ。

文化振興

文化庁出身（前任は同庁著作権課長）らしく、文化活動振興には関心を持っていたようだ。振興はまず指導者の研修からと、五十二年八月の文化活動指導者研修会には当時の安嶋弥文化庁長官を講師として招き、関係者をびっくりさせた。また、文化財や郷土芸能の調査、発掘活動では「民俗文化財分布調査」「奄美のクロウサギ調査」「出水のツルの調査」「カワコケソウの調査」「方言調査」などを拡大充実した。

このほか、全国でも例がない参加する文化活動のために、市町村への文化活動費助成制度を五十二年からスタートさせた。本年度からは、ツル被害補償のための食害対策事業が国の補助事業としてスタート。地味だが文化振興の意欲を見せた。

◇　◇

「国分行政は、山中行政以上に現場への管理主義を押しつけて、現場から教育についての真剣な議論をできなくした。この命令主義的教育行政で、現場の先生たちは行政に対する不信感を抱いてしまった」と、穂園幸郎鹿教組情宣部長。上山和人高教組委員長は「同じ文部官僚でも山中さんは職員団体を基本的に認め、理解した。しかし国分さんは職員団体を認めようとしない時代錯誤的な官僚感覚だった。結果は、文部行政がストレートに鹿児島に持ちこまれ、行政優先の姿勢から教育がおろそかにされた。根本的な不幸だ」。国分教育長評は手厳しい。

「三年二カ月を通して、よかったと思うのは、学校現場での混乱、紛争が少なかったこと。このことについては、本当に安心しています」と国分教育長は三年二カ月をふり返る。

法律論、筋目論をあまりにも強調した教育行政が、教組との断絶を生み、ストライキ、大量訴願など教育界を混乱に陥れたのは事実。だが半面、地教委、学校レベルでの紛争が極端に減少したのも事実だ。

六月中、下旬の鹿教組の座り込みに対し「長い目でみたら交渉に応じない方が、教育行政の正常化のためだ」と国分教育長は語った。長い目でみた正常な教育行政とは、かつて個々の人事権までも組合の介入を許したといわれる混迷の教育行政に帰さない―ということだろうか。

美しさを感ずる心

『ESCS:エゼックス』23号, 新総合教育研究所, 平成5年12月

文部省退官後の昨年夏、家内と二人でかつての勤務地鹿児島を訪れた。宿の「かごしま荘」は桜島のよく見える、小高い丘の上にある。宿の窓から外を見ると、まだ日が高く、当然桜島が目に入る。暫く何気なく眺めていて、あっとその美しさに驚いた。

三年余鹿児島に住んでいて毎日のように桜島を見ていた。理屈の上で桜島が美しいのは分っていたし、人にもきれいでしょうといったりもしていた。しかし、心の底からきれいだなと思ったのは初めてであった。鹿児島での勤務中、議会答弁、予算折衝、組合交渉、内部の諸会議、行事出席などであくせくしていると、錦江湾に浮ぶ桜島を見ていて、桜島を鑑ていなかったのだと思う。

それにしても、その時の精神状態によっては美しいものを美しいと感ずる心が私にも辛うじて残っていることに自ら驚き、感動した。

小学校時代、図画工作は良下だし、唱歌は多少歌えても楽器はダメ、文学的センスはなしというわけで、芸術分野では早々と落ちこぼれてしまった。数学や英語と違い進学には影響がないせいか、学校も親も心配しないから、本人も気にかけず、在学中だけでなく、今日まで縁のないものとして特段の興味と関心を持たずに過してきた。その結果、美的感受性に乏しい俗物として成長した。私も、今日問題となっている、知識中心主義的な、あるいは学歴偏重的な風潮に流されてきたのかなと思う。そしてまた、国民全体の中でこういう層はむしろ多数派なのではないかとも思う。

文化的で潤いのある、心豊かな社会、国家の建設には、私のような者を一人でも少なくし、多くの国民がそれなりの芸術的感性を持ち、芸術文化を愛好するようになることが必要条件であろう。

そのためには色々のことが必要であろうが、教育サイドで考えてみると、まず、「心豊かな人間の育成」という総論が我が子を受験戦争にかきたてている各論を抑えなければならないであろう。そして、学校でも芸術的才能に恵まれた少数のこどもにだけ目を向けることなく、感性に劣る多くのこどもにも自信を持たせるよう配慮した教育、生涯に亘って芸術文化に親しみ、感性をみがく態度を涵養する教育をいっそう心掛けるべきではないかと考える。

私も、遅まきながら、芸術文化に親しみ、まだ僅かに残っているらしい感性を育てていきたいと思う。

第三章　虎ノ門の時代

平成4年に退職するまで33年間。
地方課、財務課、会計課、私学部に、
体育局、高等教育局と要職を歴任。

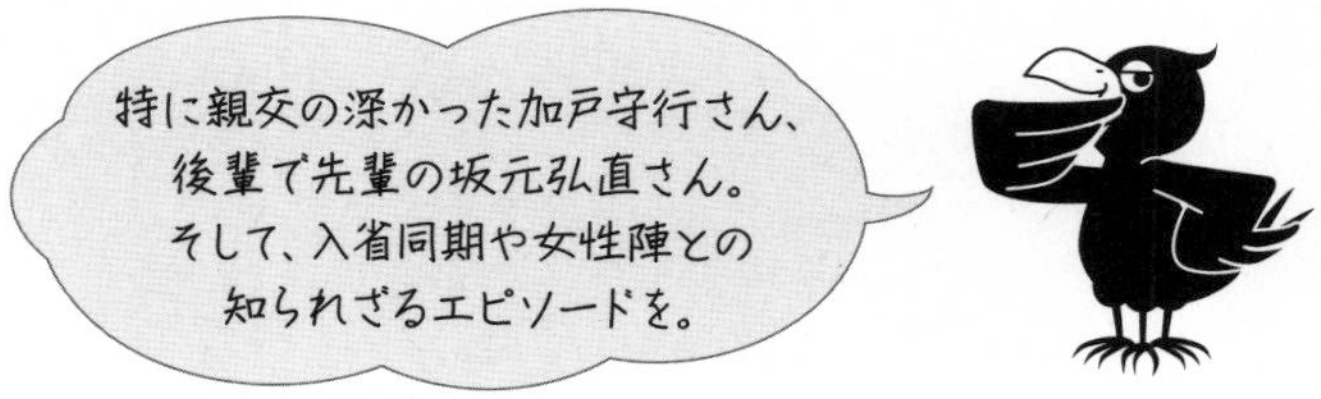

加戸さんのこと

加戸守行さんの直属の部下になること二度、後任になること八度だから、加戸さん抜きには公私とも今日の私は存在しない。

私が初めて会った頃の加戸さんは、才気あふれる紅顔の美青年で、鈍才の私から見ると輝くばかりの存在だった。仕事振りは鋭角的に突き進んでいくタイプで、後任になることの多かった私は、多くの場合加戸さんが切り開いた土地を耕運機でコトコトと耕すという役割を担った。勝負事も強く、マージャンはプロを相手に学費を稼いだのではないかと噂される位の腕前だった。

ここでは、著作権制度の大改正など仕事の上での業績でなく、私的なことで私自身が直接関わったことのいくつかを紹介したい。

〝オー・ソレ・ミオ〟

お互いに若かった地方課時代、目を真っ赤にして出勤してきた加戸さんが婚約者からのラブレターを「繰り返し繰り返し、徹夜で読んでた。彼女はオー・ソレ・ミオ（ナポリ語で私の太陽）だよ」とぬけぬけという。私達独身者は、呆れるとともに羨ましく思ったものだった。

後年、自宅新築の参考にしたいので少し前に建てた私の家を見せてほしいと、ご夫妻で来宅した。私はその時初めて奥さんにお会いしたのだが、成程「オー・ソレ・ミオ」といわれるのにふさわしい方だと実感した。

余談だが、自慢話。家内とイタリア観光旅行をした時、ヴェネチアでゴンドラに乗り船頭がカンツォーネを歌ってくれた。調子に乗って私が高校時代の音楽教科書にあって覚えていた「オー・ソレ・ミオ」を原語で「ケベラコサ……」と歌ったので、同船の日本人がびっくりして拍手してくれた。失礼。

〝涙の初優勝〟

昭和五十四年秋、地方課の親睦旅行の二日目に伊東新日本ゴルフ場でのゴルフコンペがセットされた。加戸さんは前課長としてゲストに招待されたが、ゴルフに関しては、当時古村澄一さん、坂元弘直さんとで三ペタといわれていた。「一度でいいからコンペで優勝したい」と日頃嘆いていた加戸さんを何とか優勝させようと計画が樹てられ、ハンデキャップを多めに設定した。バンカーに入れたら何回打つか分らないので、強く説得して横に出させるなど皆んなの努力と協力が実り、当時の文教ニュースに「加戸さん、涙の初優勝」と報じられた。

〝俵星玄蕃〟

加戸さんはカラオケ好きで、新宿のパブ「ウィンザー」がメインの発表舞台であった。私

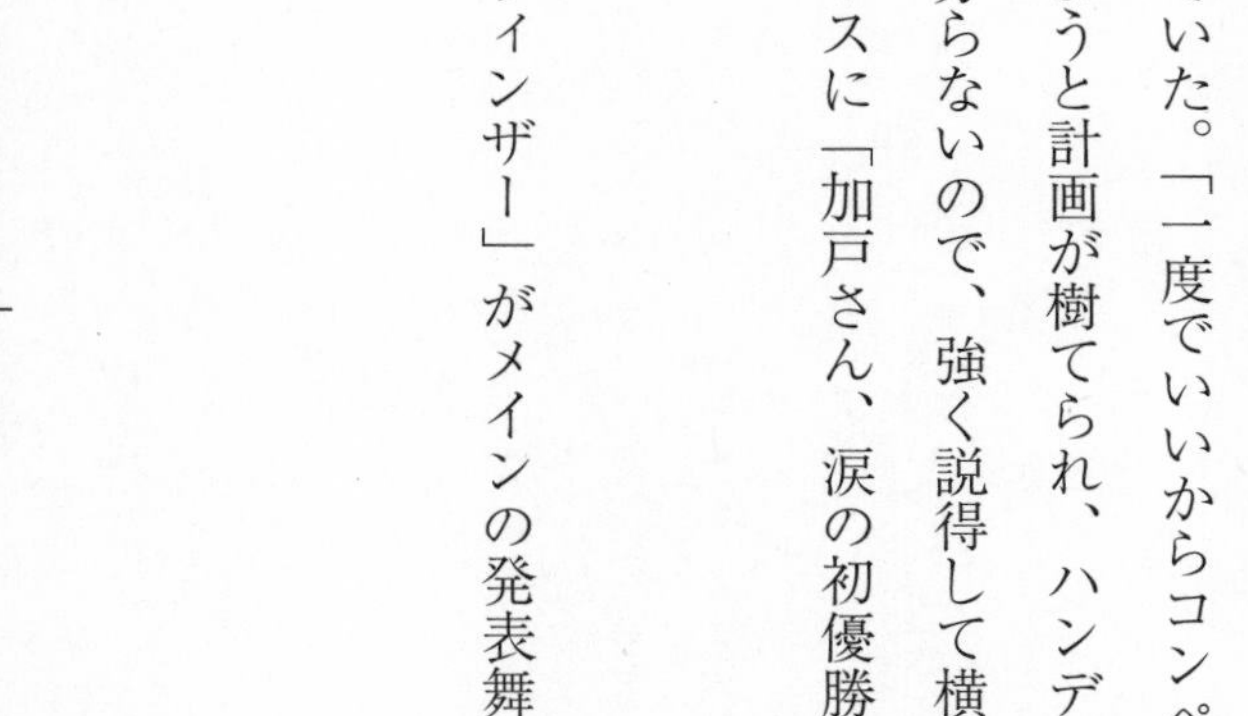
2008.9.22. ヴェネチアにて 水上バスの中から

が体育局長であった時、私たち夫婦が媒酌人となって、スポーツ課の和気太司君と私の秘書阿保多見子さんが結婚することになり、その披露宴に加戸さんの出席を依頼した。その時の出席条件が歌を唄わせるということだった。当日伴奏用テープを自分で用意してきて、三波春夫の「俵星玄蕃」をセリフ入りで朗々と歌い上げた。私は媒酌人として雰囲気が壊れやしないかとハラハラしていたが、ヤンヤヤンヤの喝采で終わってホッとした次第であった。

故郷愛媛の知事選に立候補しようとしていると聞いて、確か古村さんも一緒の席だったと思うが、私は消極の意見を述べた。現職を相手に争って勝算はあるのかということも先ずあった。それに加戸さんは一本気の性格で、うまく立ち回って物事を処理するのが苦手というより、潔しとしないところがあるので大丈夫かという懸念があった。海千山千の県議さん達、様々な思惑、利害が渦巻く地方政界で加戸流を貫くのは大変だと思った。

ところが、それは全くの杞憂に終わった。知事選に勝利しただけでなく、三期十二年知事職にあり、県民の負託に見事応えた。加戸さんは、私が考えていたよりはるかに大きかったのである。

先日OB会の席でお会いしたら、長年の喫煙のせいで肺が弱っていて、「すぐ息切れがするんだよ」とこぼしておられた。月並だが、節制に努め、「オー・ソレ・ミオ」ともども長生きしていただきたいと願っている次第である。

ここまで書いた後で、加戸さん逝去（令和二年三月二十一日）の訃報に接した。令和元年十二月十四日、文科省会議室での「かとう会」忘年碁会で加戸さんと久し振りに対局した。時間切れで形勢互角のまま打掛け（対局を途中で中断すること）となった。途中で、加戸さんが「この局が絶局になるかもしれないな」というので、「じゃー、勝負をつけないで打掛けにしましょう」などと冗談を言い合っていた。それがまさか現実になろうとは。ことばもない。

加戸さんには本当にお世話になった。実の兄を失ったような気持である。心から、心からご冥福を祈念します。

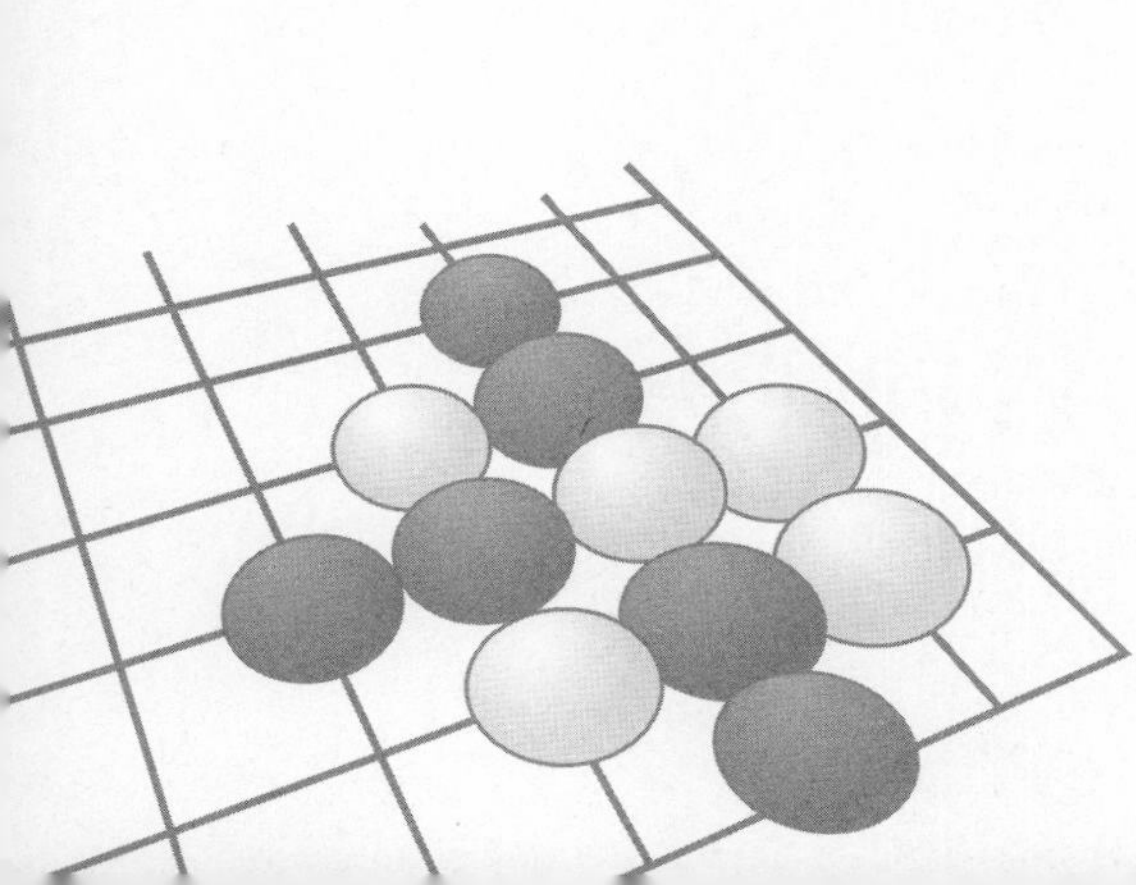

入省同期生

昭和三十四年入省のいわゆる上級職組は技術系を含めて十名であった。入省当初は時々同期会などを開いていた。だが、それぞれが仕事に追われるようになるとそれも段々間遠になり、廊下ですれ違って「ヤァー、元気か」という風になっていった。特別誰と誰とかが仲が悪いとか、感情のもつれがあるとかというのではなく、組織の中での人間関係が主に仕事を中心に形成されていったということであろう。私自身同期の人達と仕事の上で接触を持ったことは在職中数える程しかない。

そんなことで、以下に述べることは、私が知る範囲の、その人のごく一面でしかないことをあらかじめお断りしておかなければならない。

河野石根さんは東大の助手（美学）から転身するという、変わった経歴の持主である。河野さんの発想法は平凡人の私からみると独特のものがあり、そのユニークな視点に感服することしばしばであった。私とは碁仇で入省当時は年中碁を打っていた。そんなこともあって、私の結婚披露宴に同期を代表して出席してもらった。その碁風はやさしい外見とは全く異なって超攻撃的であった。碁風はその人の性格を反映するといわれているので、案外それが河野さんの本質かもしれない。河野さんは講釈好きでもある。対局の後二人で酒を飲むことがあったが、時には大変なことになる。こんなことがあった。食卓にある備前焼の器についてうんちくを傾けだし、岡山県に出向した経験があるだけにそれが延々と続いた。陶磁器について知識のない私は相づちを打つだけで誠に往生したものだった。今でも備前焼を見るとそのことを思い出すが、歳のせいか最近備前焼の茶褐色の味わいは分らないながら中々いいなと思うようになった。

川村恒明さんは、中堅課長の頃に鬼軍曹などといわれていたそうである。私はその実態を承知していないが、それは仕事熱心の別の表現だったのではないかと思う。一度外務省に掛け合いに二人で行ったことがある。文部省職員が派遣されているジュネーヴ駐在のアタッシェを引き上げてほしいと提案してきたからである。ジュネーヴにはＩＬＯ本部があり、その頃そこを舞台に日教組の提訴などで日本の労働問題が議論されていた。文部省派遣職員がいなくなるとその面でのスタッフが手薄になり、提訴への対応に支障を来す恐れがあった。窓口の国際教育文化課長であった川村さんから、必要性の説明役として地方課長であった私に一緒に来てくれと要請があったからである。折衝は長びいたようだが最終的には川村課長の粘り勝ちに終わった。そのあおりで、確か林田英樹（元文化庁長官）君が通常の任期より一年長くジュネーヴに滞在させられた記憶がある。

私が事務次官、川村さんが文化庁長官の時、川村さんから大臣あての辞職願いが私に提出された。文化庁関係のある案件で総理の意向に沿わない対応をせざるを得なくなり、時の総

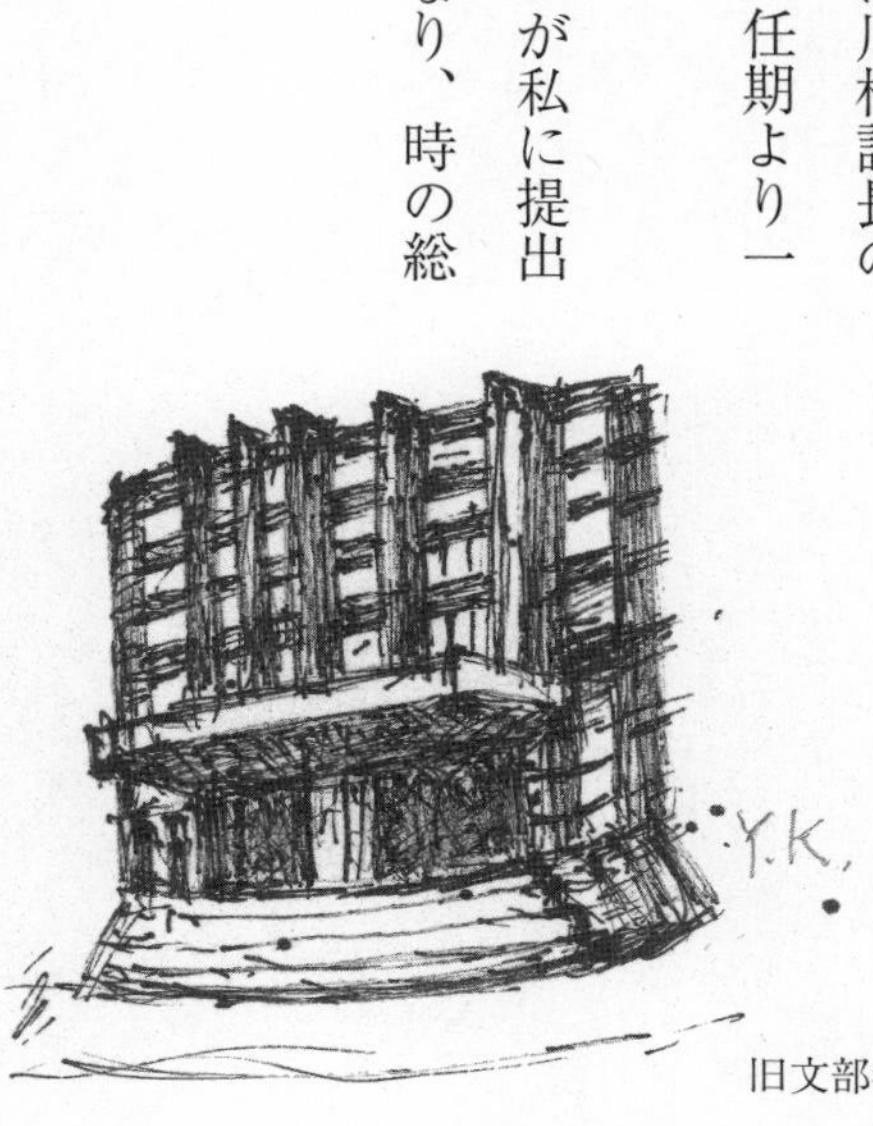

旧文部省庁舎

理に逆ったのだから役人としては辞職すべきだというのである。その案件には私も次官として関与していたので、長官が辞めるなら当然私も責任をとるべきだとしてその場は一応押し留めた。事柄の性質上大臣に黙っているわけにはいかないので、このことはお耳に入れておいた。井上裕大臣は石原信雄官房副長官に相談したらしく、石原副長官から呼ばれて「大臣が心配している。君達は辞める必要はない。二人が辞めたら騒ぎになる」と諭され、この件は何事もなく収まった。この件を通じ、川村さんの自らを律する厳しさ、役人としての覚悟を知って感服の外はなかった。

最近新国立劇場のオペラ公演などの場でお会いすることがある。私もオペラは好きだが、専門知識はなく、いわゆるミーハー族なのに対し、川村さんはヨーロッパなどのオペラ公演を自らチケットを手配して観て回っているという。その本格的な取り組みには驚いている。

菱村幸彦さんとは仕事上の関係を持ったことは全くなかった。若い頃、アルペンスキー初の三冠王トニー・ザイラーばりの容姿にあこがれた女性は多かったのではないかと羨ましく思っていた。これは冗談だが、仕事上の経歴については、時々羨ましく感じることがある。

菱村さんは国際畑などにも時々籍を置いていたが、多くは初等中等教育局の教育内容を担当するポストに就き、さらに局担当審議官、初等中等教育局長を経て、国立教育研究所の所長まで務めている。その間に培った知識、経験で初等中等教育制度、教育課程に関する第一級の専門家になった。著作も多く、今も研究に怠りがないようだ。一方、私は地方教育行政、大学、私学、著作権、会計など相互に余り脈絡のない業務に複数回ずつ携わったが、いずれも中途半端に終わっている。ジェネラリストなどといえば聞こえはいいけれど、役人を終わってみると、打ち込むべき専門分野を持たないことが淋しくてならない。今さら何かを研究するというエネルギーもないので、もっぱら趣味などに多くの時間を費やし、非建設的な毎日を反省しつつ送っている。

近年、ある民間団体の理事を二人で務めていて、理事会などで時々顔を合わせるが、会話の主要テーマは体調・健康のことで、お互い老境の身を実感している。

村上智さんは、熱血漢で憂国の士だった。顔さえ見れば天下国家を論じ、私など酒を飲んだ時女房の悪口と同じレベルで論じる程度なものだから、「國分、もっと真面目に考えろよ」とよく叱られた。もっとも酒席でのことだが、演歌派の村上さんは、クラシック派の人とどちらがよい音楽かで議論になり、真剣そのもので論争しているようなところがあった。

福岡県教委に教育次長として出向していた時は苦労の連続だったようで、ガンに侵されていたのに発見が遅くなり、帰省後教科書管理課長時代に惜しまれつつ亡くなった。まさに好漢といえる人物で、本領発揮はこれからという時期だっただけに残念でならない。

横瀬庄次さんはヴァイオリンの名手である。私が初めて聴いたのは、横瀬さんの結婚披露宴の席だった。新婦のピアノ伴奏でベートーヴェンの「ロマンス」を演奏し、ヴァイオリンの美しい音色に聴き惚れた。

横瀬さんはどんなポストも立派にこなす能吏だった。私の後任だったのでよく知っているのだが、地方課長の時もそうだった。地方課は、地方教育行政制度、教育公務員の身分取扱いなどに関する法令の解釈運用も主要な業務としているのだが、法学士でないことのハンデを全く感じさせなかった。最後のポストだった生涯学習局長の時、生涯学習振興法の立案に当たって事前の各省折衝で無理難題とも思えるような要求を次々と受けた。私も官房としてサポートしたのだが、その調整には局長として大変な苦労があった。でも、辛抱の甲斐あって、提出した法案は見事国会で成立し、その労苦は酬われたのだった。

退官後、日本芸術文化振興会の理事として、さらに新国立劇場運営財団の常務理事として、新国立劇場の草創期にハード、ソフト両面に亘って手腕を発揮した。私も当時日本芸術文化振興会にいて傍で見ていたのだが、単に総括的な立場で管理業務をこなすだけにとどまらず、オペラ制作の現場にも首を突込んで、水を得た魚のように生々として活躍していた姿が忘れられない。

坂元さん、三十一日の朝、あなたの訃報の連絡を受けた時、我が耳を疑い、暫くは信じることができませんでした。

前日の三時半ごろ、医科歯科にお見舞いに行った際、手術前の抗ガン剤と放射線療法について「これの副作用がしんどいんだよ」といいながら、ベッドから降りて、点滴したまま次の間の応接セットに自ら案内してくれ、「数日間点滴だけなのに空腹を感じないんだよ。直って戻らなかったらどうしよう」などと冗談をいって笑う位元気でした。食道ガンも比較的初期と聞いていたので、これなら数週間後に予定されている手術も無事成功するに違いないと安心して「じゃ、又」といって別れたのが永遠の別れになろうとは。虫の知らせだったのでしょうか。坂元さん、あなたが呼んだのでしょうか。

坂元さん、あなたは大学に私より一年先に入学し、病気で二年休学して一年あとに入省したため先輩で後輩という変な関係でしたが、文部省入省以来四十年余りの付き合いでした。その間いろいろなことがありましたね。入省したての麻雀初心者のころ見かねて「分さん、あんまり麻雀をやらない方がいいよ」と忠告してくれたこと、地方課の専門職員仲間のころしばしば深夜まで呑んでまだ独身だった私を駒沢の自宅に泊めてくれ、翌朝、奥様に朝食を作っていただき、そこから出勤したこと、私の結婚披露宴の司会で、段々メートルが上って後半はスケジュール無視の進行でシッチャカメッチャカになりながらも大いに盛り上ったこと、自称三ペタゴルファーで、ある時前進四打の池越えを第一打を打たないから前進三打でやらせてくれとキャディと交渉していたことなどなど、個人的な付合いの思い出は尽きません。

坂元さん、あなたは豪傑だの、野武士だの、毒舌家だのといわれてきました。そのとおりだとは思いますが、反面繊細でデリケートな神経、行き届いた思いやりの持主

「文教ニュース」に弔辞の抜粋が
掲載されたが、ここでは全文をお伝えしたい。
手書きの原稿はいまも手元に残る。

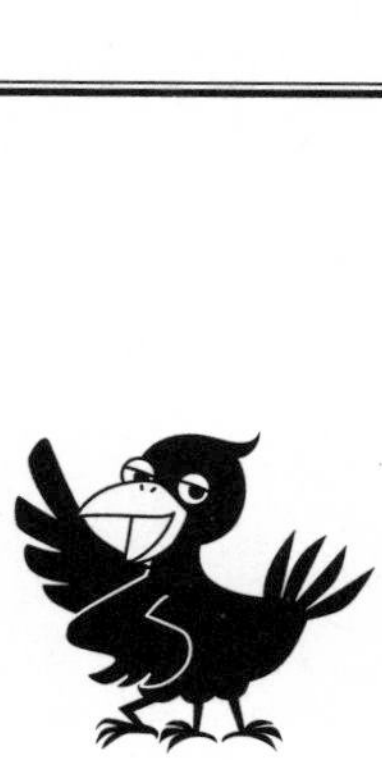

弔辞

でもあることを私は知っています。若いころ苦労して大人だったあなたは、万事奥手だった私に様々な場面でアドヴァイスしてくれました。有難うございました。

文部省では要職を歴任し、口癖の「いやになっちゃうよ」を連発しながら的確に職務をこなしていましたが、特に私学振興にかける思いは一入のものがあったと私は思っています。昭和五十九年度予算で私学の在り方について与党の先生方の批判を受け、異例の私学助成二割カットという措置がとられた翌年、会計課長として失地回復のため枠どりに最大限の努力をして、その後の私学助成増額の道すじを作ったことは——殆んどの人は知りませんが——当時私学部長だった私は鮮明に記憶しています。

会計課長、私学部長、体育局長、高等教育局長、官房長、事務次官、私の後任はすべて坂元さんでした。不思議な巡り合わせでしたが、天国への道だけは坂元さんが先とはどういうことですか、早過ぎませんか、ひどくはないですか。

人生八十年の時代、まだまだやりたいことは沢山あっただろうと思い、残念至極です。ただ、三人のお嬢さんの小さいころからその行末を案じ幸せを願っていた子煩悩な坂元さん、それぞれに好伴侶を得られた由うかがっており、その点は安んじて旅立てますね。

これからは健康を気にすることなく、お酒を呑み、セヴンスターをくゆらし、おはこの「ダンスパーティーの夜」を歌い、好きな推理小説を読んで天国で安らかにお過し下さい。そして同時に文教行政の行末を見守っていて下さい。

さようなら、坂元さん

平成十三年九月五日

同僚、友人の一人として　國分正明

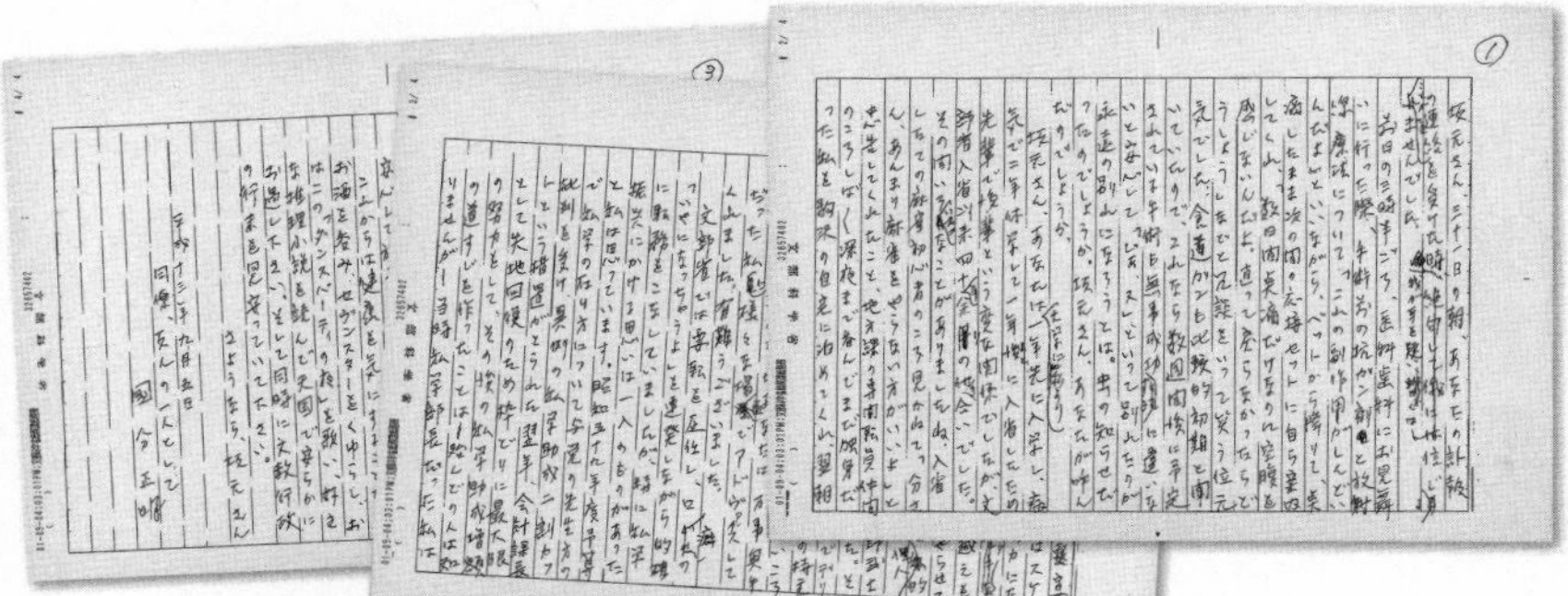

弔辞原稿

ス　第１６４１号　（第三種郵便物認可）　52

故 坂元弘直 元文部事務次官 告別式しめやかに1、350人

第60代文部事務次官で独立行政法人国立博物館理事長（東京国立博物館長）・故坂元弘直氏の通夜と告別式が9月4、5の両日、港区高輪の「高野山東京別院」でしめやかに執り行われた。式場には、小泉総理、井上参議院議長、麻生自民党政務調査会長、福田官房長官、遠山文部科学大臣、扇国土交通大臣はじめ、海部・森両元総理の歴代文部大臣、小野事務次官ら本省幹部職員、加戸愛媛県知事ら大学等機関長ら多くのＯＢ、知人から生花243基が供えられた。通夜と告別式には海部、森、保利、鳩山、町村、赤松、与謝野、有馬の歴代文部大臣をはじめ、天城、木田、井内、諸澤、三角、佐野、宮地、阿部、國分、野崎、井上、佐藤の歴代事務次官、大丸、三浦、川村、内田、吉田、林田の文化庁長官経験者ら多くのＯＢ、知人1、350人が参列した。

告別式では読経のなか、小野事務次官が坂元理事長の永年にわたる文教行政の数々の功績や明るく心温かい人柄の弔辞を述べ、続いて次官退官当時の大臣である与謝野元文相と故人の同僚で前次官である國分日本芸術文化振興会理事長が故人の生前の思い出とエピソードをまじえた弔辞を述べ、故人の生涯を通しての親友の一人・元パイロット社長の石井清一郎氏が弔辞を述べた。弔電456通のうち一部が読み上げられ、それぞれが焼香を行い故人の生前を偲び冥福を祈った。

故人の交友の広さと深さを示す生花243基、弔電450通にものぼった告別式（高野山東京別院）

『文教ニュース』平成13年9月10日号，p.52

平成１３年９月１０日（月曜日） 文教ニュー

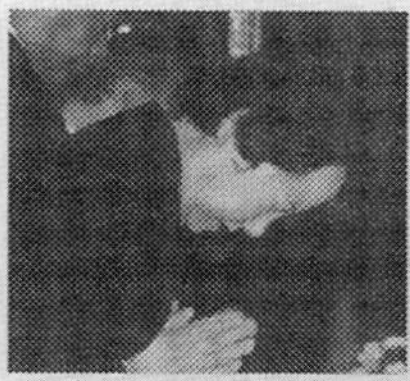
焼香する遠山文部科学大臣

同僚代表の國分芸文振理事長

次官退官時の与謝野元文相

弔辞を述べる小野事務次官

海部、森、保利、有馬の歴代文相と天城、木田、井内、三角、
宮地、阿部、國分、野崎、井上、佐藤の歴代事務次官ら

扇国土交通相

町村前文科相

鳩山元文相

海部元総理

森前総理

焼香の順番を待つ本省、大学機関関係者、OB、知人ら多くの参列者

坂元さんを偲んで 付記

弔辞で述べたことに私的なことを若干付け加えておきたい。

坂元さんは都立小石川高校の卒業で、私は都立北園高校の卒業、両校は同じ学区内の高校で、小石川は旧府立五中、北園は旧府立九中、設立順からして小石川は兄、北園は弟というような関係にあった。当時小石川は東大合格者数が現役、浪人合わせて百名に達しようかという勢いであったのに対し、わが母校はその半数以下という状況だった。坂元さんは、そんな小石川高校の卒業生総代だったと聞いた気がするが、少なくともトップクラスだった。いずれにしろ超一流の秀才ということになる。それが、何故か東大入試をしくじり、そのことが暫くの間、生徒間で伝説として語られていたという。

出向先の鹿児島から戻って駒場（渋谷区）の公務員宿舎に入居した時、坂元さんもそこの隣りの棟に住んでいた。それで家族ぐるみの交流が始まった。家内によると、坂元さんの奥さんは家事全般を完璧にこなす方で、女からみて「こんなできた人はいない」と、わが身を省みて述べていた。坂元さんの話では、お二人はそもそもお見合いをしたがその時は縁がなく、そのまま話は立ち消えになっていた。ところが、その後地下鉄で偶然ばったり再会し、それがどんな風に発展していったのかは聞き漏らしたが、結局結婚するまでになったとのことである。

ある時、末娘が、幼稚園か小学校低学年の頃、手にお人形などを持って帰宅した。「どうしたの」と聞くと、「下で遊んでいたら坂元の小父さんが二階から『おいで』と声をかけてくれた。お部屋で小父さんと遊んできた。帰りにお土産をくれた」とのことだった。豪傑といわれ、毒舌家ともいわれた坂元さんにもこんな一面があったのである。

当時人気絶頂の歌手坂本“九”の連想から、先輩からは“九ちゃん”と呼ばれていた坂元さん。後輩からは坂元さんと呼ばれたが、國分さんだけは“九さん”と呼んでいた。先輩で後輩という二人の関係がこんなところからも見えてくる。

文科行政を支える女性陣

入省最初の職場は社会教育局社会教育課で、そこに（婦人教育課に昇格する前の）婦人教育係があり、**金子てい**さん、**塩はま子**さんという二人のヴェテラン女性スタッフがおられた。金子さんは芥川賞候補作家外村繁さんのご夫人、塩さんは後に確か初代婦人教育課長になられた方である。右も左も分らない新米を息子のように公私にわたり面倒を見ていただいた。当時すでに婦人教育の中核的な存在だったように思う。仕事の内容は半分も理解できていなかったと思うが、仕事振りを見てこれが一流の職業婦人として活躍する方々なんだなと強い印象を受けた。

昭和三十七年四月、**遠山**（旧姓小沢）**敦子**さん、**前田**（旧姓矢野）**瑞枝**さんら女性三人が入省してきた。上級職としては女性は初めてであり、しかも同期に三人である。画期的なことだった。遠山さんは、周知のとおり、省内のいくつもの要職を経て文化庁長官、トルコ大使、文部大臣と目ざましい活躍をされた。前田さんもユネスコなどの国際舞台で持味を発揮され、国立婦人教育会館館長などを経て、故郷愛媛県の副知事を務めるなどの実績を残された。

その後、**河野愛**さん、**板東**（旧姓馬場）**久美子**さん、**大西**（旧姓北條）**珠枝**さん、**河村**（旧姓磯西）**潤子**さんなどなど、次々と才媛が入省してきた。今では女性上級職は当たり前になっていて珍しくもなく、各分野で文科行政を支えてきている。ところが、どういうわけか、これだけキャリア女性が増えてきているのに、直属の部下になったのはたった一人で、それが板東久美子さんである。板東さんは、秋田県副知事、高等教育局長、文部科学審議官などを経て、消費者庁長官を務めあげたが、ここでは私が接した若い頃の板東さんの横顔の一端についてふれておきたい。

出向先の鹿児島から地方課に戻ると、教育委員会係に板東さんがいた。中野区の教育委員準公選問題、教育委員会月報の編集などを担当していたが、担当外のことでも、例えば国会質問が出ると、男連中は「板東さん、頼む」と押っ付けて室内遊技をしているというけしからぬ状況なども見受けられた。何でも処理できたし、頼りにもされていたともいえるのである。地方課在任中に通産省の方と結婚した。その披露宴開宴前の会場入口での出迎えで、当該課長として出席した私に「課長、国会の方はよろしかったのですか」と気遣いを見せた。とても式場で若い花嫁が言うことばとは思えなかった。呆れるとともに強い感動を覚えた。披露宴でのスピーチでその気持をそのまま披露した記憶がある。

もう一度部下となったのは、高等教育局長時代参議院法制局から企画課の大学設置担当の課長補佐に迎えた時である。周囲には大丈夫かとの心配の空気があった。それは審査事務に係る能力の問題でなく、申請大学の命運を担って必死に迫ってくる強者相手の仕事だったからである。今までは経験豊かで、練れたヴェテランがこれに当たっていた。私も正直のとこ

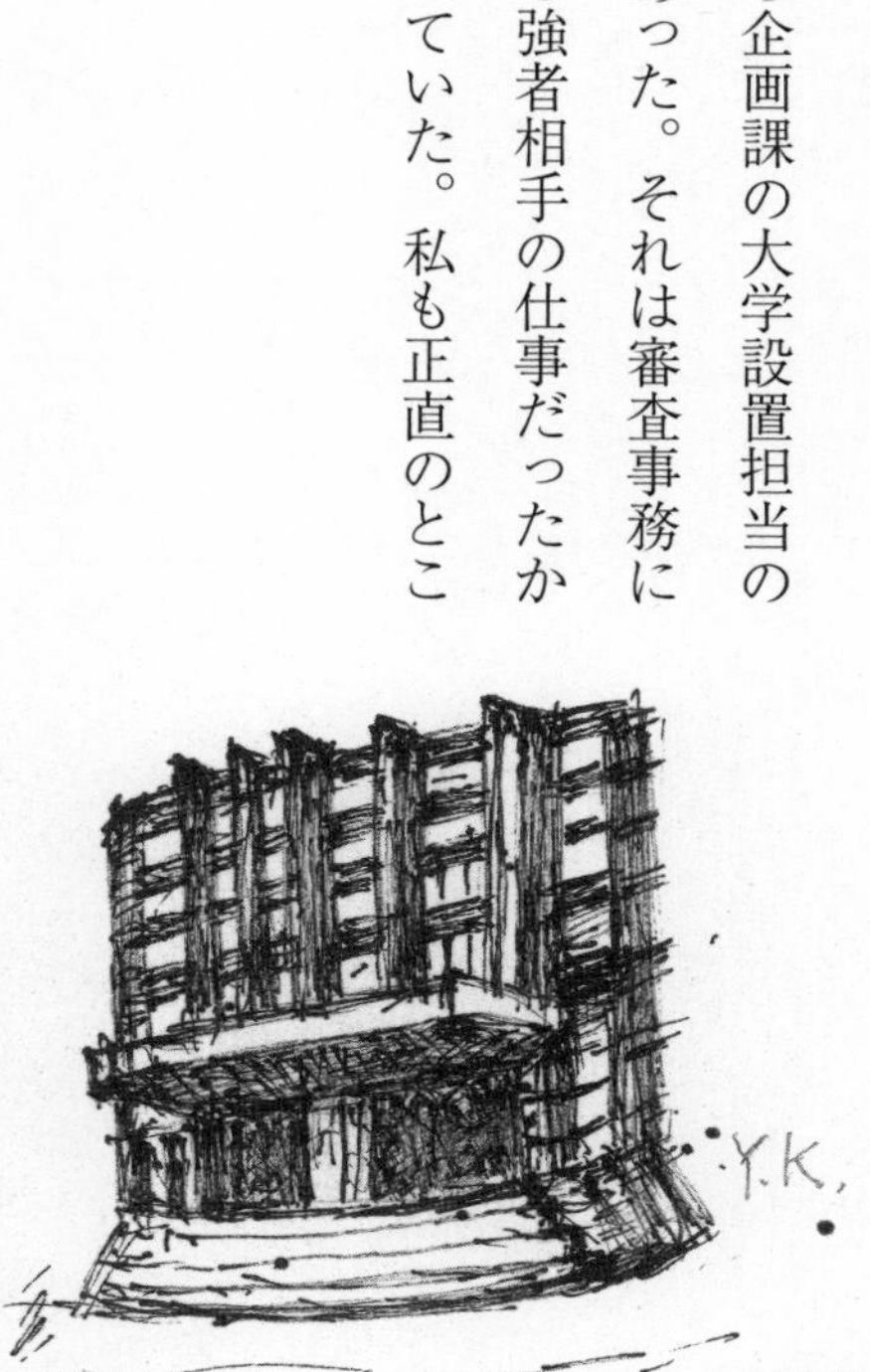

旧文部省庁舎

ろ少なからず心配していたが、折衝の終わった申請者が「丁寧に説明していただいて」と感謝して帰ったという様子を聞いて、大したものだと感じ入った。

他の方々も、私は直接接したことはないが、しっかり職責を果たして文科行政進展のために頑張ってくれていると評価されており、頼もしい限りである。これからも多くの女性陣に文科行政を担ってもらわなくてはならないと思うし、またそのことを大いに期待したい。

碁仇たち

文部省同期に実力互角の**河野石根**さんがいて、入省当時は毎日の如く昼休みに碁を打っていた。棋風は全く対照的で、河野さんは攻撃的で「喧嘩」の碁、私は守って「地で争う」碁であった。私の結婚披露宴に同期を代表して出席していただき、スピーチもお願いした。「國分君とは碁仇でして。これが面白いんですなぁ、喧嘩碁になるとおおむね私の勝ち、穏やかな展開になると大体國分君の勝ち」などと独り悦に入っていたが、碁のことが分らない多くの出席者は「何が面白いんだろう」という顔をしていたのが面白かった。

地方課長時代、隣室の財務課に**久保公人**君が新入生でいた。京大が全国制覇した時の囲碁部のレギュラーで、カツ丼をご馳走してこれまた毎日のように打った。筋、形に明るく、読みの深い本格的な棋風で、当時は向先でやっていたが、近年は互先でも分が悪くなっている。このほか**黒崎勝之**さんとも随分打った。互角の腕前だと思うが、碁は晩学なのにここまで強くなるものかと常々感心している。学生本因坊を獲ったこともある**藤井陽光**君はプロ並の実力の持主で、常先で打ってもらっていたが、勝つのは稀だった。二子の手合では**中林勝男**君、**高橋勇治**君ともよく打った。**谷合俊一**君、**佐藤透**君なども東大囲碁部に籍を置いた実力者だが、年代が違うので番数は少ない。

加戸守行さんは、碁に関しては不思議な人である。中央官庁対抗戦などの時以外、普段碁を打っている姿を見かけたことがない。それなのになんであんな力を身につけ、かつその棋

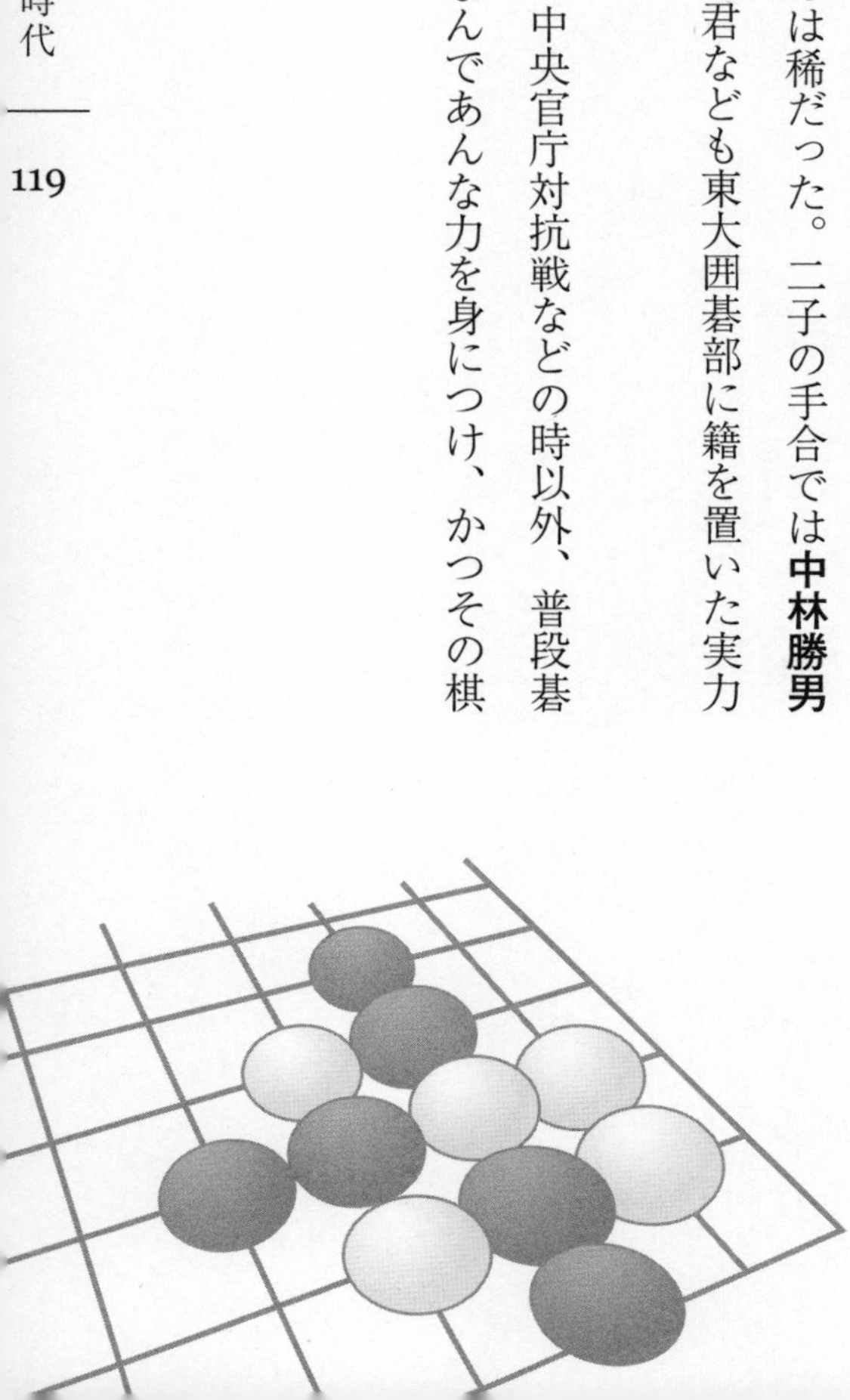

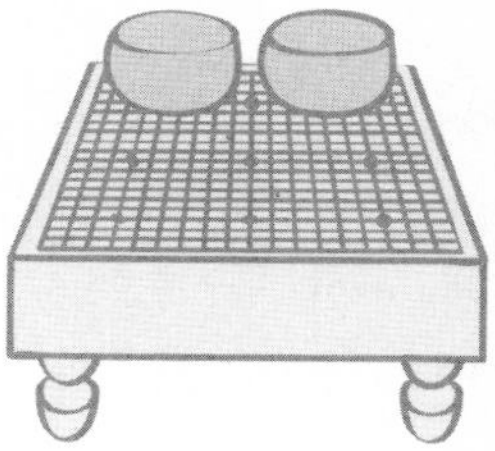

力を維持しているのか。私より少し強いと思われるが、従って一、二局しか打った記憶がない。

余談一　**杉江清**人事課長　昭和三十四年四月、入省間もない頃、杉江人事課長から「今晩碁を打たないか」と私に電話があった。その時は知らなかったが、杉江さんは碁好きで、その後何回かお相手をしたが私もタジタジする程の実力の持主だった。入省の人事面接で私が碁を打つことを知っていたので、私と打ってみたいと思われたのだと思う。審議官制のなかった当時の官房課長は次のポストは局長で、相対的に今より偉い（？）存在だった。入省直後でその辺のところが全く分っていなかった私は、友人から誘われた時のような感覚で「今晩はちょっと先約がありまして」と課長の誘いを断ってしまった。杉江さんも多分苦笑いしてたことだろう。

そのことを周囲の人に話したら呆れられた。それはそうだろう。新入生が官房課長の誘いをさしたる用事もないのに断るということはあり得ない話だった。私も段々様子が分って青くなったが後の祭である。幸い、それで人事上冷遇されたこともなかったようである。後年杉江さんにそのことを話したら、気遣ってか本当か分らないが「覚えてない」とのことだった。やれやれである。

余談二　中央官庁囲碁大会　年一回中央官庁間で争う囲碁大会があった。確か実力順にAクラスからEクラスまで五クラスに分けられていたと思う。わが文部省は常にAクラスにいて数年に一度は優勝する実力チームだった。

ある年、会場となっている市ヶ谷の日本棋院のホールに集合すると、「本日は禁煙」という張り紙が掲示されていた。事前に何の連絡もなく突然のことだったので「えっ」と思ったがどうしようもない。対局が開始されたが、ヘビースモーカーの私、加戸守行さん、黒崎勝之さんは禁断症状で二目ほど弱くなり、私が四戦全敗、常勝を誇っていた加戸さん、黒崎さんもせいぜい一勝位ではなかったかと思う。煙草を吸わない藤井陽光君、久保公人君は頑張ったが及ばず、文部省チームは散々の成績に終わった。

その後もこの大会は開催されていたのだろうが、私は以後参加していない。

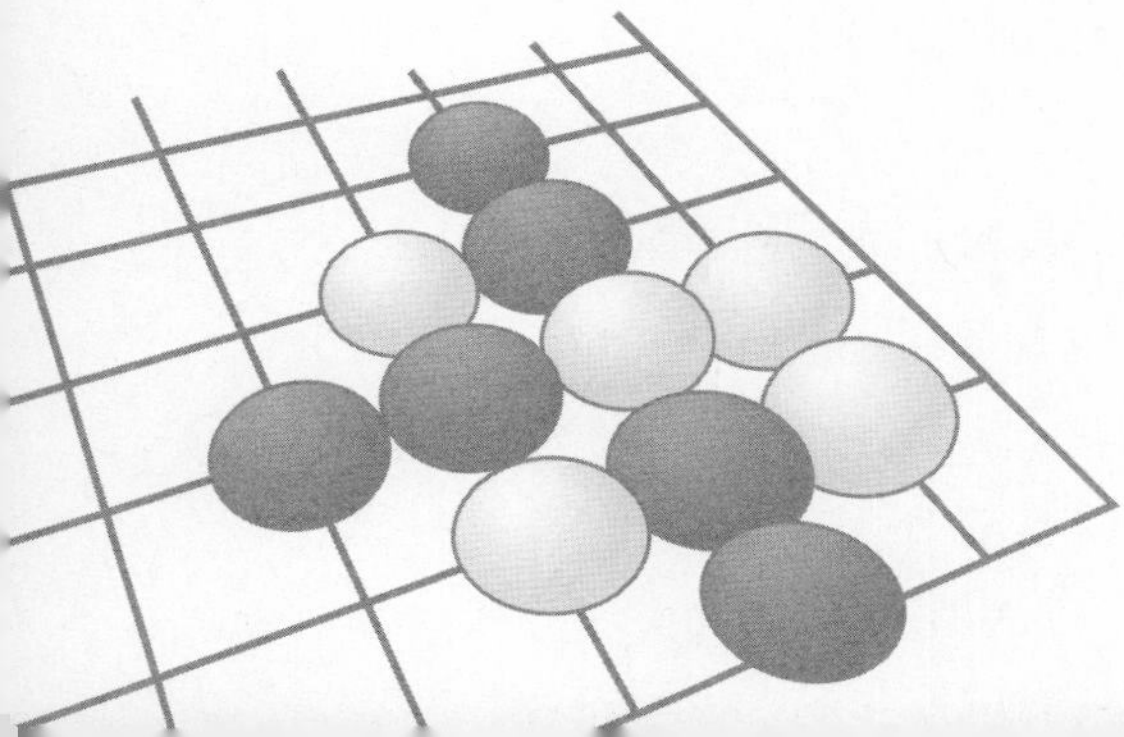

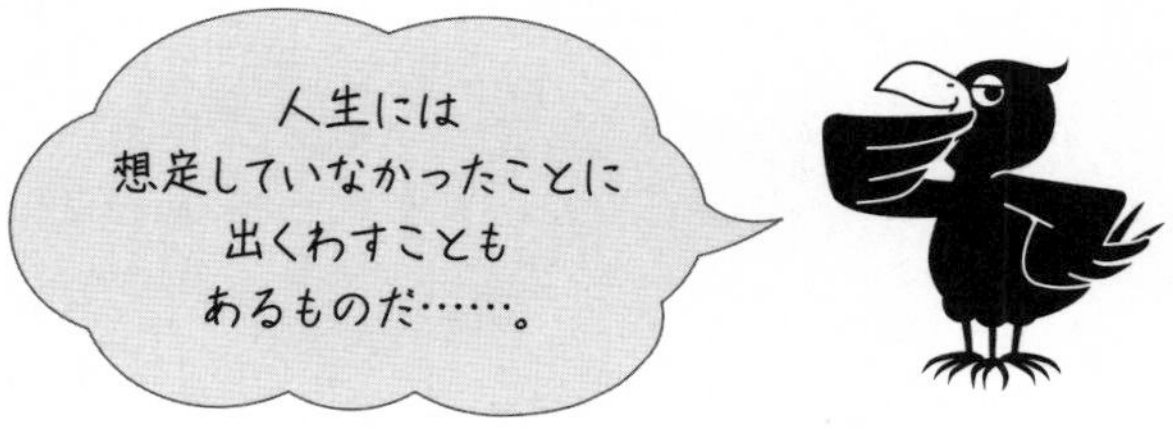
人生には
想定していなかったことに
出くわすことも
あるものだ……。

「大阪の浪速医科大学設立申請の実地調査に来た國分振興課補佐らが、大阪ミナミの料亭で接待を受け、オメガの時計一対を贈られて帰った」とのニュースが大阪発で文部省の記者クラブに入り、記者が私の席に押し寄せた。昭和四十八年春の頃だったと思う。身に覚えのないことなので、勿論全面否定し、大方の記者は引き揚げたが、産経新聞の楠山記者だけが残った。楠山さんは「あなたの話を信ずる。ただ大阪発の記事なので東京で消すことができない。私のできることは、あなたの言い分を反論として記事にすることだけだ」といった。

翌朝各紙は社会面に大阪発で前述のとおりの内容を報じた。しかも私の住所入りで。しかし、産経新聞だけは三段位の異例の分量で私の言い分を談話として掲載してくれた。今でも楠山さんに対するその時の感謝の気持は忘れていない。私の言い分はこうである。現地での書類審査が長びいたので、私立大学審議会の委員さん方には引き揚げていただき、事務方だけが残って遅くまで調査に当たった。終って帰ろうとすると、食事の用意がしてあるので是非といわれたが、まだ新幹線が間に合うのでと断った。駅まで送ってきたが、別れ際にお土産ですとショッピングバッグを渡そうとするので、振り切って列車に乗った。

昭和四十五、六年頃は、医学部、歯学部の新設ラッシュの時代といわれた。当時は、進学課程の校舎等を建てた上で、つまりある程度投資済みで申請するという仕組みだった。それだけに申請者としてはリスクが大きく、中には認可を得るべくなりふりを構わない者もいた。

虚偽報道（浪速医大事件）

当方としても例えば贈答攻勢などにも十分警戒する必要があり、若い職員を守るため、一人で悩むことのないよう報告制を採り、組織で対応する方策を講じた。現実に贈り物をまとめて一括返却した事例もあった。私の具体例でいえば、現地調査の際、三段重ね位の弁当が出てきたので、出張旅費の日当相当分を支払ってきたこともあった。その位用心していたのである。

一方、一〇〇億円前後を要するプロジェクトであるため、資金計画の確実性の審査が最も重要であった。中には怪しげなという印象を持ったものもあったが、強制調査権があるわけではないので、書類だけの審査には自ら限界があった。認可後に公正証書不実記載という罪科に問われて刑事事件となり、一流の、銀行、商事会社、建設会社等が組んで見せ金作りをしていたことが明らかになった事例もあった。それを聞いて、カラクリを見抜けなかったことに切歯扼腕の思いをしたものだった。

浪速医大の資金計画は、大口の寄附と土地の売買代金からなっていたが、大口寄附者の一人に当時色んな意味で大物といわれた方がいた。大口寄附をする動機がどうみても見当らないので、直接当たってみることにし、安嶋弥管理局長と私が、虎ノ門の船舶振興会ビルのオフィスを訪れた。最初はノラリクラリとはぐらかしていたが、最終的には寄附をしていないこと、名義を貸したことを認めた。そんなこともあって申請は不認可となった。その後、土地の売買も疑わしいということで、高槻の法務局に担当係長を派遣して、申請書に添付されている所有権移転の登記簿謄本を示したところ、偽造であることが判明した。法務局では直ちに公文書偽造で刑事告発し、大阪府警で捜査が開始された。

その過程で前記の報道がなされたのである。申請人は起訴され、私は検事側証人として大阪地裁に出廷した。その際検事に報道のことを尋ねたところ、会計書類上、私が接待され、オメガの時計を貰ったこととして処理されていたとのことで、「それを府警の刑事が故意か不注意かは分らないが、リークしたのではないか」ということであった。虚偽の事実が報道され、その後続報も訂正記事もないまま、私の場合はそれだけで終わった。しかし、ケースによっては、無辜の人に深い心の傷を負わせ、人生を狂わせることもある。マスコミは、このことを十分に自覚して報道に当たってほしいとつくづく思ったものである。私は名誉毀損で訴えたいと力んだが、マスコミと争っても得することはないと判断されたのか、そのうちうやむやになってしまった。

「こんな不安定な資金計画でやっていけるのだろうか」と私の先々を心配しての問い掛けに対し、当時の宮地貫一振興課長の答えは「早稲田、慶應だって、創設のころは似たようなものではなかったのかな」だった。確かに五十年近く経った今日、いずれの大学も教育、研究、診療にそれなりの実績を挙げている。宮地課長の先見の明には恐れ入る。

昭和五十九年七月、会計課長から私学部長に異動になって間もなく、所管の事項を森文部大臣にご説明すべく、大臣秘書官室に待機していた。そこに緊急の連絡ということで電話が入った。大阪大学の経理部長が、大学で使用するワープロの購入に関し便宜を図らい、金品を受け取ったということで、大阪地検に収賄罪で逮捕されたというのである。「えっ」と絶句した。大学の経理部といえば会計課の所管に属しており、前職会計課長の私にも無関係のことではなかった。勿論当該部長の名前も顔も知っていた。

そうこうするうちに、直属の部下であった本省会計課総括予算班の主査が、大学への予算配当で便宜を図り、同じく金品を受け取っていたとして大阪地検の取り調べを受けるという事態に発展した。また、あちこちの大学にも波及する気配も見せていた。マスコミも連日大きく報道し、国会でも追及され、大事件となった。私も当時の会計課長ということで大阪地検から事情を聴かれたりしたが、何も知らなかったし、ある意味当事者でもあったので内部の調査にも殆どタッチしなかった。したがって、情報不足で詳しい事情も分らず、はらはらしながら事件の推移をただ見守っているしかなかった。

捜査一段落後、関係者について免職を含む懲戒処分が行われ、私も管理監督の責任を問われて減給処分を受けた。監督責任を問われる処分としては、訓告かせいぜい戒告というのが通例で、減給というのはかなり重い処分といえる。でも、私は、部下が逮捕、免職されたわ

減給処分（ワープロ事件）

けだから、組織のケジメとして当然のことと受け止めた。

会計課は九つの班で構成され、課員総数は確か百数十人、課長は個室に入っていた。課員一人ひとりの日常の動静や具体の職務執行を細部に亘り把握することは殆ど不可能に近いといえなくもない。しかし、職務相互けん制とか事故防止の仕組み、服務規律の徹底などに不十分な点がなかったとはっきりいいきれるか。また、部下が何事であれ相談できる相互信頼関係があれば防げたのではないか、それがあったのか。

理屈はそうである。しかし、そもそも組織に何かあればその結果についてその立場に応じてその長はその責任をとる、そのために給料を余計貰っているとすらいってもいい、組織とはそういうものだと日頃から思っていた。よく組織の不祥事などで責任逃れに終始している企業のトップを見掛けることがあるが、見苦しい限りだと思っている。

いずれにしても、生涯を通じ最初で最後の懲戒処分であった。

リクルート事件を振り返って

リクルート・コスモス社の未公開株譲渡に関する贈収賄事件は、政、官、財を巻き込んで、いわゆるリクルート事件として、昭和六十三年代世間の耳目を集めた大騒動であった。文部省も高石邦男前事務次官が未公開株の譲渡を受けたとして、文部省庁舎が強制捜査され、多くの職員が事情聴取のため参考人として東京地検に呼ばれた。省内は屈辱と沈うつの空気につつまれていた。

私も、私学部長当時、専修学校の振興策を検討する協力者会議を起ち上げ、そのメンバーに起業家、若手経営者として注目されつつあった江副浩正リクルート社社長をお願いしたこともあった。また、リクルート社発行の雑誌に私立大学問題を扱った論文を寄稿したりしていた。勿論株の譲渡を受けたりはしていなかったが、リクルート社と全く無縁というわけではなかったので、その成り行きへの関心は職務を離れても通常以上のものがあった。

一方、国会でも連日のように質問攻めに遭い、加戸守行官房長、古村澄一初等中等教育局長、それと私（高等教育局長）の三者が、常に三点セットで答弁に汗を流していた。

そんな中、平成元年四月加戸官房長、古村局長、斎藤諦淳生涯学習局長の三人が退職するという人事が行われた。西岡武夫文部大臣の「人心一新」の方針に基づくということだったが、リクルート事件がらみであることは十分察せられた。加戸さんも、古村さんも未公開株の譲渡とは何の関係もなく、事件への対応、収拾に一緒になって当たっていた私としては、全く納得がいかなかった。内示のあった日、お二人を飲み屋に誘った。官房長秘書をしていた村社久美子さんから、「局長、古村局長（前官房長）と加戸官房長を何とか励まして下さい」との訴えがあったからでもあった。時々利用したことのある高田馬場の「安兵衛」という小料理店というより居酒屋の二階に案内し、私は悲憤慷慨し、お二人はむしろ淡々と、当面の〝時局〟を論じ合った。私も感傷的になって、「自分も辞めたい」と口走ったりしたけれど「お前まで辞めたら、後はどうなる」と強く叱られたのを覚えている。

官房長として残った私は、阿部充夫事務次官の冷静沈着な指導の下、以後、どうしたら沈滞した空気を盛り上げることができるかということを常に念頭に置いて、仕事に当たることとなった。国会に行く時は、何時質問が飛んできても大丈夫なように、いつもカバンの中にリクルート関連の答弁資料を入れておいた。

高石さんには、初等中等教育局地方課で、私が若輩の事務官の頃、課長補佐としてお仕えし、直接指導も受けた。すべてに優れた方で、とくに役人離れした豊かな発想、大胆な行動力には以後ずっと敬服していた。だが、未公開株譲渡の件が公になった後の言動、振舞いには、先輩に対して失礼な言い方かとは思うが、いささか首をかしげざるを得ないことがあった。例えば、検察の取り調べ、立論にはご当人として多分言い分はあったと思うが、結果として迷惑をかけ、辛い思いをさせた文部省職員に対して「申し訳なかった」のことばが一言でもあればよかったのにと少し残念に思っている。

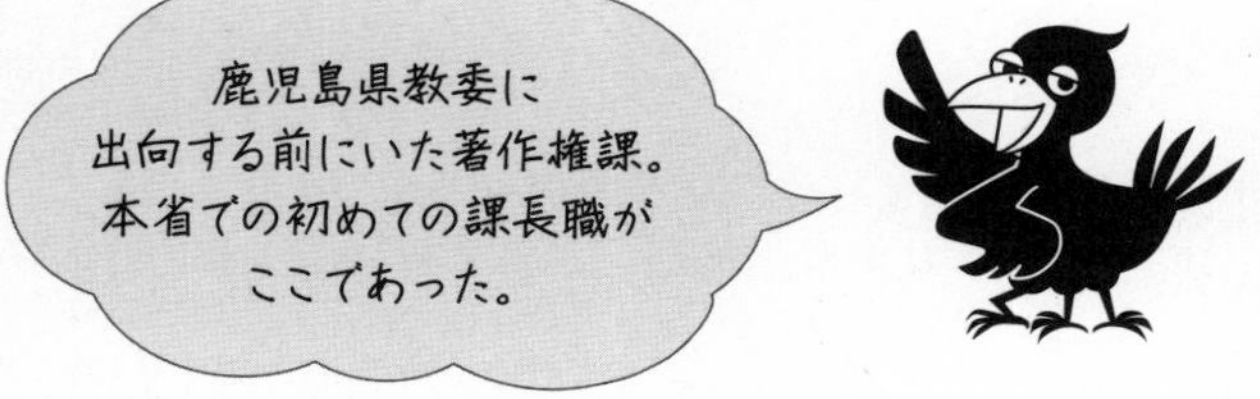

囲碁と著作権

『コピライト』No.162, Volume14, Number6, 著作権情報センター
昭和49年9月

現在、林海峯名人と石田秀芳本因坊との間で、囲碁名人戦七番勝負が争われている。中国から渡来したこの囲碁は、平安時代には貴族や僧侶の間で行われていたにすぎず、江戸時代に入って職業的専門家が輩出してその水準は著しく向上したが、武士階級や余裕のある商人達が楽しんでいた程度であった。ところが、今やいわゆるザル碁党や、小、中学生まで含めると、我が国の囲碁人口は約一千万人に達するといわれている。我が国の伝統芸能等の多くが衰退し、その保存が叫ばれている中で、元々は中国産とはいえ、すっかり日本の風土にとけ込んだこの伝統的な室内遊戯の普及、隆盛ぶりは、一愛好家として欣快に堪えない。

碁には総合的な思考力が要求される。序盤の布石段階、将来の戦いに備え、どのような設計に基づいて配石し、また定石を選択していくか、相手の設計意図を妨げ合うため、いきなり妥協のない戦いに突入してしまうこともある。中盤、形勢を展望し、彼我の陣容を分析して、戦うか、平和を求めるか、形勢非とみれば勝負手を放ち、形勢利とみれば無難な着手を選ぶ。進むにせよ退くにせよ数多くの手段について何手先までも読み利害得失を見極めて着手を決定する。相手の強い地域では戦いを避け相手の弱く自分の強い地域で戦いを起こす、敢えて部分的に損をして大局を制す、左辺に石を打って右辺に響かすなどいくつもの処世術を学ぶのもこの中盤である。終盤、全く計算の世界である。しかし、余程慎重を期さないと、九仞の功を一簣にかくことになり兼ねない。

碁は、初心者は初心者なりに熱中し、高級者は高級者なりに楽しむ。どこが面白いのか。単なる気晴し、勝負事としての勝ち負け、究め尽せない深さ等々——人によって様々であろうが、ひとつ共通的にいえることは、一局の碁を打つには技術に巧拙はあってもその人なりに以上述べてきたような序盤、中盤、終盤の過程で知力を傾けているからではないかと思う。それは、私もそうだが、多くの同好の士が、終局後、勝った喜び、敗けた口惜しさとは別に、知的な充実感、満足感を覚えるといっているところからみてである。

こういう話を続けるのは、ゴルフ談義と同じで本人は楽しいがやらない人には少しも面白くないし、第一編集子に叱られるので、この辺でこのような囲碁と著作権の関係について少し考えてみたい。

対局の棋譜が優れた知的創作物であることは疑いないとしても、その著作物性については、判例もなく、論じた学者もいないので、卒直なところよく分らないが、前著作権課長の加戸守行氏は、〝文部省内屈指の打ち手なだけに〟これを共同著作物として肯定する立場をとっている（「著作権法逐条講義」（著作権資料協会発行）67ページ）。著作物性を否定すると本稿をここで閉じなければならなくなるので、ここでは著作物であるとの前提に立っていくつかの具体的な事例に対する権利の働きについて話を進めさせていただくこととする（随筆ゆえに多少無責任な言い方を許されたい）。

対局譜の利用は、新聞、雑誌への掲載、放送等広範囲に亘るが、まず新聞への掲載については、通常棋戦を主催する新聞社と棋士が所属する棋院との間に棋譜を独占掲載する契約を結んでおり（と思われる）、対局者もそれを承知の上で報酬を得て棋戦に参加するので、まず問題はないと思われる。しかし、そのような契約に基づく独占的な利用でなく、新聞、雑誌、単行本等に解説目的で掲載する場合には複製権について両対局者の許諾を必要とすることとなるが、そこまでの手続きは踏んでいないのが実情ではなかろうか。

また、対局者の一方（大抵は勝者）が、「囲碁クラブ」、「棋道」等の専門誌で自戦解説することもよくあるが、これももう一方の対局者（共有者の1人）から改めて了承をとったり、収益を分配したりということはないようで、それが慣行のようである。

棋譜の手順に従って碁盤に対局内容を再現していくことは、音符を追って楽曲を演奏するのに似ている点があるが、複製と把えるのか。とすると、自宅でお茶をすすりながら名局を並べている分には私的使用となるが、公衆に大盤で解説するような場合には、複製物は領布されることなく、またすぐ消去されるにもかかわらず、非営利目的の演奏のような制限規定がないので、権利処理が必要となる。

次に詰碁はどうか。これも棋譜同様、立派な知的創作物である。通常は、特定の専門家に創作出題してもらってそれを新聞、雑誌等に掲載しているようなので問題は少ないが、時には他人の既存作品をそのまま、あるいは多少修正増減して（しかも創作者名を表示せず）出題することもあるようである。

最後に定石はどうか。この辺になると、著作物性は多少あやしくなってくる。定石にも、個人の研究成果としての定石、対局中に両対局者によって案出された定石があるが、定石集等における利用は一般のルールに従うことになる。しかし、対局中における利用が許諾を要するとしたら、碁が打てなくなってしまう。著作権法的には引用と解すべきなのか。

囲碁が著作物だとすると、現在の自由利用的な慣行が当然のことながらかなり制約を受けそうである。著作権を仕事としているので、心ならずも、碁について著作権的観察を試みたが、やたら理屈ばかりで一向に面白くない。碁はやはり著作権を離れ、理屈抜きで打っているのが一番楽しいようである。

著作権人語

著作権思想の普及のために

『コピライト』No.165, Volume14, Number9, 著作権情報センター
昭和49年12月

著作権の仕事にはじめて携ったころは、著作権に関する会議に出てそこでの議論を聞いていても何が何だかさっぱり分らなかった。使われている用語が日常聞きなれないものばかりで、内容を理解するどころではない。周囲を見ると皆んな分っているようなので、内心えらいことに首を突っ込むことになったなあと思いつつ、表面上分ったような顔をしていたような記憶がある。

著作権は確かに易しくはない。法律の条文も、国民の権利義務に直接関係する分野であるので、できるだけ厳密に書かれており、このため一般に難解な印象を与えていることはある程度さけられない。背景にある条約も苦手な人が多く、とっつきにくくしている。また、学問的には民法、刑法、国際私法等についての基礎知識が要求され、実務的には著作物利用の実態、慣行等に通じていなくてはならない。

しかし、著作権関係者はことさら専門的な特殊用語を用い過ぎ、また中間の論理や説明を省略して、著作権をいっそう難しいものに仕立てているような気がする。専門家同志の話ならそれもよいが、一般の、著作権について特別通じていない人に対しても日頃のくせが出て、溜息をつかせ、別世界のことと思わせてしまう。この傾向は論文の類になるといっそう著しくなり、本紙掲載のものでも時に書いている人は分っているのかしらと思うほど難解なものにぶつかることがある。

そういう私自身、最近、ある講習会で二時間ほどの話の後、質問を受けたところ、中心テーマに直接関係のある単語の意味を聞かれ、その人に対しては二時間の話が殆んど無意味だったことを知らされた経験をしたばかりである。

著作権が、ごく限られた人達だけのものでなく、広く国民の間に理解され、これを尊重する思想が普及するためには、関係者の努力により、著作権をできるだけ分りやすいものにする（少くとも必要以上に難しくしない）必要があると思う。

著作権人語
磨り減り

『コピライト』No.166, Volume14, Number10, 著作権情報センター
昭和50年1月

東京地裁のように著作権専門の部を持っているところは別として、多くの裁判所では著作権事件を持ち込まれると、今日でも担当の判事が著作権の勉強を始めるなど苦労が多いようである。しかし、さすがに最近は、少し首をかしげる位のはあっても、とんでもない判決は見受けない。著作権思想が多少なりとも普及し、それが裁判所にも反映しているのであろうか。

この間まで著作権の仕事をしていた同僚のO氏は、著作権関係の文献蒐集に非常に熱心でよく貴重なものを見付け出してくるが、そのO氏から一昔前の法廷での著作権に関するやりとりを書いたものを見せてもらった。当時の判事（の一人）の著作権に対する認識の程度が分って大変面白かった。

弁護士山下博章氏が「近きより」という雑誌（多分昭和12年6月号であろうと推測される）に「法廷の内外」と題して書いた随筆で、その部分に「磨り減り」という小見出しが付されている。これによると、楽曲の無断演奏禁止の仮処分申請をしたところ、演奏会が迫っているのに、判事は一向に裁判をせず、無断演奏により損害が発生することの疎明を求めたり、侵害されてから損害賠償請求をすればよいのではないかといったりした後、元来楽曲の著作権などは一度や二度侵害されたからといって磨り減るものではないでしょうといったというのである。

今はこういう判事さんはいないだろうが、一般国民の著作権に対する認識はおそらくこの域を出ていないように思う。著作権思想の普及を進めていくに当たっても、この点を十分ふまえておかないと、一人よがりのものになってしまうであろう。

なお、前述の判事の見解に対する山下氏の反論が傑作なので、次に引用しておく。「私はもう我慢がならぬと思った。そして……『貴方にお尋ね致したい。貴方の所へ女房が他人から暴行されさうだとかされたとか言って訴へ出た者があった場合に貴方は一度や二度で磨り減るものではないから我慢しろと仰言るのですか』と詰め寄った。」

『コピライト』No.167, Volume14, Number11, 著作権情報センター
昭和50年2月

著作権人語

権利主張と著作権思想の普及

著作者（権利者）と著作物の利用者（使用者）とは、利害が相反する。使用者にとっては著作物の利用行為に権利が働かない方が都合がよく、権利が働いても使用料が安い方が助かる。権利者にとってはいうまでもなくこの逆である。

著作権法は、著作権を保護することを第一義としつつも、これら両者間の調整を図っているが、諸外国の場合、その規定内容は権利者と使用者との血みどろの権利闘争の結果得られた成果である場合が少くなく、また、これが国際舞台の上で激しく論争され、妥協のついたものが条約に結実する。従って、条約の条文の解釈に当たっても条文化された背景や議論の内容・経過を理解しないと正確を期せないことになる。

ところで我が国の場合、明治三十二年の旧著作権法の制定自体が主として治外法権撤廃の引き換えという外的要因によっており、その後の権利拡充の改正も、見方によっては、多くの場合、権利者が自らの力で権利を獲得したというよりも、新しい改正条約加入のためにすでに国際的に出来上がったものを取り入れるという形でなされた。

我が国の権利者の権利意識が全体としては低く、権利を主張することが何かいけないことのように思っている傾向があるのは、日本人の性格もあろうが、何かこのことと関り合いがありそうな気がする。

著作物は利用されて始めて意味があるものであり、その利用が出版、放送、レコード等の企業的利用であっても最終的な享受者は一般国民であるから、著作物の円滑な利用の障害になるような行き過ぎた権利主張は、著作権法の目的である「文化の発展」を却って阻害することとなり、慎むべきであろう。しかし、その辺の節度を保ちつつする当然の主張は、使用者、とくに日頃著作権のことなど全く意識せず知らず知らずのうちに著作権侵害を犯している一般の人に著作権に関心を抱かせ、著作権尊重思想を普及することになると思うがどうであろうか。

著作権人語
「ホウ」か「ポウ」か

『コピライト』No.168, Volume14, Number12, 著作権情報センター
昭和50年3月

文化庁主催の著作権講習会では、最終日に受講者から前日に提出された質問、疑問を中心に質疑応答を行うという日程を組んでいる。

最近のある講習会で、著作権講習会よりも国語講習会で聞いてもらった方がよいような質問が提出された。講師（私）は「著作権法」を「チョサクケンポウ」と発音しているが「チョサクケンホウ」というのが正しいのではないかというのである。

私自身特別の理由や根拠があって「ポウ」といっているわけではなく、何となく以前から「ポウ」と発音しているに過ぎないので、改めて聞かれてみると長い間気がつかないで大変な間違いをしていたのかなと思ってギクッとした。だが、「刑法」は「ケイホウ」というが、「憲法」は「ケンポウ」であり、「民法」は「ミンポウ」だぞと思ったりもした。

そこで、同じ文化庁の国語課へ行って文献を借りて読み、専門家にも聞いてみるとこれが大変に難しい。的確に再現できないが、専門家の解説によると、発音（読み方）の場合どちらが正しいかはどちらが一般に使われているかによる、「日本」が「ニッポン」か「ニホン」かでは1冊の本がある位である、「法」の場合通常は「ホウ」であろうが直前に「ン」の音がくると音便上の変化をする場合が多く、これを何とか変化という、「著作権法」については「憲法」、「民法」と同じく「ポウ」でさしつかえないが、「著作権」という単語と「法」がくっついたともいえるので「ホウ」でもよかろうというのである。要するにいずれも正しいという結論であった。

以後安心して類似の例（「新法」、「民放連（日本民間放送連盟の略称）」）とともに「ポウ」を連発しているが、もう一つ気になっているのがある。どうも少数派のようだが「著作権者」を「チョサクケンジャ」というのがくせになっている。いずれ研究成果を発表したいと思っているが、目下のところは「亡者」は「モウシャ」といわないではないかというのが唯一の根拠である。いずれにせよ、国語問題も著作権問題に劣らず難しいもののようである。

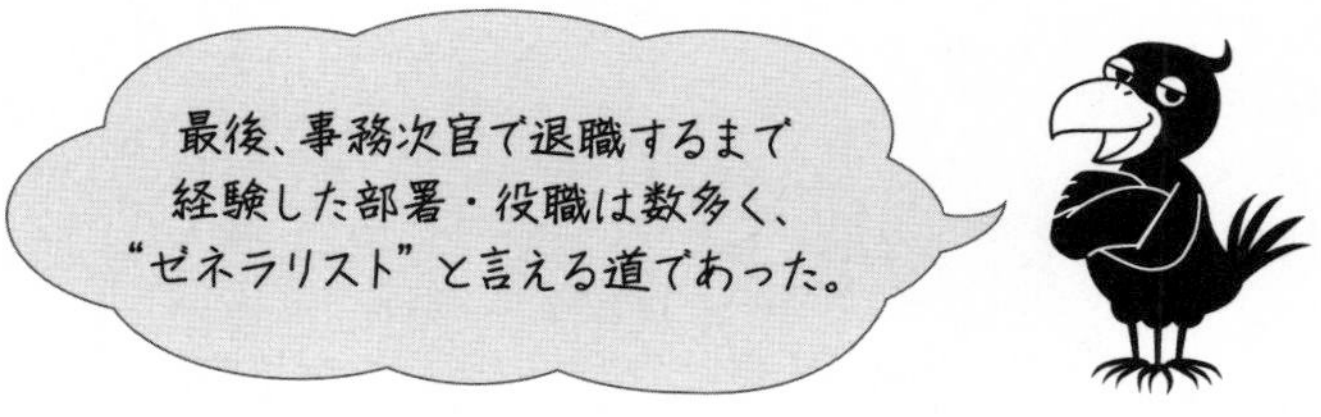
最後、事務次官で退職するまで
経験した部署・役職は数多く、
“ゼネラリスト”と言える道であった。

地方課の二年五か月を振り返って

『教育委員会月報』No.400，第一法規，昭和58年12月

私が地方課長として在任したのは、昭和五四年七月から五六年一一月までの二年五か月である。鹿児島県教育長から就任したので、地方の教育行政担当者の苦しみ、悩みを共に分ち合う気持ちで仕事に当たろうという抱負を持っていた。上司、部下に恵まれ、大変幸わせだったが、次から次へと生じてくる課題の処理に追われ、あっという間に過ぎ去ってしまったという感じである。

今回月報編集子からその間を回顧してほしいとの依頼を受けて改めて振り返ってみると、わずか二年前のことであるのに、生来の記憶力不足のせいか、その記憶がかなりあいまいなものになっているのに驚いた。手許にある若干の資料に当たるにしてもとても体系的記述はできそうもないが、中途半端なものになることを覚悟して、以下在任中処理に当たった主要な事項について述べてみたい。

思い出風に水面下の動きなどの裏話を中心に紹介できると面白いのだが、未だ時効になるほど時日が経過していないので、残念だがその面は割愛せざるを得ない。

教員の週休二日制

課長就任直後の五四年八月一〇日、人事院から、国家公務員について当分の間四週五休方式を基本とする週休二日制を実施せよという趣旨の勧告があった。ただ、この基本により難い職員については弾力的運用ができるものとし、勧告の説明で研修教育部門の職員については、「夏冬等の時季又はその他の比較的休み易い日時に休む方法等について考慮する」こととされた。

この日から、国家公務員の週休二日制を定めた「一般職員の給与に関する法律の一部を改正する法律」（五五年一一月二九日公布）の規定に基づき、国立学校の教職員の週休二日制の取扱いに関する文部省訓令が定められた五六年三月末まで、校長会、ＰＴＡ関係団体、日教組その他の職員団体等から、教員の週休二日制はいかにあるべきかをめぐって、それぞれの立場から意見、要望が出され、文部省との間で激論が戦わされた。

日教組は、土曜日に道徳や特別活動を集中するなどすれば四週五休方式でやれるといった内容の試案を発表し、槇枝委員長も土曜日をノーカバンデーにしたらという提唱を行った。さらに、夏季休業期間中等にいわゆるまとめ取りをするのは研修権の侵害であるという主張もなされた。校長会は四週五休方式での実施に慎重な態度を示し、PTA関係団体も子供の教育がおろそかにされるのは困るという立場だった。

週休二日制は教職員の勤務条件に関することであるのはもちろんであるが、同時に学校教育のあり方の基本にかかわる事柄である。日教組の主張は、主として教員の立場だけから考えられており、児童生徒に対する望ましい教育課程の編成実施という視点が欠落しているといわれても仕方がないものであった。研修も児童生徒により充実した教育を提供するためのものであるから研修権侵害の主張も説得力がなかった。

文部省は、教職員の勤務条件の改善には配慮しつつも、この週休二日制がいわゆる開庁方式（学校でいえば学校六日制）を前提としているので、公立学校では試行すらできなかった状況、教育課程の円滑な実施、教員・施設設備の状況、国民の学校教育に寄せる期待など諸般の事情を総合的に勘案すると、少なくとも当面は、四週五休方式では実施できないという立場に立たざるを得なかった。

こうした議論を経、教職員の週休二日制は、都道府県教育長協議会のとりまとめた結論もふまえて、夏季・冬季等の長期休業期間中にいわゆるまとめ取りする方法で実施することになり、人事院の承認を得て国立附属学校の取り扱いを定め、公立学校もこれに準ずるよう通知を出す運びとなった。これから後は都道府県における条例制定問題に課題が移っていったのである。

中野区教育委員の準公選

東京中野区のいわゆる教育委員準公選条例は、五三年一二月同区議会で可決され、地方自治法上の再議、都知事の裁定等を経て、翌五四年五月公布された。文部省では、当初から、本件条例は、地教行法の規定に違反する内容を持ったものであり、また教育行政の政治的中立性の点で地教行法の趣旨に反するものであるという見解を公表していたが、これを実施させないための有効な手だてが制度上ないこともあって、区民投票が現実に実施された五六年二月までの間、東京都教育委員会を通じて中野区に適切に対処するようあらゆる機会をとらえて指導を続け、また行政的にはそれにとどまっていた。

しかし、この間、地方課では、中野区の動きについての情報収集、マスコミ、関係諸団体への対応等に忙殺されていた。というのも、中野区での動きは、専門委員による投票方法等の検討、五五年度当初予算で区民投票経費の減額修正、条例内容の改正、候補者の擁立等々複雑であり、しかも区議会各派の思惑が入り乱れていたため、非常に分かりにくい展開を示しており、マスコミはこれを連日の如く大きく報道していたからである。

マスコミの報道の殆どは、これこそ地方自治、住民自治の原点であるとして準公選を賛美、支援する立場からのもので、これが区議会の動向に大きく影響を与えたことは否定できない。私自身も悪代官役みたいな形でしばしば新聞、テレビに登場させられた。前述の文部省見解のほか、地方自治という耳ざわりのよい言葉が先行するムード論を批判し、準公選は立法論であって、かりに気にいらない法律でもその枠内で物事を進めるのが法治国家の基本的ルールではないかなどと述べたが、その部分は殆どカットされてしまうような状況だった。

区民投票の日が近づいてくると、文部省がいまだかつてやったことのない地教行法の規定に基づく措置要求を行うかどうかが主としてマスコミで注目され出した。地方課内部では、あらゆる場合に備える役所の常として、地方自治法との関係、措置要求の要件、時期、方法等について事務的な研究は行っていたが、解釈上どうもできそうもないという結論になりかかっていた。しかし、措置要求の効果等を考えて、方針としては当初からこれを行うつもりはなかった。

マスコミの報道ぶりから、準公選が他の都道府県、市町村に波及することを心配して、その違法性等について周知することにも意を注いだが、杞憂に終わったのは幸いだった。中野区を視察しに行った市町村もあったようだが、政党間の激しい対立や取引、区民投票後の教育委員会運営の実情をみて、とてもとり入れられるものではないとの印象をもって帰ったという話も耳にした。

ただ、私は、この準公選問題の処理に当たっていて、中野区が提起した教育行政と住民との関係

地方課の二年五か月を振り返って

国分正明

私が地方課長として在任したのは、昭和五四年七月から五六年一一月までの二年五か月である。鹿児島県教育長から就任したので、地方の教育行政担当者の苦しみ、悩みを共に分ち合う気持ちで仕事に当たろうという抱負を持っていた。上司、部下に恵まれ、大変幸わせだったが、次から次へと生じてくる課題の処理に追われ、あっという間に過ぎ去ってしまったという感じである。

今回月報編集子からその間を回顧してほしいとの依頼を受けて改めて振り返ってみると、わずか二年前のことであるのに、生来の記憶力不足のせいか、その記憶がかなりあいまいなものになっているのに驚いた。手許にある若干の資料に当たるにしてもとても体系的記述はできそうもないが、中途半端なものになることを覚悟して、以下在任中処理に当たった主要な事項について述べてみたい。

思い出風に水面下の動きなどの裏話を中心に紹介できると面白いのだが、未だ時効になるほど時日が経過していないので、残念だがその面は割愛せざるを得ない。

（112）

については、教育委員会、とくに市町村教育委員会の関係者は一つの警鐘として受けとめるべきであると率直に感じた。つまり、教育行政が住民から遊離することがないよう、今まで以上に例えば広報広聴活動を活発に行って住民の意思をくみ上げ、同時に教育行政の実情について理解を深めてもらう努力をすべきであるということである。

定年制の実施

地方公務員の定年制については、過去三回国会に提案され、いずれも審議未了廃案となっていたが、五四年九月、総理府総務長官あてに、国家公務員の定年制に関する人事院の見解をまとめた総裁書簡が提出され、この見解を参考にして国家公務員、地方公務員の定年制について総理府を中心に関係省庁の間で法制化の検討が進められ、五五年三月、国家公務員法一部改正案、地方公務員法一部改正案として国会に提出された。

この両法案は、その後、審議未了廃案、継続審査の運命を経て、国家公務員法一部改正案は五六年一一月、地方公務員法一部改正案も同年一一月それぞれ成立した。いずれも一般職の常勤公務員について原則として六〇歳を定年とするというのが主な内容であり、六〇年三月三一日から施行されることとなった。定年制の本来の目的、趣旨は別として、各県の人事担当者が長年苦労してきた退職勧奨という仕事から解放されることを考えるとやれやれよかったというのが偽らざる感じであった。

公立学校教職員の退職勧奨年齢は多くの県ですでに六〇歳になっており、他の県においても六〇歳に引き上げる形で推移してきているので、定年制の実施に当たっては全体としては大きな混乱は生じないと見込まれていた。しかし、六〇年度以降の教員採用等を円滑に実施するため、とくに六〇歳に達していない県にあっては、今から十分な準備をしておくようにと、法案が国会に提出された時点から全国人事主管課長会議などで、くどい位指導した記憶がある。

国会等で問題になったのは、むしろ関連して勧奨年齢に男女差がある県のことであった。五五年度末で、小・中学校では九県、高校、特殊教育諸学校では一〇県あった。文部省では、女子であることのみを理由として男子と差を設けることは適当でないという指導を行って来て、ここまで減ってきたのであるが、教職員定数等の事情から一挙に解消できないで残っていたものである。定年制実施までの経過的な存在ではあるが、早期解消に向けての努力を期待した次第である。

主任制の全県実施

主任の制度化は、五三年中に東京、神奈川が実施し、五四年当時は京都、大阪、沖縄の三府県が未実施であったが、このうち、京都が五五年四月一日、大阪が同年五月一日実施となった。残る沖縄も同年一〇月に県立学校について学校管理規則を改正したが、その実施を事実上凍結するという紆余曲折を経て、五六年四月一日凍結を解除し、これで全都道府県で主任制が制度化され、これからは調和のとれた学校運営を図るという主任制の趣旨にそった制度の定着が課題となっていった。

これらの前後から、日教組は主任制の形骸化を図るとして主任手当拠出闘争を強化し、拠出闘争は主任手当支給の趣旨に反するという文部省の都道府県教育委員会等に対する指導にもかかわらず、日教組発表等によって手当支給総額の約二〇%程度が拠出されたようで、遺憾なことであった。

教員研修予算

五五年度予算が地方課長として初めての予算編成であった。前年度新規事業の教育研究グループ補助の拡充は実現したが、財政事情から毎年度少しずつ予算が縮減されてきた教員海外派遣事業が大蔵省の第一次内示で五〇%減という大ピンチに見舞われた。国際性を身につけ、視野の広い教員の育成に寄与している派遣事業を半減するとは何事かという気持だった。思いは同じ教育関係団体の熱い支援を得て、財政当局はじめ関係方面に精力的にその効果について説明して回り、最終的には五%減の約一二億円が確保できたときは本当にホッとした。

しかし、すでに顕在化していた未曾有の国家財政悪化の事情の下、五六年度教育研修関係予算についても若干の縮減を余儀なくされたことは、やむを得ないこととはいえ、教員研修の重要性を思うと残念なことであった。

紙数が尽きてしまったが、在任中のこのほかの出来事などを挙げてみると、統一労組懇に加盟した都教組の査問問題等で主流、反主流の対立が頂点に達し、ヤジと怒号の大会とマスコミから評された日教組岩手大会、任命制教育委員会制度下における教育行政を告発するという教育行政白書運動、四九・四・一一ストに係る東京地裁の槇枝委員長有罪判決、数度にわたる日教組と文部大臣との会見などがあり、国会で質問対象となった主なものとしては、週休二日制など前述したもののほか、東大阪市小阪中事件、東京都の教員人事異動方針、小樽教育正常化問題、公立学校における外国人任用問題、都道府県教育長の任命承認の際の面談問題等がある。

（大臣官房会計課長）

『教育委員会月報』No.500, 第一法規, 平成4年4月

二人の女性教師
教育委員会月報五〇〇号によせて

私が地方課長在職中関係した主要事項は本月報四〇〇号記念号の「地方課の二年五か月を振り返って」に述べておいたが、当時は検討中で具体化は地方課を離れてからであったので、そこでふれていないことがある。それは養成、採用、研修の各段階を通じての教員の資質向上策である。文部省と都道府県教育長協議会とが一緒になって調査研究を進め、同時に与党自民党もプロジェクトチームを作って検討していた。採用と研修については、昭和五七年五月三一日付け初等中等教育局長通知「教員の採用及び研修について」となって一応の結実をみた。このうち採用については、内定時期の早期化などもあったが、学力をみるペーパーテストに偏りがちな採用試験を反省し、教員の資質として必要な、使命感、情熱、意欲といったものを何とか把握し、試験結果に反映する工夫はないものかというのがメーンのトーンであった。

　今回月報編集子から教育関係のことを随想風に何か書けという依頼を受けたので、これに関連し、個人的に係わったことで誠に恐縮だが、二人の女性教師について述べてみたい。

◇　◇

　二月中旬の日曜日、友人O君の長女K子さんの結婚披露宴が行われた。新婦K子さんは東京の公立中学の英語教員で、新郎は同じ中学の数学教員である。同僚教員達の愉快なスピーチの後、新婦が担任のクラスの生徒達が合唱を聞かせてくれた。一生懸命歌っている生徒の姿に新婦は嬉しさで涙ぐんでいたし、私も先生と生徒との間の心の通いを感じた。後日O君は出席御礼の手紙をよこし、その中で、娘からは生徒指導の難しい学校で先生方は大変苦労していると聞かされていたので心配していたが、出席した先生方の明るさに救われたし、生徒の合唱には感動した、娘を教師にして本当によかったと述べていた。

　O君は私とは碁仇ということもあって学生時代から今日まで特に親しくしてきたが、私が披露宴出席の案内を受けたのは、それだけでなく若干の事情があった。

一昨年の夏、O君から相談したいこともあるので久し振りに碁を打たないかとの誘いを受けた。碁のあとの食事中受けた相談とはおおよそ次のようなことであった。長女K子は大学卒業後多くの学生があこがれる超一流会社に就職して一年数か月になり、あとは良縁を得てほしいというのが親の願いであるのに、突然教員になりたいといい出した。苦労は多いと思うし、四月を過ぎて第一時期遅れではないか。君の仕事の領分に係ることでもあるので意見を聞きたい。親の気持ちとして分からないことはないし、半分以上は覚悟をしつつも消極的な返事を期待している風でもあったが、そこは冷静かつ第三者的に、娘の人生を親が決めるわけにはいかない、責任を負うのは本人なのだから本人の選択に委すべきだ、試験合格の資格は一年間有効なのが一般的だ、一度娘さんの話を聞きたいと返事した。

数日してK子さんが私の部屋をおとずれた。その話は次のようなことであった。自分は小さい時から学校の先生になりたかったが、父の強い勧めで自分の希望がいえないまま今の会社に入った。仕事に不満があるわけではないが、前からの夢が忘れられず父に内緒で教員試験を受けた。会社を一年でやめるのは会社に迷惑をかけるし、父にも申訳ないと思っていたが、一年以上経ったので、どんな苦労、困難があっても是非子供の頃からの夢を実現させたい。年度途中なので難しいかもしれないので、来年度の試験も受けるつもりである。親の話とは違い、親思いの、そして教育に対する強い意欲と夢を持ったK子さんであった。

翌年度の試験にも合格したが、幸い年度途中に空きが生じてK子さんの念願が叶い、予定外の生涯の伴侶も得たというわけである。K子さんはまだ経験が浅く教育指導技術といった点では未熟であろうが、教職に対するひたむきさがある限り素晴らしい先生に成長していくであろう。

◇　◇

昭和五一年五月鹿児島県教委に赴任し、小学三年の長男も地元の公立小学校に転学した。その担任は中年女性のT先生であったが、そのうちT先生の教育指導の熱心さに驚かされるようになった。

一例をあげると、通常の宿題とは別に、クラス全員に日記を書くことを課していた。日記だから毎日返してくれるのだが、必ず朱筆で一言、二言感想が書かれてあった。時間的にみてその殆どは昼休みに行うしかないはずで、毎日々々クラス全員の日記に目を通し、若干の感想を記し、必要な指導を行うということは大変なことである。夏休みになると、何人かずつ交代で自宅に泊まり込みの招待をした。子供は単純に感激し、大喜びだったが、先生はそれによって子供との信頼関係を確立し、夏休み中の生活指導をそれとなく行っていたに違いない。

立派な先生だなぁと思って人事担当にそれとなく聞いてみると、T先生は一年間の期限付講師であるという。当時鹿児島県は児童生徒が毎年大幅に減少していたため、教職員定数について最低保障制度の適用を受けていた。しかしそれは恒久的な制度でないため、やむを得ず相当数の期限付教員を採用していた。T先生は同僚教師と結婚して家庭に入ったが、最近ご主人が亡くなり、子供を抱えて経済的にも大変だろうとご主人の友人達が骨折って未亡人を期限付の形で職場復帰させたのだという。

これを聞いてまたびっくりである。自分の子の養育、恐らく楽ではないであろう経済事情、それだけでも容易でないのに、平たくいえば臨時雇の身でありながら、正規の教員も及ばぬ熱心な教育指導と教職への打ち込みにはただ々々頭の下がる思いであった。子供心にもそれは分かったのであろう、長男は今でもT先生と年賀状の交換を行っている。T先生はかつて教職の経験があるとはいえ、しばらく現場を離れていたので教育専門家からみれば不十分な点が恐らくあったであろう。しかし、それを補って余りある使命感と情熱が感じられたのであった。

◇　◇

今日克服すべき様々な課題を抱えつつも、全体としてみれば国際的にも評価される初等中等教育が築かれている。明治以来、先輩達が教育制度、教育条件の整備、教育内容、教育方法の改善等に力を入れてきた結果であろう。しかし、何にも増して大きな理由は、使命感に燃えて日々の教育指導に当たってきた優秀な人材が教育界に確保されてきたからではないかと私は思う。まさに「教育は人なり」である。近年においても、昭和四九年のいわゆる人材確保法の制定、最近の免許制度改善、初任者研修制度の創設など、教育界に優秀な人材を確保し、その資質を向上させるための行政的努力が続けられている。

教員には専門的職業人として深い専門的知識と優れた教育技術が要請されるのはもとよりであるが、何よりも重要なのはそれを支える豊かな人間性、使命感とか情熱といったものではないかと思う。ペーパーテストでは中々計れない性質のものであるから容易ではないと思うが、そういった人材の発掘、確保について各県人事担当者の継続的な努力を期待したい。

『教育新聞』4面，昭和57年6月10日

中国教育印象記

徹底したエリート教育 原級留置、飛び級も
重点学校制度を採用

四月中旬、私は長春市（吉林省）にある赴日留学生予備学校の実情調査を主目的に訪中する機会を得たので、その見聞したところを以下に述べてみたい。

長い歴史、広い国土、十億を超える国民を有し、日々発展している中国について、わずか十一日間の、それも北京、長春、上海のみの滞在で印象とはいえ述べることは、皮相的、一面的なものや理解不足の点がある恐れなしとしないが、読者の中国理解の一助のため少しでも情報提供できればと思う。日中国交正常化以来いろいろな分野で交流が活発になってきたとはいえ、マスコミ媒体からのものを含めて一般に情報不足のため、我々の多くは、一衣帯水の隣国の実情について、地理的にはより遠い欧米諸国についてよりも知らない面が多いのではないかとも思うからである。

経済発展に全力

結論を先にいうと、第一に、多くの人口をかかえ、一人ひとりの生活は日本に比べまだまだ非常に貧しく、指導者層はその克服のため経済その他の発展に全力を傾注しているということである。この点についての中国に関するいままでの新聞報道等が、ややもするときれいごとにすぎるものが多かったせいか、想像以上のものであった。第二に、教育関係についていえば、徹底したエリート教育、思い切った人材養成政策の採用ということである。

北京をはじめどこへ行っても朝早くから夜遅くまで人また人の群れである。それも男女を問わず同色の質素な人民服の人がほとんどなので独特の雰囲気で、ひときわ人が多いなあとの印象を受ける。また、土木工事現場にも、街路樹の手入れにも、ホテルのフロントにも、日本の感覚でいえば半分か三分の一で足りると思われる多数の労働者が配置されている。

社会主義国であるから、失業者は出せないし、少なくとも生活するだけのものは保障する必要がある。一方、人口は多いし、男女平等の原則に基

づいて共働きがほとんどなので、多数の人民に平等に職を与える結果そうなるのであろう。必然的に、限りあるパイを多くの人で分け合うため一人当たりの賃金が月七千円程度となる。物価は安く安定しているとはいえ、生活は当然豊かでない。北京の大通りに面している民家でもレンガを積み上げただけの狭い家で、一般的には風呂はなく、便所も共同である。デパートで扱っている品物も、外国人専用のフロアーを除いて、品質のあまり上等でない日用雑貨品がほとんどで、ちょっとぜい沢なものは一般の人びとでは手が出ないくらい高い。食料品も例えば野菜などはタダみたいに安く食うには困らないが、収入を考えると質素なものにならざるを得ない。余談だが、先ごろ話題になった中国残留孤児が、日本の肉親などから中国の人にとっては大変な金額の金品を贈られ中国に戻ってからすっかり人が変わって養父母と折合いが悪くなったり、地域から批判されるような問題行動を起こしたりしているケースがあるという報道があったが、十分理解できる話である。

厳格な規律守る

しかし、清掃労働者が朝早くから清掃に努め、大都市では犬を飼うことを禁じるなどして街は清潔であり、浮浪者なども見かけない。また、規律が厳格で、周囲が同じように貧しいためか、犯罪も少なく、治安は保たれている。娯楽施設は若干の映画館ぐらいで、いわゆる夜の繁華街などもない。テレビの普及率は低いし、一般の人びとが自由時間をどのように過ごしているのか、とくに今後生活水準の向上などによってどう変化するのか気になった点である。

中国政府は、人口増を抑えるため、結婚できる年齢を引き上げるとともに、晩婚、計画出産（一子）を推奨し、二子以上を産むと経済的なペナルティを科すなど、その対策に懸命である。また、農業、工業、科学技術及び国防の社会主義的現代化、いわゆる四つの現代化を図るため、国民経済発展の十カ年計画を策定するなど各般の施策を推進している。北京市内でも、従来の民家が取り壊され、近代的なアパートの建設などが進められていた。

文化大革命中平等主義の観点から廃止されていた能率給を、「四人組」追放後復活させ労働意欲の向上を図っているが、余り徹底させると所得格差が拡大し体制の存立まで影響しそうだし、中国ではすべての事業が国公営であるため、組織として生産性の向上、合理化に努めるという民間的作用が余り期待できない点も今後の課題であろう。

強い学生の使命観

教育制度も、当然のことながら、以上述べてきたような実情と深く係わり合っている。

四つの現代化を実施していくためには有能な人材の養成が急務であり、それを効率的に実現するため、重点学校制度が採用されている。数パーセントの大学進学率ではあるが、それでもすべての高等教育機関を等しく整備するには莫大な財政負担と時日を要するということで、重点大学を定め、人的、物的資源を集中的に投資している。

中国滞在中訪問した北京の北京大学、清華大学、長春の東北師範大学、上海の交通大学、紡績工学院は、いずれもこの重点大学で、前二大学はさらに最重点大学に指定されている。学生は全国統一入学試験（競争率は物凄く高い）の合格者から成績に応じて大学が選抜する仕組みなので、前述の大学などには全国から最優秀の者が集まっている。北京、清華両大学では、図書館を視察する機会を得たが、試験シーズンでもないのに、そこで勉強している学生の姿は、一面ゆとりのない感じはしたものの、日本の学生からは考えられないくらい国家発展の担い手になるという使命感とエリート意識に燃え、真剣そのものであり、大学当局もそれを当然のことと考えていた。

50人の学級編成で

この重点学校制度は、初等・中等教育にも適用されており、各地から能力の優れた子どもを集めてエリート教育を行なっている。今回の訪中では、目的が別のところにあったので、小・中学校は東北師範大学附属の小・中学校だけの視察にとどまったが、両校とも附属だけあって重点校中の重点校のようで、とくに中学校（六年制）は大半の生徒が全国統一入学試験に合格して大学に進学するというから平均進学率からみてその位置づけが理解できよう。

教育も東北師範大学卒の特に優秀な教員が配置され、施設整備も一般の小・中学校に比べて数段恵まれているようであるが、教材教具などは一昔前のものがいまなお大切に利用されていた。学級編成は校長先生の話によると五十名とのことであった。中学校の数学の授業を参観したが、たまたま合併授業だったのか百名ぐらいの生徒が拍手で迎えてくれた。

特徴的なことは原級留置措置が厳格に実施されており、同時に優秀な者には思い切った飛び級をさせていることである。ローティーンの大学生がいるという話を何かで読んだ記憶があるが、この両校でも小学校で一年、中学校で二年飛んだ者がいるそうである。ただ、小学校の校長先生は、基礎教育の段階で飛び級をさせるのはあまり賛成できないようなことを述べておられた。

特級教師の称号も

教員の給与待遇については、質問を差し控えたが、帰国して文献で調べてみると、一般労働者に比べても低いくらいで、ただ優秀な教員には特級教師の称号が与えられ、特別の追加給与が支給されているとのことである。

このような、国家の建設発展に役立つ人材の養成という一定の方針の下でのエリート教育は、悪平等との指摘さえ出ているわが国の教育についてさえ、差別選別の教育と非難する一部の教職員組合なら腰を抜かしそうな実情だが、知育偏重、進学競争、立身出世主義の助長等の指摘を受けつつも、中国の現実の必要から生まれてきたものであることは間違いない。

私もわが国の教育が戦後一貫してとってきた平

等主義、児童・生徒一人ひとりの能力の可能な限りの開発といったことの必要性や意義は認めつつも、落ちこぼれ、伸び悩みが指摘されている現状をみ、また、人間一人ひとりは多様な異なった能力をもっているものであることを考えると、今後は、わが国においてももう少し憲法にいう「能力に応じ」た教育に意を用いるべきではないかとの感を強く抱いた。

体制の違い超えて

全体の印象としては、スケールの大きさをあげることができる。国土の広大さと無縁ではないと思うが、万里の長城、明の十三陵、故宮博物院（明、清両朝の皇城）、革命後では人民大会堂、建造物一つをとっても、何事か始めるととてつもないものを完成させる。国の総合的な力といったものは、発展途上にある現在でも日本など到底及ばない並々ならぬものがあるという感じである。

教育、学術、文化面を含めて、今後中国との交流はますます盛んになっていくであろう。中国側も、少なくとも私の接した人たちはそれを期待していた。そのためにも、中国を単に賛美し、あるいは単に批判するということではなく、体制の違いは違いとして、その実情について客観的かつ冷静に認識する態度がいっそう必要となるであろう。そうでなければ、真の交流・協力は成り立たず、お互いの長所に学ぶということもできないからである。そのことをつくづく感じた訪中であった。

末尾ながら、中国滞在中行き届いた配慮をいただいた中国政府教育部（文部省）その他関係当局の方々、とくに終始随行してくれた教育部外事局の王行虎氏に紙上を借りて感謝の意を表しておきたい。

『私学経営』No.131, 私学経営研究会, 昭和61年1月

年頭の随想　K理事長の初夢

「やっとのことでここまできたな。」二十一世紀も間近の一九九×年、新年初出勤のK理事長は、質素な執務室でコーヒーをすすりながら満足気につぶやいた。

思えば苦闘の連続であった。一九八五年の夏、K学園の創設者である父から理事長を引き継ぎ、自分なりに学園の現状を分析してみて事態の容易ならぬことに気付いた。これまでも理事ではあったが、東京の某大学で国文学を講じるのに専念していたのでこれほどの状況になっているとは知らなかった。

まず、設置するT大学への入学志願者は年々減少し、定員割れ寸前だった。学部、学科も時代の要請や地元企業の需要とも合っていないため就職状況も芳しくなく、そのため入学する学生のレベルも低下しつつあった。その上、T大学の所在地であるT市及びその周辺は十八才人口の全国的な急増期においてもそれほど増えず、その後の急減期には一人前に減るという状況にあった。附属高校も、三年早く来る十五才人口の急減期を控え、県の公私立高校連絡協議会で公私立高校の間口調整の議論が行われているが、利害が対立して容易にまとまらず前途は楽観を許さない。

頼みの私学助成も文部省は最重点事項として力を入れてくれているが、国家財政の危機的状況から年々抑制され、少なくとも、ここ数年は拡充について大きな期待は持てそうもない。それどころか公益法人に対する課税強化の動きすらある。

また法人内部をみると、父のワンマン経営だったため、理事諸君もイエスマンが多く、建設的な提言や苦言をいってくれる人が少ない。諸規定類も未整備だし、会計処理も不正はないようだが個人企業の如き観がある。近年の父は高齢のため頑固になって、学長以下の教学サイドともきしみが目立つ。労使関係も悪化しており、それでいてベースアップを安易に行うため周辺に例を見ない高賃金体系となって経営を圧迫し始めていた。

悪材料ばかりの中で投げ出したくなるような気持ちをやっと抑え、父が私財を投じ精魂込めてここまで築いた学園だ、めったなことでつぶしてはならない、やれるだけやってみようと決心し、できるだけ多くの人の意見を聞き改革に着手した。第一

に内部体制の確立であり、第二に時代にマッチした学部学科への転換、特色ある教育の展開であった。

まず、理事、評議員に、K学園に理解を持つ内外の学識経験者に加わってもらい、大学、学園の将来についてあらゆる角度から徹底的に議論してもらうことから始めた。教学とも意思疎通を十分にし、その意見を聞くとともに経営上の立場についても理解を深めてもらった。組合とも話し合って適正な賃金体系の樹立に努め、諸規定の整備を図って近代的な組織体としての体裁を整えた。その上で、全学の一致協力体制を訴えた。

次に、各種の調査を下に二十一世紀を展望し、時代の要請に適合した学部学科への転換改組に取り組んだ。また地域のニーズをふまえ、地域社会に開かれた大学運営を心掛けた。臨教審の個性化、多様化の提言によって大学設置基準も弾力化されたので、建学の精神を生かしたユニークなカリキュラムで特色ある教育を展開することとした。同時にそれまでのありきたりの入学試験を、新しい共通テストを利用して多様な尺度で合否判定する個性的なものに変えるとともに、推せん入学はもとより、社会人、留学生の受入れにも力を入れ、優秀で多様な能力の持主の入学に配慮した。それには就職が重要であるとの判断から理事、学長以下の教職員全体がそれぞれの立場で就職市場の開拓に全力を挙げる体制をつくった。

それから十数年、当然ながら必ずしも平坦な道ではなかった。試行錯誤をくりかえし、思いもよらぬ障害にぶつかったりもした。しかし、今日では、何とか十八才人口の急減期も無事乗り越え、この地方の中堅大学として社会、企業から高い評価を得られるまでになった。経営面も財政再建後の私学助成の充実もあってようやく安定し、教育研究条件の整備充実にかなりの資金を投入できるようになってきた。

◇　◇

「理事長、皆さんおそろいです。」――。事務局長の声でK理事長は目を覚ました。そうだ今日は昨年暮れに就任をお願いした新しい理事の方々を交えた一九八六年最初の理事会だった。K理事長は、前途に一筋の光を見たような気持ちで会議室へと急いだ。

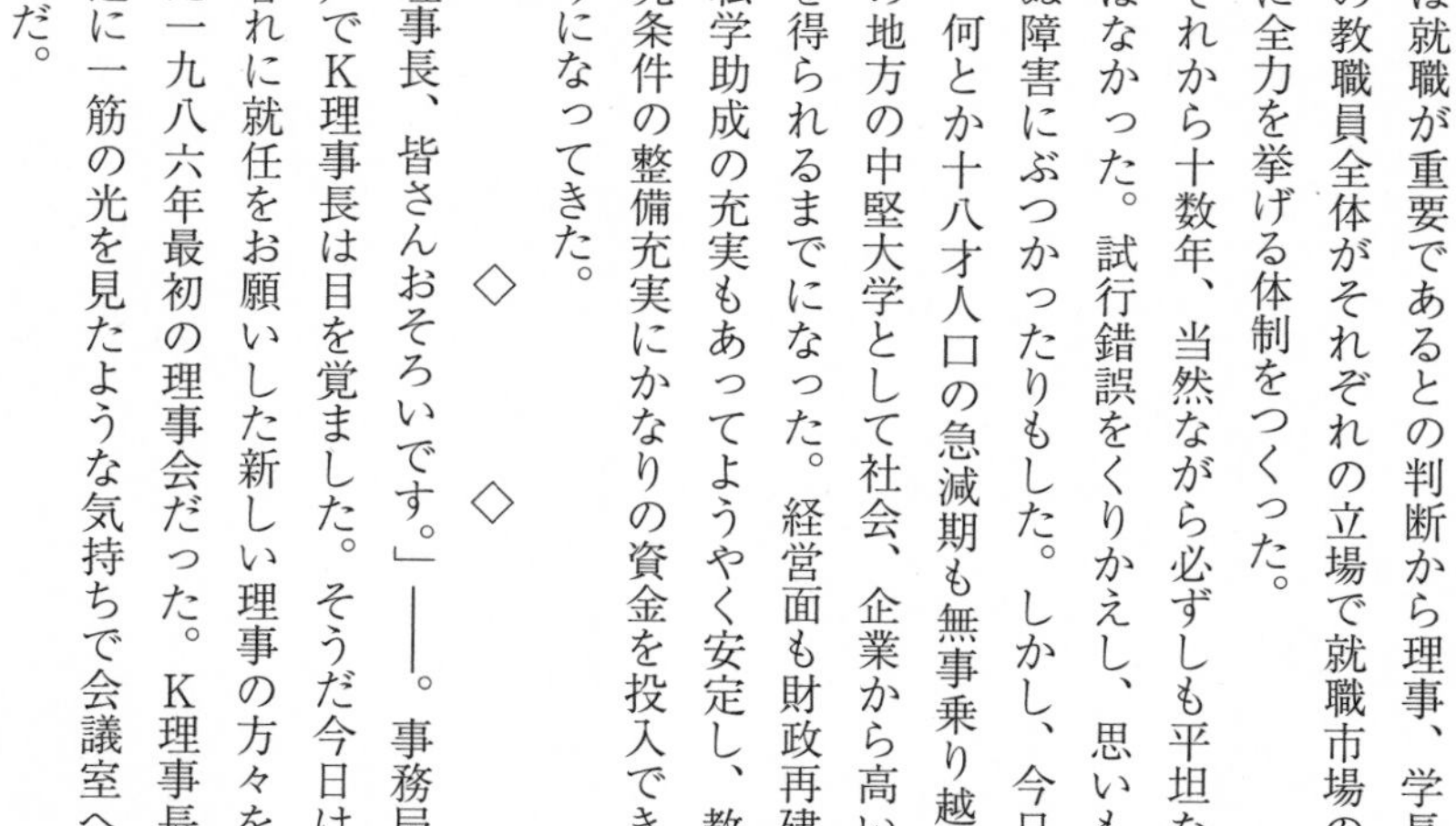
初代私学部長を務めた。
機構改革後の新設部署でまだ部長室がなく、
しばらくはプレハブ住まいだったとか。

ナショナルトレーニングセンターの完成

『向上』第1154号, 修養団, 平成20年4月1日

わが国のスポーツ界が長年切望していたナショナルトレーニングセンター（東京都北区）が完成し、去る二月二日、その竣工式が行われました。私もご案内を受けたのでこれに出席し、当日施設設備を内覧する機会を得ました。このセンターは、日本のトップレベルのアスリートが集中的、継続的にトレーニングを行うための拠点施設で、すでに昨年一月に屋根付き四百メートルトラックのある陸上トレーニング場は完成し、利用されていましたが、このたびの屋内トレーニングセンター、屋内テニスコート、宿泊施設の整備で予定していたものすべてがそろったことになります。

この屋内トレーニングセンターには、各種球技、体操、柔道、レスリング等の競技ごとの専用練習場だけでなく、ウエイトトレーニング室、二十五メートルプール、ビデオ分析などを行うコーチ室等も設けられています。平成十三年十月に隣接地に開所した国立スポーツ科学センターとして連携してわが国の国際競技力の向上を図れば、この夏の北京オリンピック大会をはじめ、各種の競技会でその成果が期待できそうで、夢がふくらみます。

この期待とは別に、この施設の完成を目の当たりにして私個人としては感慨に一入《ひとしお》のものがありました。それは、今から二十年以上も前の臨時教育審議会の答申の関係部分に私も関与していたからです。

臨時教育審議会の答申といえば、教育改革の視点として、「個性重視の原則」「生涯学習体系への移行」「変化への対応」を掲げ、今日の教育改革の方向づけをした答申として有名ですが、その三次目の答申（昭和六十二年四月一日）で、スポーツ振興策について言及し、「国立のスポーツ医・科学研究所を設置」し、また「ナショナルトレーニングセンターを併せ設置する」ことを提言しています。当時私は文部省体育局長でしたが、スポーツ界の要望を背景に、審議会委員だったサッカーの岡野俊一郎さんと協力して、審議会にその必要性を説明して理解を求め、結果としてそれが答申に反映されたのでした。

しかし、国家の財政事情からみて、また箱物行政批判等もあって、当時はとても実現できるような状況になく、そのままになってしまっていて私

でさえ忘れかけていました。それが、保健体育審議会の答申、スポーツ振興基本計画の策定等を経て、今日実現をみたというわけなのです。二十年も前に「ナショナルトレーニングセンターの設置」という種が、まいた本人も忘れていた頃、多くの人の努力によって休眠から目覚めて芽を出し、花を咲かせたのです。

　修養団は、ご承知のとおり、十数年来〝幸せの種まき運動〟を展開していますが、まいた種の中にはそのまま眠ってしまうものもあるかもしれません。しかし、一方、二十年、三十年経って芽を出してくるものもあるかもしれません。すぐに成果が出ないからといって決して挫《くじ》けず、辛抱強く継続的に〝幸せの種〟を一粒でも多くまいていきたいものです。本年度の基本方針を「家庭に、地域に、学校・職場に、広げよう！〝幸せの種まき運動〟」としました。本年度も会員各位のご理解とご協力をお願いいたします。

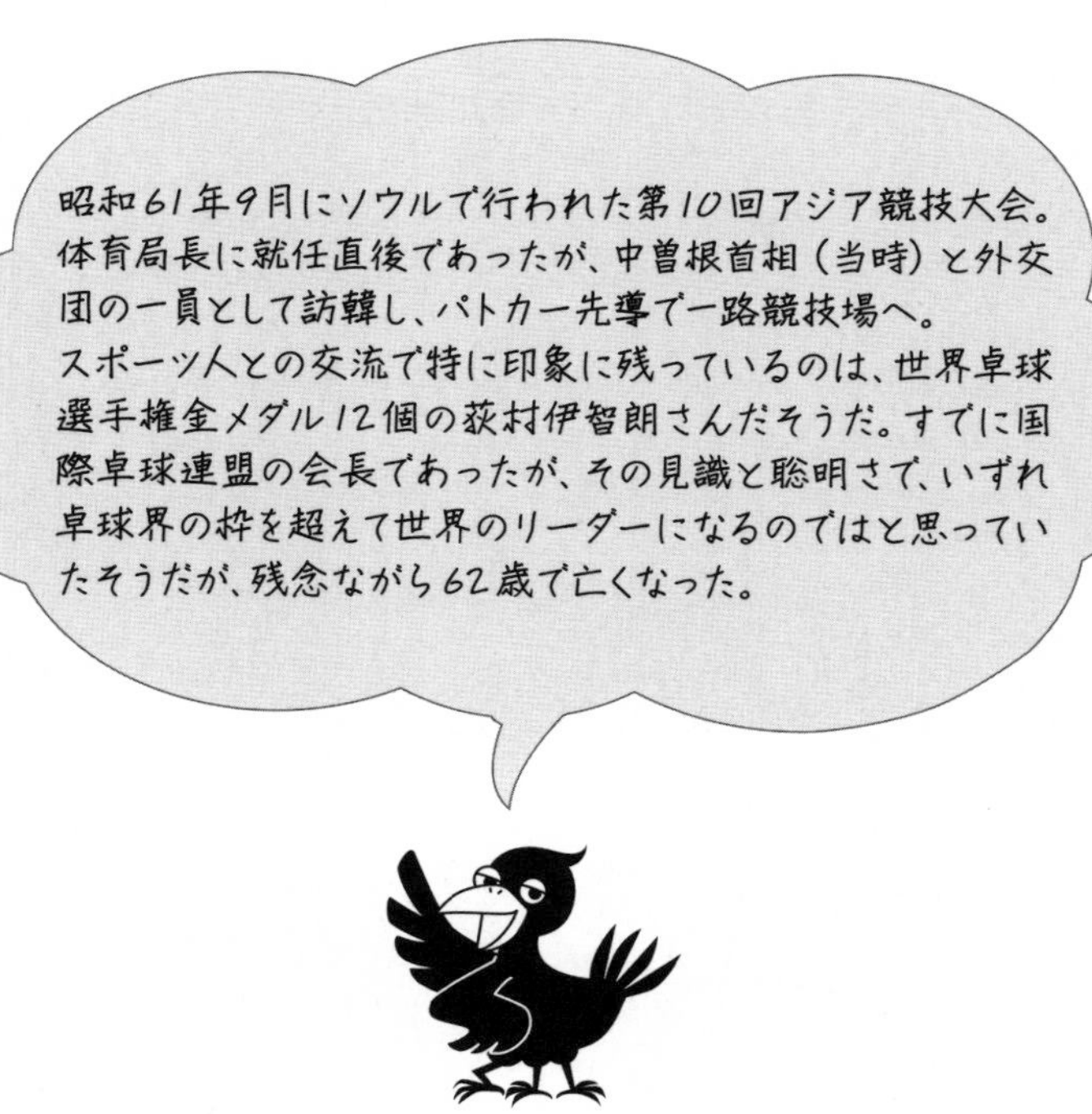
昭和61年9月にソウルで行われた第10回アジア競技大会。体育局長に就任直後であったが、中曽根首相（当時）と外交団の一員として訪韓し、パトカー先導で一路競技場へ。
スポーツ人との交流で特に印象に残っているのは、世界卓球選手権金メダル12個の荻村伊智朗さんだそうだ。すでに国際卓球連盟の会長であったが、その見識と聡明さで、いずれ卓球界の枠を超えて世界のリーダーになるのではと思っていたそうだが、残念ながら62歳で亡くなった。

しどろもどろの国会答弁

「私の聞いたことにちゃんと答弁してください」、「何をあなたは答えているんですか」、「答弁になっていない」、「私の聞いていることとは全然かみ合わない」

平成2年3月23日、平成元年度補正予算を審議する参議院予算委員会の席上、保利文部大臣、遠山文化庁次長、それに私（官房長）が答弁するたびに、質問者からドスのきいた口調で浴びせられた言葉である。途中予算委員長から「この際政府に申し上げます。答弁は、質疑者の趣旨を体し、簡潔明瞭にお願いいたします」と注意される始末。

補正予算に計上した二国の土地取得費３５０億円がテーマで、質問者の野党議員の質問の趣旨及び論理は、〝本来平成2年度の本予算に計上すべきものをシーリングが苦しくて計上できず、理由もなく補正予算で先取り計上している。その証拠に平成2年度予算で投資的経費３５１億円が対前年度減額になっている。これは財政法違反である〟ということにあった。だが、そもそもそんな操作など許されるはずもないことだからまさかそんなことを聞いているとは思い至らず、また３５１億円の減額は公立文教施設費などの減に伴うもので、数字は偶然の一致で二国の土地取得費とは何の関係もないことなので、容易に「質疑者の趣旨を体し」ようがなかったのである。おまけに、質問者は当初３５１億円の増額といい違えているのだからなお更である。国会答弁の慣行（？）として質問内容を聞き直すわけにいかず、何か答弁しなければならないのだから、「答弁になっていない」し、質問と「全然かみ合わない」のも当然の帰結である。やっと「質疑者の趣旨」が解って答弁が「かみ合」ったのだが、その答弁の前に心ならずも「質問を取り違えまして大変失礼申し上げました」といわざるを得ないのは、政府委員のつらさである。

私も国会答弁の資格と責務がある政府委員を8年間勤めて、色々な場面で答弁してきているが、訳が解らず、しかも何か答えなければならないという状況に立ち至ったのは後にも先にもないことである。外見はともかく内心はしどろもどろの状態だった。舞台も悪かったのかもしれない。一巡

『新国立劇場準備室時代：7年6月 2,739日の記録』, 平成9年3月

新国と私とのかかわり

目の予算委員会総括質疑とあってテレビ中継があり、総理大臣以下全閣僚が出席、委員席、政府委員席も満席の中、総理大臣にお尻を向けて答弁するのは、ただでさえ緊張するものだからである。就任間もない保利大臣にとっても印象に残っておられたらしく、後に「あの時は官房長に助けてもらった」とおっしゃっておられたそうだが、その時は助けるなどという心境ではなく、心中混乱の中で必死になっていたというのが偽らざるところである。帰省してテレビを見ていた周囲の者に感想を聞いたところ、答弁を聞いて初めて何を聞いているのかやっと解ったといってくれたし、本稿のために改めて議事録（心理状況まで記録されていないが）を読んでみても、やはり質問内容が解りようがなかったということが確認できたのがせめてもの慰めである。

神風が助けてくれた土地取得

平成元年4月、前任の加戸守行官房長から引継いだ重要課題の一つに二国の土地問題があった。二国については、土地決定、基本構想、設計等のそれぞれの段階で関係者に意見の相違、対立があり、それが時々マスコミを賑わしたりするので、順風満帆というわけでもないだろうが、間もなく建設に入るのだろう位に漠然と考えていた。しかし、文化庁、大臣官房会計課からヒアリングを受けて愕然とした。建設予定地の旧通産省工業試験所跡地取得のメドが全く立っていないのである。バブル最盛期で土地価格が高騰し時価数千億円になっており、しかもそれが一日々々上昇している有様で、文化庁予算（平成元年度で４００億円余）で到底取得できるような状況になかった。文化庁の担当者に、「マイホームだってまず土地の手当をする。それを取得至難な他人の土地に設計図を書いて、いついつまでに完成させたいとはどういうことか。砂上の楼閣というが砂もないじゃないか」などと毒づいたりしたが、それで済む話ではない。

そこで、加戸前官房長が着手していた文部省一般会計所管の土地との物々交換方式を推し進めることとしたが、未利用地、更地などがあるわけがなく、施設を設けて事業を行っている土地を提供しろというのだから、当然のことながら所管局の強い反撥、抵抗に遭った。それでも、文部省、文化庁の世紀のプロジェクトだから大局的見地から協力をと説得し、時には恫喝（?）して、可能な限りの物件を集め、大蔵省理財局との折衝に臨んだが、どうひいき目に評価しても大幅に足りないという冷い返事で、もっと汗をかいてくれという。もう汗のかきようもなく、万策つきた形で西岡文部大臣に経緯、折衝結果を報告したところ、「国有財産である土地に国の施設を建設するのに何故土地取得費が必要なんだ」、「特々会計から一般会計に財産を移管する場合には有償とするというのが国有財産法の定めです。つまり一般会計が特々会計から土地を買うということになるわけです」、「そんな国有財産法の定めはおかしい。明日の閣議で改正を提案する」との仰せで、理財局に引き返し、西岡大臣の意向を伝え、折衝をやり直すこととなった。

「国有財産制度の根幹に関することで改正なんかできない」、「西岡大臣のご性格からして一旦いい出したことは簡単には引っ込めませんよ」、「突然明日の閣議で発言したら閣議が混乱する。大臣を説得してほしい」、「説得できない。不足分は何とかまけてくれ」、「裁量でまけるなんてことはできないのはご承知でしょう」等々協議、折衝は深夜に及んだ。帰宅していた理財局長も引っ返えして来、主計局も巻き込んで、明け方近く、やっと、今回はどうにもならないが、今後主計局、理財局とも本件解決に向けて積極的に検討するという趣旨の合意に達し、これで西岡大臣を説得してくれということになった。最終的には大蔵省の理解、配慮がなくては解決できないことだし、また文部省所管のことで閣議が混乱するのも困るので、これ以上頑張るのは得策でないと判断し、寝もやらず結果を待っていた西岡大臣に電話連絡したところ、労を多とし、心よくかどうかは解らないが了解していただき、ホッとすると同時に今後の対応に頭をめぐらせたのだった。

国有財産の処理で局長以下理財局が徹夜したのは前代未聞だといわれたこの騒動（といっても限られた関係者しか知らないことだが）が、二国の土地問題解決の伏線となり、大蔵省が前向きに取り組むきっかけになったことは間違いない。文部省の代替用地の提供、主計局サイドの予算措置７００億円（うち３５０億円は元年度補正、残りは10年の年賦払）だけでなく、理財局は、多くを語らないが、なおかなりの不足分を大蔵省一般会計所管の土地を特々会計に拠出して金額を合わせる出血協力をしてくれている。これらの折衝は、諸般の事情から主として官房が担当せざるを得なくなり、吉田茂会計課長、小川修正総括予算班主査、木下舜春管財班主査などが、文化庁と連絡をとりつつ水面下で必死の努力を積み重ねてくれたことを特に記しておく必要があろう。

それにしても前年度剰余金を活用しての大型補正がなかったらどうなっていただろう。特定街区構想実現のための切迫したスケジュール（補正理由）があったとしても、財源がなければどうにもならない。さりとて、本予算で土地取得費を計上する枠を確保することは、当時だけでなく、以後今日まででも不可能に近かったと思われる。土地取得ができなければ、建設費に充当予定の余剰容積（空中権）の対価すら生ずる余地もなく、二国建設は柵ざらしのままか、白紙に戻さざるを得なかったのではないかと思うと、ゾッとする。その意味で、今後もないであろうワン・チャンスを絶好のタイミングでつかみ得た幸運を感謝せずにはいられない。長年に亘る関係者の熱意と努力が神風を吹かせてくれたのかもしれない。

平成4年7月、事務次官退任の省内職員への挨拶で、私は33年3ヶ月の役人生活で色々なことがあったが、印象に残っていることをあえて一つあげるとすると、平成元年度補正であった、と述べた。二国の土地取得だけでなく、芸術文化振興基金の創設、祖司ヶ谷の留学生会館の土地取得など多額の経費を必要とする長年の懸案が一気に解決できたからであり、今後も忘れ得ぬ思い出として残るであろう。

止むを得ない

平成7年12月、加戸理事長の後任として日本芸術文化振興会の理事長を拝命し新国準備室を訪れた際、新国立劇場の建設現場を案内してもらったが、建設中の建物の威容もさることながら、図面でしか見たことのなかった、この土地を自分の足で踏んで感慨一入のものがあった。

理事長就任後は、ハードの方は基本的にはスケジュール通り順調に進んでいることもあって、新国の中心課題はソフトの方に移りつつある。委託者として制度的な最終責任は振興会に帰するとしても、新国運営財団設立の趣旨から極力口をはさまず財団の自主性に委ねるのが適当だとの基本態度で対応してきている。ただ、収支の帳尻だけは合わせてもらわなくては困るわけだが、実はこれが一番難しい。財団側はできるだけ理想的な舞台づくりをしたい、そのための予算を確保してほしいとのスタンスだし、振興会側は確保のためできるだけの努力はするが限度があり、決まったらその範囲内で制作してほしいということで、微妙に食い違うようだ。もっとも私のところには、野田敏明部長以下準備室の諸君が大変な努力をしてその辺を調整して上ってくるから「イエス」と言えばいいようになっていて、楽をしている。もっとも「イエス」にも「大いに結構」から「止むを得ない」までの幅があり、時には意見をいいたくなるときもあるが、野田部長から「大人の態度でいきましょう」とたしなめられて苦笑して従っている。

いずれにしても、10月10日のオープンに向けて、準備も最終段階に入っており、国民の期待に応えた劇場として発展充実する礎が築かれるよう関係者それぞれの立場で精一杯の努力をしていきたいものである。

最後に、準備室も新年度からは新国立劇場部に発展的解消するが、野田部長以下室員の皆さんのこれまでのご苦労に心からの感謝とねぎらいの気持を表するとともに、新国立劇場の創設に携わったことを一生の誇りとしてこれからの健勝、健闘を祈念したい。

判断

『教育委員会月報』No.604，第一法規，平成12年4月

言葉というものは、発言者が特別の意識もなく言ったことであっても、思わぬ影響を与えることがあるもののようである。卑近な例を挙げてみよう。私も今日まで色々な立場で辞令交付を行ってきたが、その際、できるだけ一言添えるように心掛けている。といってもその多くは儀礼的なもので、「これこれが課題ですのでよろしく」とか、「難しい仕事ですが健康に留意されて」とかといった類のものである。ところが、数年を経てその方に会い、その時の言葉を「励みに」、「肝に銘じて」一所懸命に職務にあたってきたというようなことを聞かされてびっくりすることがある。

文部省地方課の若い事務官の頃、当時の上司斉藤正初等中等教育局長から、何かの折に「國分君、判断には、時として判断しない判断というものがあるんだよ」と言われたことがある。斉藤正さんは、その後事務次官になられ、大学紛争による東大入試中止の事務方の責任をとり、辞職されたが、退職後も、文部省の幹部職員の多くはこの場面で斉藤正さんならどう判断するだろうかと考えをめぐらした、といわれた位冷静、的確な判断をされた方である。優柔不断を意味するものでないことは直感できたが、自分なりに真意を理解できたのは、その後自ら判断せざるを得ない、ある程度責任ある立場になってからである。右せんか左せんか、進むか退くか、それによって大きな影響がでる場面で、判断に必要な基本的情報が不足しているのに判断、決定するのは危険であり、時として賭けに過ぎない場合があるということだ、と今日私は解釈している。判断しないことによる結果については当然責任を伴うわけで、それを覚悟の上で判断しないということは、判断するよりむしろ積極的な意思と勇気とを必要とする。裏を返していえば、判断材料がそろっているのに決断しないのは、それこそ優柔不断であり、責任放棄であるということである。このように考えてくると、重要な判断をする立場の者にとって示唆に富んだ言葉だと拳拳服膺している。

判断といえば、校長は、これからは今まで以上に自ら判断する立場に立たされるようになってい

くものと思われる。中央教育審議会は、その答申「今後の地方教育行政の在り方について」において、学校の自主性、自律性を確立するため、人事、予算、教育課程の編成に関する学校の裁量権限を拡大するよう提言しており、今後教育委員会と学校との分担関係を定めている学校管理規則の、この方向での見直しなども具体的に検討されていくであろう。学校の権限の拡大は学校の責任の拡大であり、学校の責任は最終的には校長の責任である。多少悪口めいていえば、教育委員会から指導があればそれに従い、それ以外のことは職員会議の結論に従って校務の処理に当ってきた校長がこれまでいなかったとはいえないのではないか。しかし、これからはこのような無難な（?）対応は到底許されないであろう。

　教育委員会の関与については、前述の答申でも「学校の主体性を尊重する観点から、……学校が必ず従わなければならない指示・命令とそれ以外の指導・助言とを明確に区別して運用すること」とし、指導助言を受けてどのような決定を行うかは校長の主体的判断に委ねられていると念押ししている。また、職員会議についても、このたび法令上の根拠が与えられ、その性格についても「校長の職務の円滑な執行に資するため」と明確になった。一部に見られた意思決定機関的な運用の実態を逃げ道にするわけにもいかない。地域住民が学校運営へ参画する仕組みとして今回制度化された学校評議員の意見は地域の実情を踏まえた、より広い視野からの貴重な意見であろうが、これとて校長を拘束するものでなく、その取捨選択は校長に委ねられる。いずれにせよ、その学校の方針、態度は、最終的には校長自らの主体的判断で決定される。大きな苦労と責任を伴うものであるが、どんな分野、どんな組織であろうと程度の差こそあれ長であれば避けて通るわけにはいかないものである。

　ところで、教育行政機関（担当者）と学校（教職員）との間に、制度的なもの以上に、上下関係というか、指導する立場、それに従う立場という意識があり、それは長年の間に体質的なものにさえなっているように見受けられる。私が文部省から北海道教育委員会の総務課長として出向していた時、教職員課長に教職出身の阿部悟郎さんという方がいた。公宅が隣同士ということもあって、よく酒を酌み交わしながら教育論、人生論などを戦わした。そんな時だったと思うが、阿部さんが何気なく「國分さん、自分が校長時代、用事で道教委に行った時、緊張をほぐすため深呼吸をし、最敬礼して担当課の部屋に入ったもんですよ。その気持ちを忘れずに今先生方に接しています。」といわれた。文部省で地方教育行政関係の法令を担当していて行政の筋道は一端わかっていたつもりだった私にとって頂門の一針の言葉だった。学校現場のこと、校長の立場のこと、ましてやその意識のことなどについていかに表面的、形式的な理解に過ぎなかったかを痛感させられた記憶が残っている。いかに制度的な仕組みが整えられてもその運用に当るのは人である。関係者の体質改善、意識改革が何より重要である。そうでなければ仏作って魂入れずということになりかねない。

　このことは、国、都道府県、市町村の関係についてもいえる。「地方分権推進計画」や前述の中教審答申を受けて、昨年7月、いわゆる地方分権一括法が成立し、教育関係法律についても所要の改正が行われた。一口でいえば、教育行政における国、都道府県、市町村の役割分担の在り方を、地方分権を推進する観点から見直し、地域に根差した主体的な教育行政の展開を図るといったことであろう。しかし、従来ややもすれば主体的な判断をいわば放棄して上部機関の指導等に従っていれば無難だといった形で行政執行に当っていた関係者の意識の改革がなければ真に実効を上げることは困難であると思うのである。

霞が関

血液型紳士録 PART2

第4回

文部事務次官　國分正明氏

いつも冷静沈着、知・情・意揃った官僚と評判の國分像と、豪快な笑い声の國分像とは今まで結びつかなかったが、会って分かったような気がする。がらっぱちに笑う、気さくであったかい人だ。

同行していたカメラ担当のＹ嬢曰く、「想像していたイメージと違ってびっくりしました」。

どういう意味かは想像に任せるとして、とても優しい能吏である。

昭和十一年二月七日生まれ東京都出身。男四人兄弟の長子。おっとりしたのんびり屋さん。

小学校二年から二年間、両親の実家である福島に縁故疎開。東北の農家で農作業や蚕の世話をしたりした。

疎開先の学校では所詮よそ者。集団疎開と違って、縁故疎開の場合仲間がいない。クラスでただ一人のよそ者だったため、つらい思い出もある。だからといって、それに対抗しようとするタイプの子ではなかった。こんな子いたかなというタイプで、けんかなどはしない。そこいらへんマイペースのＢ型タイプ。

「どちらかというと、世の中のテンポからは少しずれている、とろい子だったかもしれません」

小学校四年の時終戦。戦時中より、戦後の思い出のほうが多い。当然その筆頭は空腹の記憶。

「一生分食べたから（笑い）」今はさつま芋を食べる気がしないという。

もともとは美食家のＢ型タイプ、といっても戦後はそんなことをいってられない、口に入るものは何でもよく、種芋までむさぼった。

食べ物も、娯楽も、また学校での活動も体系だってなく、もっぱら草野球や三角ベースなどの遊びにふける。

実は國分さん、血液型自己診断では、あまりＢ型っぽくない。その中で、数少ないＢ型らしい特徴の一つは凝り性というところ。純枠にある物事に対して集中するのはＢ型が一番。國分さんの場合あまりのめり込まないように自己抑制に努めてきたというほど。

べいごまは凝りに凝った。駒を改良し、両手を使いわけ、巻き方を工夫し、あちこちの溜まり場で荒稼ぎ（いいべいごまを手に入れること）する。

けんかはしない子供だったが、仲間内では尊敬されていた。それはこのべいごまの腕前のお蔭。

中学も自称おとなしい子。男女共学だったが、別に意識しなかったし、意識するような機会もなく、

「いま思えば、そんな思い出でも作っておけばよかったですね」

戦後の混乱期で中学には生徒会もクラブも組織だったものはなかったので、高校に入ってからはさっそくバスケット部に入る。

「高校時代は暗黒期でして」

というのも、まず入学して早々の五月に盲腸を患い、手術ミスでガーゼをお腹に入れ忘れられたため、半年くらい傷口がふさがらず、

一日に3箱60本吸っていたタバコも医者の脅かしから初めてのトライで禁煙に成功。禁煙開始9・10の翌日、9・11ニューヨークテロが起きた！

『時評』No.337，時評社　平成3年4月

B型の禁煙作戦というのは一番難しい。好きだから吸っている。というのがB型なので、健康や、迷惑を訴えても通じない。アマノジャクな性格を利用して、絶対あなたにはやめられない、と連発して相手を意地にさせ、「じゃあやめてみてやる」と乗せるのが一番。A型は常識派なので、吸わない人で脇を固めるか、禁煙サークルに入るのもいい。健康に気をつかうO型は、タバコの害について説けば効果的。物事に固執しないAB型はとりあげれば、すぐやめられる。

ABOABOABOABOABOABOABOABOABOABOABOABOABOABOABO

「のめり込みそうな自分が恐い」

ABOABOABOABOABOABOABOABOABOABOABOABOABOABOABO

体育の授業は見学。当然クラブ活動などできるわけなし。

また、二年時は、関節リューマチにかかり、二ヶ月間入院。家での闘病生活を入れると半年くらい寝て過ごした。辛うじて留年は免れたが、一番スポーツに熱中する年頃だっただけに残念無念。

功罪は体を動かせないので、その分本を良く読んだこと。一種の活字中毒。今のように本が溢れている時代ではないので、図書館や友人に借りて、片っ端から読んだ。ジャンルは問わないのは、この頃からの性格だ。一生で一番本を沢山読んだ時期だったという。

東京都立北園高校から、東京大学法学部に入学。法学部に進んだわけは、このコーナーでもお馴染みの理由〝なんとなく〟。この理由は一番B型に良く似合う。

数学は好きだったが、物理は好きでない。また、歴史の勉強をしたかったが、それで食っていけるかどうか分からない。好きならば、ということは四人兄弟の長男のセリフではない。

結局、法律・経済の文Iに入り、皆が行くからということで法学部を選ぶ。入ったはいいが、

「法律が面白いと思ったことはなかったですね。今の役職でこういうのは気がひけますが・・・」

イメージと違いますか?
笑い声が大きいとはよく言われますが

大学時代はもっぱら、学費をかせぐためのアルバイトと囲碁クラブにあけくれる。卒業後文部省に入ったわけも、まあ、なんとなく。昭和三十四年文部省入省。

「結局、置かれた環境でそれぞれ努力すればいいんですよ」

大義名分を必要としない、こだわらないB型である。

入省した動機こそいいかげんだが、その後の仕事がいいかげんでなかったことは、三二年の歳月が証明してくれる。

政策通として知られる國分さんだが、ポストを経る毎に、知力に勝る人柄が表に出てきたのだろう。目に見えないところで人柄の厚みを身近に感じ、信頼を寄せている人々に今のポストを任せられた。

「マイペースなB型といいますが、私は皆で力を合わせて一緒に物事を進めていきたい。一人一人は弱くとも、数人集まれば凄い力が出る。調和と協調がなにより大切だと思うのです」

一番つらく、難しかった仕事として、四十六年管理局振興課課長補佐時代、私学の設置認可担当だったころをあげる。当時、医学・歯学大学の新設ラッシュが続き、十数件の申請があり、その審査を担当する。

公平な判断をしてもお互いの立場の違いで誤解は生まれる。特に一〇〇億程度の金が動くプロジェ

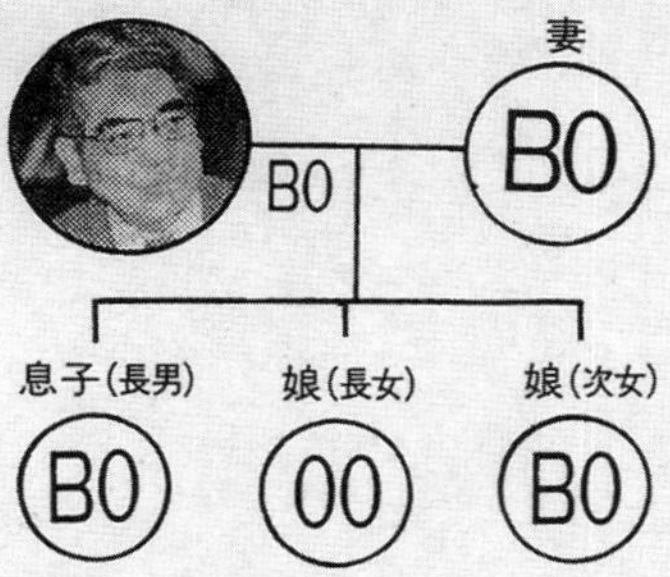

B型同士はよき友人のような夫婦。明るく開放性があり、何でも言い合えるペア。子供も明るく個性的。B型子供は興味をもったら徹底的に凝る性格がパワーアップ。将来は凝り性を生かして好きな道に進むのが吉。オープンな性格のB型家族の中で育ったO型は、どんなタイプの人とも付き合える幅広い性格、O型本来の向上心を忘れず人生を追求していく姿勢が大切。

國分正明　文部事務次官（B型）

クトの場合なおさらである。

当時は現在と違って、何十億か校舎建築に投資してから申請にくる。相手方も引くに引けない。

「当時、黒い霧ということで新聞や週刊誌で騒がれ、実名入りで叩かれました。でっちあげばかりで、いまでもその記事を書いた雑誌社とはつきあっていません」

根に持つというより、根も葉もないことに乗じて悪口だけをたたけばいいという編集方針の問題だろう。これはB型っぽくない潔癖さか、B型らしいこだわりか。

現職には平成二年七月に就任。過去の経歴をみて分かるのは、役職に偏りがないこと。実にいろいろな仕事をしてきている。オールマイティという省内の評価はここからくるのだろうか。

「専門家にならなくてこまるんですよ。得意業というのがない」と本人はいうが、どの分野にも専門家というのはB型ならではの特長でもある。

趣味は囲碁とゴルフ（一ラウンド平均八五位、ゴルフ歴二〇年）。碁は中学の時から凝っており、現在六段。省内には元学生チャンピオンもおり、「年をとったためか、勝負に対する執着心がなくなった」と謙遜するが、じっくり構えた時の腕に凄みをみせるとの評である。

気分転換プラス精神統一、また、思考する時などは、碁盤の前に座り、独り碁を打つらしい。

また、軽い小説を読むことも気分転換の一つ。池波正太郎や藤沢周平などの人情の機微、町人生活など楽しめる短編がお気に入り。また、池波氏の小説には簡単な料理の話しがでてくるのも好きな理由であるとか。

「昔は食べ物にこだわらなかったんですが、最近、やはり美味しいものを食べたいと思うようになりましてね」

美食家が多いB型は本来見た目より味本位。こだわりのプロだけにこれからが楽しみだ。

酒は好き。自ら休肝日を課しているほど。これを読んだ友人、後輩諸氏、國分さんを二次会に誘わず帰してあげて下さい。ただ、そうすると一番悲しがるのは、次官本人のような気もしますが・・。

酒席につきもののカラオケは、ジャンルを問わずなんでも唄う。これも好きな方。

「小・中学校の頃、ずっといい成績をつづけていたのは、音楽と数学なんです。自慢なんですが」

次官がそんなことで威張っているなんて・・（かわいい）。

健康法としては、食べ物に偏らない、飲み過ぎない、に気を付けている程度。本当は少したばこを減らせばいいとおもうのだが、止める努力は無駄なのでしないそうだ。減らす努力は何回かチャレンジしたらしいが、

「無駄だということに、最近やっと気がついたところなのです」

（本文・構成　大嶋文子）

第四章　国立劇場の時代

文部省退職後、日本芸術文化振興会
（国立劇場）理事長に就任、8年5か月務める。
團十郎、玉三郎と舞台挨拶することに
なったいきさつは!?

團十郎、玉三郎との晴舞台

平成七年十二月下旬、日本芸術文化振興会（国立劇場）の理事長に就任した私は、前理事長の加戸守行さんと、松竹の永山武臣会長に就退任のあいさつに伺った。その際、加戸さんから永山会長に「平成八年度は国立劇場発足から三十周年の年なので、記念の歌舞伎公演に坂東玉三郎さんの出演をお願いしたい」旨の依頼をした。事務的には話は詰まっているのでお前も頭を下げていろと言われていたので、私もよく分らないまま「よろしくお願いします」と頭を下げた。一歌舞伎役者を国立劇場に出演させるのにこんなセレモニーが必要なのかとびっくりした。

次にびっくりしたのは、翌年年明け早々、歌舞伎制作担当の織田紘二室長に連れられて、中村歌右衛門宅に年賀のあいさつに行ったことだった。玄関先で暫く待たされた後、顔を見せた歌右衛門さんに、玉三郎さん出演の「壇浦兜軍記」の監修を含め色々とご理解、ご協力をお願いしますと頭を下げた。帰り道で、国の特殊法人の理事長が役者さんにこんなに頭を下げて回るのかと驚いた様子を見せると、今回は「壇浦兜軍記」という演目と玉三郎の出演という特別の事情はあったけれど、一般に歌舞伎の世界では役者が一番偉いんですと織田さん。

「壇浦兜軍記」の「阿古屋」の役は、古今女形の超難役とされていて、その頃歌右衛門しか演じた役者はいなかった。夫、平家の武将「悪七兵衛景清」の行方捜索のため捕らえられた遊君阿古屋は、取調べの白洲で琴、三味線、胡弓の三曲を演奏し、その曇りない音色で「行方を知らない」という言葉に偽りはないと調べに当たった代官畠山重忠に言わせる。三つの楽器を弾きこなす技術と切ない女心を表現する演技力が必要とされたのである。その役を初役で演ずるにはどうしても歌右衛門の指導が必要であるし、玉三郎としても先輩役者の理解と協力がなければやりにくいはずである。一方、玉三郎は松竹にとってドル箱の人気役者で、国立劇場においそれと出演させられない事情があった。

長年歌舞伎制作に携わってきた織田さんは「歌舞伎制作者は現代用語ではプロデューサーといい、かっこういい役割のように聞こえますが、歌舞伎の世界では昔から「奥役」といい、ただひたすら耐える役回りですよ」といって、「奥役十訓」というものがあると教えてくれた。奥役の心得を十ヶ条にまとめたものだが、奥役は役者より馬鹿に見えなくてはいけない、衣服は質素に、役者の女房を神のごとく敬い、役者の飼い猫にも油断するななどなど驚くようなことが書きつらねられている。現代ではさすがにこのようなことはないが、役者第一という雰囲気は残っていると思う。

就任たかだか半月位で、歌舞伎の世界の一端を驚きをもって勉強させられたわけだが、本番平成九年一月の通し狂言「壇浦兜軍記」は大当たりとなった。出演俳優の後援者達もチケットを入手できないという騒ぎで、公演期日を一日延長するという異例の措置がとられた。

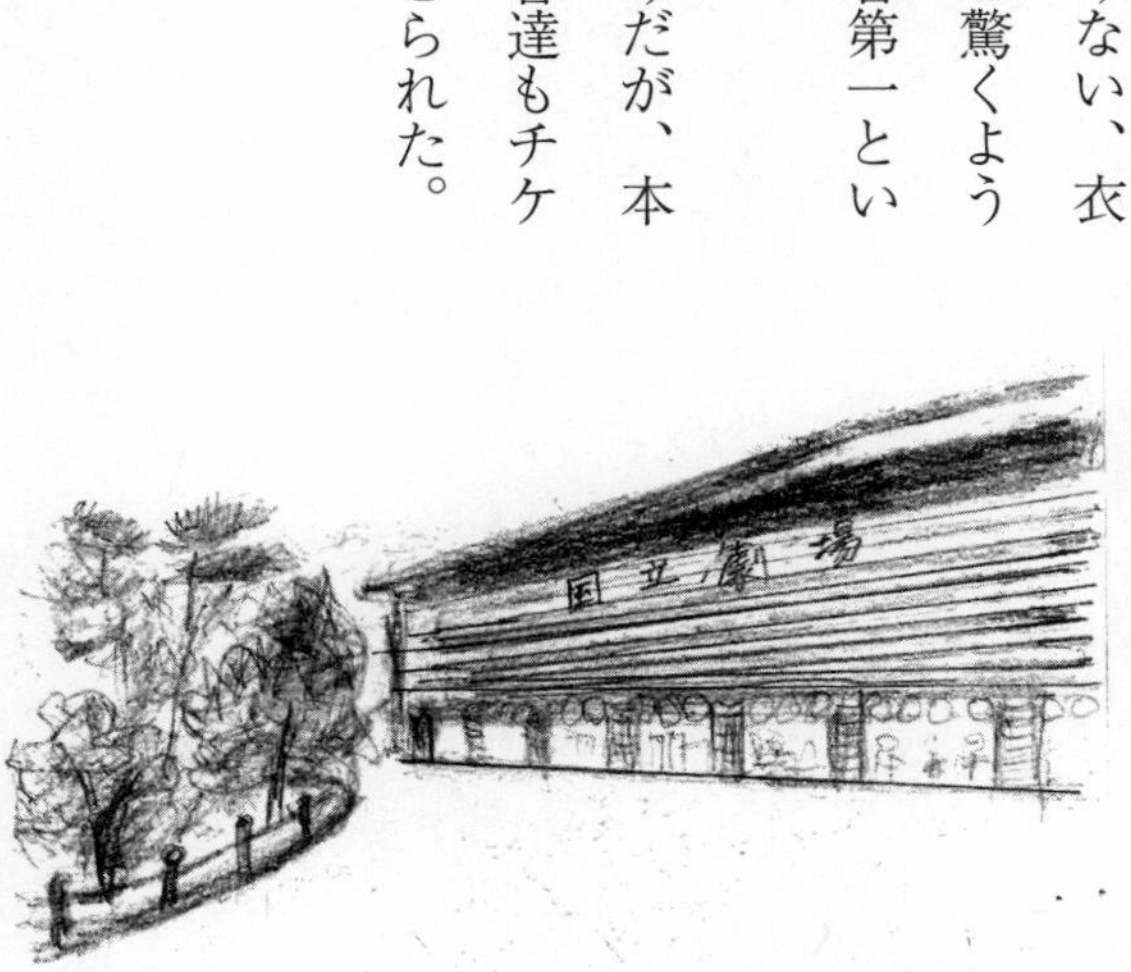

記念公演の掉尾を飾ったこの公演の最終日、私が興行主として国立劇場の舞台であいさつをすることになった。舞台姿のままの、景清を演じた市川團十郎、阿古屋を演じた坂東玉三郎、重忠を演じた中村梅玉らを従え（笑）、紋付羽織袴姿で、大劇場の超満員の観客の前で、スポットライトを浴びながら、記念公演終了の御礼ごあいさつを申し述べた。今思っても晴舞台だった。

邦楽教育に期待する

『教育庁報』No.439, 東京都教育庁, 平成12年1月4日

「この世の名残り、夜も名残り。死に行く身をたとふればあだしが原の道の霜。一足づつに消えて行く夢の夢こそ哀れなれ」

近松門左衛門の曽根崎心中天神森の段の書出しである。この名文が義太夫節で語られ、舞台でお初、徳兵衛の道行が演じられるとき、しみじみとした情感に包まれる。歌舞伎、文楽は、海外公演でも好評だそうだが、日本人であるが故の感性にひときわ訴えるものがあるような気がする。日本の文化風土で育まれてきたものであるから、当然といえば当然のことである。

ところが、悲しいことに、歌舞伎、文楽、能・狂言などの伝統芸能を愛好する人口が次第に減少しつつある。当時の価値観、倫理観などが現代の感覚に合わなくなっている面があることは否定できないが、それよりもこれらの舞台芸能を支える邦楽のなじみがなくなってしまったことがより大きな要因であるように思う。

明治以降、学校での音楽教育はいわゆる洋楽中心になってしまい、結果として邦楽が身近なものでなくなっていった。それでもまだ私が子どもの頃には街角でどこからともなく琴や三味線の音が洩れ聞こえてきたりしたものである。しかし、今の若い人達は特に努めなければこれらに接する機会はほとんどない。

国際化がますます進展する中で、これからの人達はいままで以上に語学力を身につけ、他国の文化を理解することが必要となるであろうが、しかし同時に、――伝統芸能に限ったことではないが――自国の歴史、文化についての十分な知識と理解、そしてそれを誇りに思う態度が求められる。そうでなければ、真の国際人としての尊敬と信頼を得ることは困難だと思うからである。

これまでも、中央教育審議会をはじめ各方面から、このような観点からの様々な提言がなされてきたが、率直にいって学校教育の場ではいわばスローガン的なものにとどまっていたように感じられる。しかし、このたびの学習指導要領の改訂は、邦楽教育を積極的かつ具体的に打ち出した。学校現場では、これまで洋楽一辺倒だっただけにしばらくはとまどいもあろうし、試行錯誤が繰り返されたりするかもしれない。しかし、音楽教育の面でも、日本固有の文化を理解し、愛する心を育ててほしいと切に願うのである。

伝統芸能鑑賞のすすめ

『日本芸術文化振興会ニュース』, 独立行政法人日本芸術文化振興会国立劇場事業部宣伝課, 平成8年4月

国立劇場の歌舞伎・文楽公演のお客さんの殆どが中高年の方である。歌舞伎座などの劇場でも同様の傾向だと思う。観客サイドで伝統芸能を支えていただいていて本当に有難いことだと思う。思うが、このあとの世代に引き続きこれを期待できるかどうかと考えると、現状では大変心配である。

現代は、芸術文化を含め、あらゆる分野で興味関心、趣味趣向の多様化が進み、これに応じて魅力的なものが沢山用意されている。これらにある程度太刀打ちできるものでなければ、歌舞伎に限らず次第々々にパイが小さくなっていってしまう。分る人だけ分ればいいんだ、最後は博物館入りでも仕方がないというのなら別だが、現代に生きる舞台芸術であるためには、今の、特に若い人に足を運んでもらう、そしてそれをつなぎ止めるためにあらゆる努力をしていかなければならないと思う。

それにしてもである。歌舞伎などの伝統芸能に全く接したことのない人のいかに多いことか。先日オペラ好きの友人に歌舞伎のキップを送ったら、その礼状の中で、歌舞伎を初めて観たが、役者の演技力、様式美、色彩、下座音楽、柝、ツケなどの音など素晴らしい総合芸術なのに驚いた、と述べていた。食わず嫌いだったのである。東京で生活している中高年のインテリにしてこれだから、歌舞伎など自分には無縁のものと思っている人は圧倒的多数のはずである。誰でも少なくとも一回は観たことがあるというふうにしたいものだ。そのうち、十人に一人が時々観るという層になってくれればいうことはない。

松竹は百年に亘り歌舞伎を支えてきた。今年三十周年を迎える国立劇場も伝統芸能の保存振興をその使命とし、公演、後継者の養成だけでなく、中、高校生を対象とする鑑賞教室などを実施して鑑賞人口の増大に努めてきた。現実的制約はあるが、それを乗り越え、これからさらに関係者がそれぞれの立場で、また協力し合って鑑賞機会の拡大に努力していかなければならないと思う。

今後国際化はますます進展するであろう。日本の、特にこれから活躍する若い人達はいやでも国際人たらざるを得なくなる。語学を身につけ、外国文化を勉強することはもとより必要なことであるが、その前提として伝統芸能をはじめ日本の伝統、文化を理解し、尊重することが求められる。日本人としてのアイデンティティをもたない国際人などは誰も尊敬してくれないだろうからである。これは必ずしも我田引水の論ではないと思う。若い人達よ、時々は伝統芸能に接して下さい。

『文化振興基金ニュース』No.11,
独立行政法人日本芸術文化振興会基金部，平成9年

活発な芸術文化活動を期待して

このほど、平成8年度芸術文化振興基金の助成対象活動が決定した。その詳細は本号の次ページ以下でご覧いただくとして、その審査に当たられた100人を超える専門委員の方々のご苦労に対し心から謝意を表したいと思う。

平成2年度から開始された基金による助成事業も本年度で7回目を数えることとなった。ご承知のようにここ数年続く超低金利時代ともいうべき金融状況の中で、利息などの基金の果実で運用する本助成事業は、これまでの剰余積立金の取り崩しなどによる遣り繰り算段も限界に達し、大変厳しい状況に立ち至っていた。

幸い、本年度から、日本の芸術文化活動をより積極的に支援しようという文化庁の「アーツプラン21」計画により、新たに舞台芸術振興のための補助金約10億円が当振興会の基金に交付されることになり、これを合わせると前年度を上回る額の助成が可能となり、愁眉を開いた次第である。

芸術文化振興基金は、平成元年夏頃から、従来の単なる構想から補正財源の活用という形でかなり実現可能性のあるものになり、紆余曲折を経て、平成2年3月末に関連法案が成立してその実現をみた。当時文部省で官房長という裏方の立場でこれに関った私が、日本芸術文化振興会の理事長を仰せつかり、本助成事業に直接携わることになろうとは夢にも思わなかったことであり、感慨一入のものがある。

紆余曲折と一口でいってしまえばそれまでだが、当然のことながら色んなことがあった。その間、政治、行政、実業等の分野で実に多くの方々が表から、裏から、脇から、その実現に向けて、熱意、努力、協力、支援、理解を示し、基金はその結晶であったことを改めて思うのである。行政サイドに限ってみても、例えば、熱意というより執念を燃やして自ら行動し、部下をリードした石橋文部大臣、寄附集めのため足を棒にし、企業のトップにラブレターを書き続けた遠山文化庁次長、夏以来タスクフォースのキャプテンとして事務方を取り仕切った玉井官房企画官（いずれも当時）などがすぐ思い浮かぶ。

助成を受ける芸術文化団体の関係者は、これらの人々の熱き思いと期待に応え、また呼び掛けに応えて多額の寄附をしてくれた支援企業への感謝の気持を忘れずに、日本の芸術文化の充実発展のための活発な活動、積極的な取り組みを是非してほしいと切に念じるものである。

多様な芸術文化活動と助成

『文化振興基金ニュース』No.15,
独立行政法人日本芸術文化振興会基金部，平成12年6月

芸術文化活動は、文芸、音楽、舞踊、美術、演劇、映画等ジャンルも多種多様なら、ひとつのジャンルの中でも様々なものがある。しかし、どのジャンルのどんなものが、芸術文化的見地からより価値が高いかとか、どちらがより重要なのかとかいったことは、当然のことながら比較できる性格のものではない。また、ひとつの作品、ひとつの活動に対する評価も、客観的なあるいは数量的な尺度がないだけに色々ありうるところだし、短期的には定まらないことがある。モネの「草上の食卓」はパリのサロンで落選したし、ストラヴィンスキーの「春の祭典」の初演はブーイングの嵐に襲われた。

芸術文化を享受する側の求め、好みも多様である。クラシックか演歌かで大の大人が居酒屋で口角泡を飛ばしているのを見たことがある。モーツァルト、ベートーヴェンは古い、やはり現代音楽だという人もいる。ともに4百年の歴史をもち、演劇、音楽、美術が一体となった総合舞台芸術である歌舞伎とオペラも、やはり日本人の心に訴えるのは歌舞伎だという派とアリア、重唱が素晴らしいオペラだという派がある。ルーベンス、レンブラントなどのバロック派が好きだという人もいれば、いやモネ、ルノワールなどの印象派が最高という人もいる。

芸術文化振興基金は、このような視点も踏まえて、音楽、舞踊、演劇等の現代舞台芸術はもとより、伝統芸能、美術、映画等の各分野、そして先駆的、実験的な活動から地域文化活動、アマチュアの文化活動に至るまで幅広く、平成2年の創設以来10年間、助成して来ている。ただ、助成が基金の利息で行われる仕組みであるため、現下の長期化する低金利の影響をもろに受けて助成水準が低下する一方であるのは誠に残念である。

芸術文化に関し公的助成の拡充を期待すること切なるものがあるが、国家財政も火の車という状況では多くは望めないのであろうか。文化予算が比較的手厚いヨーロッパ先進国や文化事業への民間からの寄附が活発なアメリカなどが羨ましくなる。これらの国と較べて芸術文化がまだまだ生活の中に根づいていない我が国の国民の文化的民度の政治、行政への反映だとするならば残念なことであり、広く国民がより芸術文化を日常的に愛好するよう、そして文化予算の充実を積極的に支持してくれるよう、もっと幅広い、そして息の長い活動を展開する必要があるのではないかと思うのである。

第五章　修養団の時代

ようやく私、八咫烏のもう一つの役割をお話しできる。
実は、私はここで登場する修養団のシンボルである
三角章にもデザイン化されて描かれているのだ（p.201参照）。
修養団（SYD）は明治39年に東京府師範学校に
在学中だった蓮沼門三を中心とする学生達によって
創立された社会教育団体である。
國分氏はその理事長を11年務めた。
平成18年には100周年を迎えている。

創立100周年記念大会を終えて

『向上』第1127号，公益財団法人修養団，平成18年1月1日

新年あけましておめでとうございます。昨年十一月十三日、修養団創立一〇〇周年記念大会が成功裡に終了いたしました。多くの方々のご支援、ご協力に対し、先ずもって心から御礼申し上げます。

記念大会は、紀宮様のご結婚式を二日後に控えて大変ご多忙の中、天皇皇后両陛下の行幸啓を賜り、快晴にも恵まれ、ご来賓、会員など千八百名の方が参加して明治神宮会館で盛大に開催されました。

第一部の式典では、天皇陛下から「お互いに思いやりの心を持ち、愛し合い、共に働き、良き社会を建設しようという修養団の精神は、高齢化の進むこれからの我が国の社会にとっても、また我が国の人々が、世界における様々な問題の解決に貢献していくに当たっても、大きな意義をもっていくものと思われます。」とのお言葉をいただきました（その全文は、次号「大会特集」で掲載予定）。「愛と汗」の活動に携わっている全国の修養団関係者にとってこんな励みになる、また有り難いお言葉はないと感激いたしました。天皇陛下は、式典終了後ご退場の際、檀上に飾られている蓮沼門三初代主幹の写真にわざわざ歩み寄られ、「何歳の時の写真ですか」とお尋ねになりながら、しばし見つめられていたのが大変印象的でした。

お帰りの車寄せで「本日は誠に有り難うございました」と御礼のごあいさつを申し上げると、天皇陛下は「今後ともよろしくお願いします」とおっしゃられました。私はその時は「はっ」と頭を下げただけでしたが、しばらくするとこれは大変なことだと気づきました。修養団の精神とその実践はこれからの社会にとって重要である、今後ともその活動に努力してほしい、特に団の活動、運営に責任

のある者はしっかりやってほしいというご意思を示されたのではないかと思われたからです。私だけが伺ったお言葉ですが、一人ではその負担に押しつぶされそうですので、ここにご披露して会員各位にその責任を分担していただきたいと存じます。

第二部の祭典は、修養団の一〇〇年をその時代、時代の童謡、唱歌をはさんでＤＶＤ映像で振り返るという構成でした。眞理ヨシコさんの歌・進行と、ひばり児童合唱団、タンポポ児童合唱団の澄んだ歌声とで、楽しい中に感動的な場面の連続でした。特に眞理さんが「ここに修養団の愛と汗の歴史と、同様、唱歌という日本の誇る文化財産が一つになりました。これを次代を担う子どもたちにと伝えていくのは私たちの責任です」としめくくった時には、その盛り上がりは最高潮に達しました。

いずれにしても、この大会は、式典、祭典を通じ単に一〇〇年間を回顧するにとどまらず、これからも修養団活動をさらに前進させていこうというコンセンサスが確立した点で、とくに意義深いものがあったと思います。まだ記念事業は実施中です。とくに現在試行中の「幸せの種まきキャンペーン」は本年二月から明年三月まで本格的に実施する計画になっています。いくつかのマスコミでＳＹＤの「出前授業」などと紹介されていますが、より充実したものになるよう会員各位も学校、地域団体などに是非働きかけてほしいと願っています。

家庭教育の充実を願って

『向上』第1139号，公益財団法人修養団，平成19年1月1日

新年明けましておめでとうございます。平成十九年の新春を清々しくお迎えのことと、心からお慶び申し上げます。

お正月というと、私などには一家揃《そろ》って賑《にぎ》やかにお雑煮《ぞうに》やお節《せち》料理を食べ、楽しくカルタや凧揚《たこあ》げに興じている情景がイメージとして浮かびます。そしてこういった一家団欒《だんらん》の雰囲気の中で、親子、兄弟姉妹などが家族の絆を深めると同時に、家庭が基本的な倫理観や生活習慣などを自然に学ぶ場になっていたように思います。特別の家庭でなくごく平均的な家庭でそうでした。今の言葉でいえば家庭の教育力ということでしょうか。

ところが近年、少子化や核家族化などの社会・家庭環境の著《いちじる》しい変化、親のライフスタイルの変化等によって、こういう雰囲気は希少になり、親の子に対する過保護、過干渉、一方で放置や虐待《ぎゃくたい》といったことがしばしば見られるようになってきました。親は人生最初の教師、家庭はすべての教育の原点であるということがよくいわれますが、残念ながらこの教育の機能が低下してきたことは否定できません。

このところ、児童生徒のいじめによる自殺という痛ましい事例が相次いでいます。その度に、行政、学校、教師はしっかりしろ、いじめにあっている子どもの発するシグナルを早く見つけて迅速《じんそく》に対処しろとの声があがります。それはそれで責任ある対応をお願いしたいと思いますが、少し気になるのは、マスコミや識者のコメントなどでは、いじめられている子に係わるものが多く、いじめている、いわば加害者サイドについての指摘が少ないように感じられることです。いじめの背景には、様々の要因が複雑にからみ合っていますし、個々には特殊な要因があったりしますの

で、一律には論じられませんが、いじめている子の家庭、家庭の教育に問題はなかったのかという観点からも分析する必要があるのではないでしょうか。

善悪の判断、他人とくに弱者に対する思いやりなどを子どもにしっかり身につけさせることは、家庭の最も基本的な教育作用だと思います。教育力が低下しているからといって家庭での教育には行政を含め第三者が直接介入しにくい特性がありますので、まどろっこしくとも最終的にはそれぞれの自覚に待つよりほかないのですが、そこのところ（家庭の教育機能の低下）を解決しないと、何時までもいじめという結果に対する対応だけに追われてしまうことになってしまいます。

いじめの問題は一例に過ぎません。昨今の教育課題を考えるに当たっては、学校に対する今までの過度の期待を反省し、子どもの教育の責任は第一義的には家庭にあるという原点に立ち帰る必要があるのではないでしょうか。家庭教育の充実については、修養団でも昭和四十八年以来、家庭教育活動（「若い母親の一日教室」、「さわやか家庭《共育》セミナー」等）を展開してきておりますが、一団体の活動では限界があり、行政などのいっそう積極的な支援や、家庭教育の特性に配慮した総合的な施策の樹立が望まれます。

『向上』第1178号，公益財団法人修養団，平成22年4月1日

青少年のボランティア活動

さる二月七日、平成二十一年度の「SYDボランティア奨励賞」の贈呈式が修養団SYDホールで行われ、豊田市立崇化館《そうかかん》中学校の麦の会の活動が文部科学大臣賞に輝きました。この「SYDボランティア奨励賞」は、ボランティア活動を実践している青少年を顕彰することによってボランティア活動がより一層活発になることを願って、修養団創立百周年の記念事業として創設したもので、今回四回目になります。文部科学大臣賞のほか、優秀賞、特別賞が授与されます。

わが国のボランティア活動は、諸外国に比べてこれまで余り活発でないと指摘されてきましたが、平成七年一月の阪神・淡路大震災では全国から被災地に多数のボランティアが復興支援に参加し注目されました。以後今日まで、さまざまな災害に老若男女を問わず多くのボランティアが参加するようになりました。近年、中年の主婦層と並んで、定年退職者のボランティア参加がめざましいという統計があります。時間的、経済的なゆとりができ、これまでに培ったさまざまなスキルを生かして、生き甲斐《がい》を求めるようになったからでしょう。

それはそれで大変結構なことですが、青少年のボランティア活動には、中高年の活動の意義とは別に、特別の意義があります。「二十一世紀を展望した我が国の教育の在り方について（平成八年七月、中央教育審議会答申）」では、「（子どもの）豊かな人間性をはぐくむため……ボランティア活動、自然体験、職場体験などの体験活動の充実を図る必要がある」「他者の存在を意識し、コミュニティの一員であることを自覚し、お互いが支え合う社会の仕組みを考える中で自己を形成し、実際の活動を通じて自己実現を図っていくなど、青少年期に

おけるボランティア体験の教育的意義は特に大きい」と述べています。青少年が、学校や地域社会でボランティア活動を体験することは、社会性を自ら身につけるだけでなく、成人になってもボランティア活動を自然に行っていくようになるでしょう。

「SYDボランティア奨励賞」もこういう教育的意義に鑑《かんが》みて創設したものですが、当初は応募が少なく、継続して実施できるのかどうか心配いたしました。しかし年を追って応募が増え、今回は百五十七件にも達し、この賞が少しずつ社会的に認められてきた証《あかし》と力強く思っています。活動内容も、老人施設・一人暮らし老人訪問、地域の清掃、収益金を活用するための空き缶回収、国際支援など多方面にわたっています。応募は学校単位などでの活動が中心になっていますが、実際には個人で参加しているボランティア活動もたくさんあるでしょう。この賞がその一助となって、わが国の青少年のボランティア活動がますます盛んになることを期待しています。

同じく修養団創立百周年記念事業として始めた「幸せの種まきキャンペーン《出前講座》」も好評であり、「SYDボランティア奨励賞」とともに、それ自体の事業目的とは別に、修養団活動の輪を、特に若い人に広げていくことに寄与しています。本年度の基本方針を「仲間を増やそう！　広げよう！　幸せの種まき運動」としました。本年度もよろしくお願い申し上げます。

年頭に当たって
知・徳・体のバランスこそ

『伊勢道場だより』初春号(第62号),
公益財団法人修養団, 平成16年1月

修養団は「愛と汗」を基本理念として各種の社会教育事業を展開しています。その原点的活動の一つが伊勢道場での伊勢講習会をはじめとする諸活動だと思います。〝伊勢という清浄の地で心身を鍛錬する〟。現代においてややもすると敬遠され、だからこそ現代において必要とされることが行われているのです。新年を迎えるに当たって、このことを関係各位に強く訴え、ご理解とご協力をお願いしたいと存じます。

幕末の時代、薩摩藩に郷中教育という社会教育システムがありました。武士の子弟で構成される青少年組織で、「嘘をつくな」、「弱い者をいじめるな」といった、いつの時代にも通用する簡明な道徳律の下、仲間同士で文武両道に亘って切磋琢磨し心身を鍛え合っていました。また、年長者が年少者の面倒を見つつ厳しく指導してもいました。この中から、西郷隆盛、大久保利通など明治維新を成し遂げ、近代日本の基礎を築いた人材が多数輩出したのです。単に知識を習得するだけでなく、こういった鍛錬を通じていかなる事態、いかなる困難にも柔軟にそして不屈に立ち向かうことができる精神力、知力、体力が培われたのだと思います。封建時代の武士階級のシステムであり、時代も理念も社会環境も異るわけですから、直ちに現代にそのままもってこられるものではありませんが、何か学ぶべきヒントがあるように思うのです。

一方、教育界では今「ゆとりと教育」ということがいわれています。誤解を恐れず一言でいえば、まず第一に教育内容を精選して基礎・基本を徹底しようということです。獲得した知識、技能がすぐに陳腐化してしまう現代においては、基礎・基本はしっかり学ばせた上で、生涯に亘って学ぶ態度、問題解決能力などを身に付けさせることこそ重要であるという考え方に基づいているのです。また同時に勤労体験・自然体験や奉仕活動などをいっそう重視することとしています。これらの学習、活動により、額に汗することの喜びと大切さを学ばせるとともに、規範意識や公共心の低下が指摘される子どもたちに集団生活におけるルールなどの社会性をはぐくもうというのがそのねらいです。理解不足からこんなことでは学力低下を招くといった批判や反撥もありますが、この理念が学校での実践に定着して、日本の将来を託するに足る知・徳・体バランスのとれた青少年が育ってほしいと願っています。修養団の実践活動は、従来からこういう考え方に立って事業展開されてきたと思います。そういう意味ではフォローの風が吹いているといえます。また、薩摩の郷中教育に通ずる面があるようにも思います。昭和三十六年以来開催回数が千回を超えた伊勢講習会などの伊勢道場の諸事業についても、いっそうの充実を図って参りたいと存じております。が、利用される方があってはじめて意味あるものになるわけですので、重ねて関係各位のご理解を頂戴したいと念願いたしております。

（財団法人修養団理事長）

(1)　(第62号)　伊勢道場だより　平成16年初春号

五十鈴

誓願

人よ醒めよ醒めて愛に帰れ
愛なき人生は暗黒なり
共に祈りつつすべての人と親しめ
わが住む郷に一人の争う者もなきまでに
人よ起てよ起ちて汗に帰れ
汗なき社会は堕落なり
共に祷りつつすべての人と働け
わが住む里に一人の怠る者もなきまでに

謹賀新年
平成十六年　元旦

年頭に当たって知・徳・体のバランスこそ

國分正明

修養団は「愛と汗」を基本理念として各種の社会教育事業を展開しています。その原点的活動の一つが伊勢道場での伊勢講習会をはじめとする諸活動だと思います。〝伊勢という清浄に地で心身を鍛錬する〟。現代においてややもすると敬遠され、だからこそ現代において必要とされることが行われているのです。新年を迎えるに当たって、このことを関係各位に強く訴え、ご理解とご協力をお願いしたいと存じます。

幕末の時代、薩摩藩に郷中教育という社会教育システムがありました。武士の子弟で構成される青少年組織で、「嘘をつくな」「弱い者をいじめるな」といった、いつの時代にも通用する簡明な道徳律の下、仲間同志で文武両面に亘って切磋琢磨し心身を鍛え合っていました。また、年長者が年少者の面倒を見つつ厳しく指導してもいました。この中から、西郷隆盛、大久保利通など明治維新を成し遂げ、近代日本の基礎を築いた人材が多数輩出したのです。単に知識を習得するだけでなく、こういった鍛錬を通じていかなる事態、いかなる困難にも柔軟にそして不屈にたち向うことができる精神力、知力、体力が培われたのだと思います。封建時代の武士階級のシステムであり、時代も理念も社会環境も異るわけですから、直ちに現代にそのままもってこられるものではありませんが、何か学ぶべきヒントがあるように思うのです。

一方、教育界では今「ゆとりと教育」ということがいわれています。誤解を恐れず一言でいえば、まず第一に教育内容を精選して基礎・基本を徹底しようということです。獲得した知識、技能がすぐに陳腐化してしまう現代においては、基礎・基本はしっかり学ばせた上で、生涯に亘って学ぶ態度、問題解決能力などを身に付けさせることこそ重要であるという考え方に基づいているのです。また同時に勤労体験・自然体験や奉仕活動などをいっそう重視することとしています。これらの学習、活動により、額に汗することの喜びと大切さを学ばせるとともに、子どもたちに集団生活におけるルールなどの社会性をはぐくもうというのがそのねらいです。理解不足からこんなことでは学力低下を招くといった批判や反撥もありますが、この理念が学校での実践に定着して、日本の将来を託するに足る知、徳、体バランスのとれた青少年が育ってほしいと願っています。修養団の実践活動は、従来からこういう考え方に立って事業展開されてきたと思います。そういう意味ではフォローの風が吹いているといえます。また、薩摩の郷中教育に通ずる面があるようにも思います。昭和三十六年以来開催回数が千回を超えた伊勢講習会などの伊勢道場の諸事業についても、いっそうの充実を図って参りたいと存じております。が、利用される方があってはじめて意味あるものになるわけですので、重ねて関係各位のご理解を頂戴したいと念願いたしております。

（財団法人修養団理事長）

●こくぶん・まさあき／昭和11年生まれ。昭和61年文部省体育局長、昭和63年高等教育局長、平成元年大臣官房長、平成2年文部事務次官、を経て平成4年公立学校共済組合理事長、平成7年より日本芸術文化振興会（国立劇場）理事長となり現在に至る。平成10年より修養団理事。中央教育審議会委員、東京都教育委員会委員。

式年遷宮《せんぐう》

『向上』第1175号, 公益財団法人修養団, 平成22年1月1日

明けましておめでとうございます。早いもので平成も二十二年の春を迎えました。会員各位にとって本年がよい年となりますよう心から祈念いたします。

全国各地の神社仏閣は、今年も初詣《はつもうで》客で賑《にぎ》わっていることでしょう。伊勢の「神宮」には、毎年年頭に総理大臣をはじめ多くの閣僚が参拝する習わしになっていますが、政権交代を果たした鳩山内閣ではどうでしょうか。

神宮では、現在平成二十五年の第六十二回式年遷宮の準備が着々と進められています。その一環として五十鈴川に架かる宇治橋が架け替えられ、昨年十一月三日に「渡始式《わたりはじめしき》」が行われました。私も式年遷宮委員会の委員の一員としてこれに参列いたしました。全国から選ばれた三世代揃《そろ》ったご夫婦たちが桧造《ひのきづく》りの、白木まぶしい新橋を渡るセレモニーは絵に描いたような情景で、同時におごそかで清々《すがすが》しいものでした。

二十年に一度、古例のままに百二十五の「御社殿」や千数百点の「御装束神宝」を一新して神様に神殿へのお遷《うつ》りを仰ぐ式年遷宮は、持統天皇の時代（六九〇年）に第一回が行われ、今日まで六十一回を数えております。伝統的な、そして今後とも維持すべき行事であり、日本の文化、伝統、習俗等の原点とも言え、神道とか宗教とかを超えたもののような気がします。とくにこれを支えてきた伝統技術は宗教活動とは直接関係ないし、それ自体きわめて重要なものではないでしょうか。非常に価値の高い無形文化財の保護という観点から、公的援助についての憲法解釈に風穴が空けられないものかと考えます。憲法学者などの多角的で積極的な検討を強く望みたいと思います。憲法改正というと第九条（戦争放棄《ほうき》）だけが注目されますが、本件について解釈論では

限界があるようなら、第八十九条の改正も提起されてよいのではないかと思います。

　修養団の伊勢青少年研修センター（伊勢道場）は、宇治橋の近くにあり、そこでの講習会では、その立地を活かして清掃奉仕、五十鈴川での水行、内宮正式参拝など神宮に関係のある活動も実施し、受講生が日本の成り立ち、伝統、文化、日本人の心、アイデンティティなどについて自ら考える機会となっています。この意味でも、いつまでもこの遷宮が続いてほしいと願っている次第です。

伝統の継承と遷宮

『向上』第1214号，公益財団法人修養団，平成25年4月1日

六年前、教育基本法が改正されました。数ある重要な改正内容の中で、私が特に注目しているもののひとつに伝統文化の尊重があります。改正教育基本法は、まず「前文」で「伝統を継承……する教育を推進する」と宣明し、第二条で定める教育目標の中に、道徳の涵養《かんよう》、勤労重視、公共の精神、生命の尊重などの項目と並んで、「伝統と文化を尊重し、それらをはぐくんできた我が国と郷土を愛する……態度を養うこと」を挙げています。前文の伝統の継承について、文部科学大臣が国会で「我が国の長い歴史を通じて培《つちか》われ、受け継がれてきた風俗、習慣、芸術などを大切にし、それらを次代に引き継いでいくということであります」と述べています。

教育基本法は、まさに教育の基本、理念を定めるものですから、法律が成立したからといってすぐにその成果が出るというわけのものではありません。それは分かっているのですが、伝統文化の昨今の状況を国民の意識という点からみると、今後に向けて何かと気がもめてなりません。

本年十月、伊勢の神宮の六十二回目の式年《しきねん》遷宮《せんぐう》が行われます。この遷宮は持統天皇の時から始められ、以来千三百年間、戦国時代の混乱期を除き絶えることなく二十年毎《ごと》に行われてきているのです。内宮《ないくう》、外宮《げくう》の正宮だけでなく、百二十五の社殿すべて、そして御装束、神宝にいたるまで、人間国宝クラスの宮大工や美術工芸家達によって、以前のままの規模、様式、手法で造り替えられます。これによってその伝統的な技術も引き継がれています。

このような神宮の存在、歴史、また神宮の様々な日々の営みは、日本の文化、風俗、生活習慣の原点であるともいえます。だからこそ、とくに江戸時代以降「お伊勢参り」が全国の

老若男女によって盛んに行われてきたのだと思います。

静寂《せいじゃく》の中参道の玉砂利を踏んで杉木立の道を進み神殿にお参りをすると、何かに打たれたような、何ともいえない気持ちに包まれると多くの人がいいます。日本人の心、日本民族のふるさとともいわれる神宮の持つ総体の雰囲気がそうさせるのでしょうか。最近遷宮が何かと話題となって関心も高まり、また若い人にパワースポットだなどといわれたりして、神宮への参拝者が増加しているそうです。動機が何であれ、そのこと自体は喜ぶべきことだと思います。遷宮を契機に神宮に関心を持ったり、さらに参拝したりといったことを通じて、国民全体の意識として、日本の歴史、文化、伝統を尊重する気風が高まり、確かなものになっていく一助になると思うからです。

自民党は、「日本を、取り戻す」というスローガンで政権に復帰しました。改正教育基本法成立時の首相は、安倍現首相です。経済、外交等を取り戻すのももちろん大切ですが、日本の伝統、文化、日本人の心を取り戻すことにも是非意を注いでほしいものです。

修養団は、百七年の歴史を持つ「愛と汗」の精神をしっかりと継承し、本年度も「手をつなぎ、心を合わせ、進めよう〝幸せの種まき運動〟」の基本方針の下、修養団活動を展開して参ります。引き続きご支援、ご協力をお願いいたします。

「遷御の儀」に参列して

『向上』第1223号, 公益財団法人修養団, 平成26年1月1日

明けましておめでとうございます。平成二十六年の春を迎えました。本年も役職員一同、修養団活動に力を注いで参りたいと存じますので、各位の引き続いてのご理解とご協力をお願いいたします。

新春を迎え、遷宮《せんぐう》を終えた伊勢神宮は、例年以上に参拝客で賑《にぎ》わっていることでしょう。第六十二回式年遷宮のクライマックスといえる「遷御《せんぎょ》の儀《ぎ》」は、昨年十月、内宮は二日、外宮は五日に滞《とどこお》りなく執《と》り行われました。私はそのうち内宮に供奉員《ぐぶいん》として参列する光栄を得ました。当日は潔斎《けっさい》して身を清め、烏帽子《えぼし》、束帯《そくたい》を身にまとい、木沓《きぐつ》をはいて、手に笏《しゃく》という古式ゆかしい出で立ちで参列しました。午後八時ご神体が絹垣《きんがい》に覆《おお》われて、旧正殿を出御《しゅつぎょ》し、松明《たいまつ》の明かりだけの浄闇《じょうあん》の中、玉砂利をきしませて粛々《しゅくしゅく》と御列は進み、三十分ほどで新正殿に入御いたしました。

安倍総理以下数名の閣僚がこれに参列しましたが、早速《さっそく》翌日の新聞の中には、憲法の定める政教分離の原則に反するのではないかとの意見を掲載したものがありました。これに対し、菅官房長官は「私人としての参列であり問題ない」との見解を記者会見で述べています。私は参列してみて、これは日本文化の源泉、日本人の心のふるさとだ、決して宗教行事という性格のものではないと改めて感じました。官房長官は議論になるのを避けて「私人としての参列」と述べたのでしょうが、総理が総理として閣僚が閣僚として参列したとしても、多くの国民は、千三百年前から続く我が国の伝統的な行事への参加ととらえるのではないでしょうか。

そもそも西洋の絶対的な唯一神と神道の八百万《やおよろず》の神とは同じ神という言葉でも全く異なる概念《がいねん》ですし、同じく宗教という言葉でく

くってしまうことに私はいささか違和感を覚えます。折から憲法改正論議が盛んですので、現行の政教分離の規定自体を日本の実情も踏まえて再検討すべきではないでしょうか。その場合、憲法学はもちろんですが、宗教学、歴史学、民俗学などを含めた総合的な検討が望まれます。

それにしても今回の遷宮は大変な盛り上がりを見せました。関係者の熱心な広報活動もあったと思いますが、なにより国民一人ひとりがいつになく式年遷宮に大きな関心を寄せたことによるのではないかと思います。昨年の参拝者数が過去最多の千数百万人に達したこと、遷宮費用にと寄せられた国民の浄財がこの不況下、予定よりも早く、しかも予定額をはるかに超えたものになったことなどが、何よりの証《あかし》です。式年遷宮は、常に新しく永遠に滅びないという「常若《とこわか》」の精神に基づき、二十年毎にいのちが再生され、新しくよみがえるとされます。変化の激しい時代にあって変わることのない日本の伝統に対する再認識・回帰、そして東日本大震災、経済不況等を克服しての新しい出発への期待などから、関心が高まったのかもしれません。

いずれにせよ、式年遷宮の理念に学び、世界の平和が維持され、その中で日本がいつまでも繁栄する、そんなきっかけの年に今年がなってほしいと念願する次第です。

【終盤】 残余の棋譜

加戸守行氏との終盤戦

第一章 思うこと

修養団月刊誌『向上』に
綴った教育のこと、日本のこと、
社会のこと……。

国旗、国歌について思う

『向上』第1115号，公益財団法人修養団，平成17年1月1日

明けましておめでとうございます。修養団創立百周年を迎えるに当たり、今年は十一月十三日に記念式典が挙行されるのをはじめ、いくつかの記念事業が展開されます。修養団にとって大きな節目の年になりますが、単に過去を振り返るだけでなく、将来に向けて大きく飛躍するステップの年にしたいと念じています。関係各位のご理解とご協力をお願いいたします。

ところで、近年元旦をはじめ祝祭日に国旗「日の丸」を掲げている家を見かけることが稀《まれ》になっています。「旗日」ということばも死語になりそうです。また少し前の話ですが、国歌「君が代」は大相撲《おおずもう》の千秋楽の歌だと思っていた子供が沢山《たくさん》いたそうです。戦後、いわゆる進歩的文化人や一部のマスコミなどが、「日の丸」を掲げ、「君が代」を歌うことは戦前の軍国主義を復活させ、再び戦争への道を歩むことになるといった論を声高に主張し続けました。その影響が今日まで及んでいることによるのではないかと思います。

今から四十年前の東京オリンピックで、私が目撃し、今も鮮やかに記憶しているシーンがあります。国立競技場のフィールドでは棒高跳びの決勝ラウンドが行われており、次のスタート番の選手が緊張した面持ちで呼吸を整えていました。その時、フィールドの他の一角で他の種目の表彰式が始まり、金メダリストの国の国歌が演奏され、国旗が掲揚され始めました。するとその選手は自国の国旗、国歌でもないのに、スタートの準備行為を中止し、その国旗に注目し不動の姿勢をとったのです。選手にとって最も大切なスタート前の精神集中を中断してまで払う国旗、国歌に対する敬意。若い私は感動を覚えました。

昨年中国で開催されたサッカーの国際試合

（アジアカップ）で、試合前の日本の国歌演奏に対する中国人観客のブーイングは目に余るものがあり、これで四年後の北京オリンピックは大丈夫かと各方面から批判されました。「試合中のプレーに対するブーイングはアウェイではよくあることだが、国歌に対するブーイングは許せない」とそのマナーの悪さ、非礼さに日本チームで最も怒ったのがブラジル人であるジーコ監督だったそうです。

一方日本人はどうでしょうか。長野での冬季オリンピックで、日本人金メダリストが表彰台で国歌演奏、国旗掲揚の最中着帽のままでいて批判されたのは記憶に新しいことです。また、昨年東京ドームでプロ野球を観戦した時のことですが、試合開始前の国歌演奏、国旗掲揚で何人かいた外国人が起立しているのに、多くの日本人観客が知らん顔で弁当をパクついていました。

以上は目につき易いスポーツの分野での例ですが、このような意識の日本人が他国の国旗、国歌に対して非礼を犯し、問題となるケースが残念ながら時として起きています。平成十一年の国旗・国歌法の制定を契機として、自国、他国を問わず、国旗、国歌に対する日本人の意識、態度は少しずつ改善されつつあるとは思いますが、学校の入学式、卒業式などでの事例をみると、未だ未だの感がいたします。国際化の時代に真に尊敬される日本人であるためにはこれではいけないと思います。

伝統・文化の継承

『向上』第1151号, 公益財団法人修養団, 平成20年1月1日

年の始めの例《ためし》とて終りなき世のめでたさを
松竹立てて門《かど》ごとに祝う今日こそ楽しけれ

（『一月一日』　詞・千家尊福）

明けましておめでとうございます。会員各位には平成二十年、二〇〇八年の新春を清々しくお迎えのことと心からお慶び申し上げます。本年も修養団活動充実のためご尽力、ご協力下さいますよう心からお願い申し上げます。

冒頭に掲げた『一月一日』の歌は、お正月には必ずのように歌われたものでした。我々年代の者は今でもこの歌を聞くと、かつてのお正月の情景が懐かしく思い出されます。しかし、今日お正月の行事、街の雰囲気、人々の装いなども一昔前とはすっかり様変わりしてしまいましたし、この歌も今の若い人たちは多分知らないでしょう。聞いたこともないかもしれません。

近年、この歌に限らず、日本で生まれた、唱歌のような歌がどんどん忘れられていくのは誠に残念です。故郷《ふるさと》、早春賦、我は海の子、夏は来ぬ、紅葉、鯉のぼり、村祭等々。主として明治、大正期にできたこれらの歌を聞くと、ぐっとくるものがあります。それは単に郷愁という気持ちだけではないようです。歌の内容が日本の美しい自然やたたずまい、伝統的な習俗を歌っているものが多いだけに、ややもすればそれが消えていきそうな今、日本はこれらを決して失ってはならないという思いが募るのです。これらの歌は日本人のアイデンティティーを育んでくれるものでもあるのです。これはジャズやロックには期待できないことでしょう。

先般、小・中・高校の教育内容の基準となる学習指導要領の改訂の方向が中央教育審議

会から発表されました。学力向上策として主要教科の授業時間を増やすことなどが中心的な課題ですが、伝統文化の継承も一つの柱になっています。一昨年教育基本法が全面的に改正され、「伝統と文化を尊重……する態度を養う」ことが教育の目標として規定されたわけですから、今後さらに具体的な形でこれが推進されることを期待したいと思います。伝統・文化といっても美術工芸品や能・歌舞伎などの芸術的分野のものに限られてはいません。お花、お茶、和服などの生活文化、相撲、柔剣道、和風建築、さらには日本人の生活習慣、立ち居振る舞いといった、幅広いものが含まれると私は理解しています。前述の唱歌の類、わらべ歌、民謡なども当然これに入ります。

終戦後、GHQの占領政策の影響もあって、日本人は自らの歴史、伝統、文化を古くさいもの、価値の低いものとして粗略に扱ってきたきらいがあります。しかし、伝統、文化はいったん失われたら、回復することは殆んど不可能です。その意味で、伝統文化を継承していくためには、今がぎりぎりの段階になっているのではないでしょうか。学校教育にも大いに期待しますが、それだけで実現できるものではありません。また、例えば芸術関係分野に携わっている一部の人たちの努力で足りるものでもありません。国民全体、とくに次世代によき伝統、文化を引き継いでいくべき責務を負っている我々大人の決意と努力が求められていると思います。

日本人の寄附意識

『向上』第1190号，公益財団法人修養団，平成23年4月1日

欧米では、一代で巨万の富を築いた実業家などが、その資産を提供して教育文化、福祉事業などを支援することがよくみられます。財団を創設して教育・学術・慈善事業を支援したロックフェラー、ニューヨークに音楽ホールを建設したカーネギーなどはその代表的な例です。また、額は別として、国民の間にも、余裕があれば気の毒な人に援助しようという気風があるように思います。企業にもその社会的評価を高めるためには社会的貢献をおこなうことが求められています。

日本ではどうでしょうか。毎年の赤い羽根や災害時の義捐金《ぎえんきん》の募金などはありますが、それ以外の時に自発的に公益事業などに積極的に寄附するという状況にあるとは思えません。企業でも近年文化、芸術を支援するメセナ活動が注目されつつありますが、他の分野も含めてまだまだ不十分だと思います。寄附に関する税制の違いに起因するのだという意見もありますが、日本でも公益事業に寄付した場合には課税所得から控除したり、損金《そんきん》に算入できたりする制度があります。むしろ長年に亘《わた》る寄附習慣が積み重ねられた欧米との国民性の違いによるのではないでしょうか。また、欧米人は寄付者名を明らかにしてむしろ自らそれを誇りに思っているところがありますが、日本人は奥ゆかしいのか、恥ずかしい気持ちがあるのか、名前を出したがらない傾向があります。東京大学に講堂を寄附した安田財閥の創始者・安田善次郎さんも匿名《とくめい》が寄附の条件だったそうです。

こんな日本の風土の中で、「タイガーマスク運動」が起こりました。ご承知のとおり、昨年のクリスマスに前橋市の児童相談所前に「伊達直人」の名でランドセル十個が届けられました。「伊達直人」は漫画『タイガーマスク』の主人公で、タイガーの覆面《ふくめん》をしてプロレス

ラーとしてプレーし、そのファイトマネーで自分が育った孤児院に素性を隠して寄附を続けました。前橋の事例に触発されて、全国の児童養護施設などに「伊達直人」だけでなく架空、実在の人物名で、ランドセルをはじめ文房具、食料品などが続々と届けられました。

これについては、一過性のものだ、感傷的だ、慈善の押し売りだなどとさめた意見も出ていますが、多くの人は心温まる話として肯定的に受けとめているようです。気持ちはあっても普段中々できないことを流行（?）に乗った形で比較的気楽に（低額の出費で）実現できること、ささやかでも満足を味わうことができること、気恥ずかしさも漫画の主人公を名乗ることで乗り越えることができることなどが、運動（?）を拡げていったのではないでしょうか。何かと心の荒廃がいわれている昨今、私も日本人のゆかしさ、心のやさしさを見たような気がして、日本人も満更《まんざら》でないなと素直に嬉しく思いました。できれば多くの人がこういう気持ちを持ち続け、多くの幸せの種をまいていってほしいものだと思います。

本年度は新しい公益法人制度による公益法人認定を得て、修養団としても「公益財団法人」として一層公益性の高い事業を展開してまいりたいと存じておりますので、会員各位の一層のご支援、ご協力をお願いいたします。

日本の神話

『向上』第1199号，公益財団法人修養団，平成24年1月1日

明けましておめでとうございます。昨年はあの三月十一日の東日本大震災で、二万人近くの死者、行方不明者を出しました。また、今なお避難生活を余儀《よぎ》なくされている方が沢《たく》山《さん》いらっしゃいます。改めて大変な年であったという思いでいっぱいです。今年は被災地が一日でも早く復旧、復興される、歩みの年であってほしいと願わざるを得ません。「がんばろう！　東北」「がんばろう！　日本」です。

ところで、今年が『古事記』が編纂《へんさん》され、天皇に献上《けんじょう》されて一三〇〇年という節目の年であることをご存知でしょうか。「天武天皇の勅《ちょく》を受け稗田阿礼《ひえだのあれ》が誦習《しょうしゅう》したものを太安万侶《おおのやすまろ》が採録した。和銅五年(七一二年)正月二十八日」と『古事記』の序で太安万侶自身が述べています。「イザナギ、イサナミの国づくり」「天照《あまてらす》大御神《おおみかみ》と天《あま》の岩戸」「スサノオの命《みこと》と八俣大蛇《やまたのおろち》退治」「大国主《おおくにぬし》の命《みこと》といなばの白兎《しろうさぎ》」などの話はよく知られていますが、これらは『古事記』全三巻の上巻（神代記）におさめられている、いわゆる神話です。ちなみに、修養団のシンボルである「三角章」にデザイン化された三本脚の烏《からす》は、神武天皇東征《とうせい》のとき大和路を先導した「八《や》咫烏《たがらす》」で、『古事記』中巻の神武天皇の項に記載があります。

よく知られている神話と述べましたが、私どもの世代の者には子ども用の絵本などでおなじみなのですが、現代の子ども達は残念ながら殆《ほとん》ど知らないといっていいでしょう。かつて神話を悪用して神国日本と称し戦争に突入していったことへの反省がアレルギーとなり、学校などでも全く取り扱われなくなってしまいました。十年ほど前でしたが、扶桑社編集の中学校用教科書で神話を扱ったところ、日教組などから戦争につながる教科書だなどと槍玉《やりだま》に挙げられたこともありました。しか

し、神話を神話として（史実としてではなく）教えることはそんなにいけないことなのでしょうか。ギリシャをはじめ神話を持っている国はかなりあると思いますが、日本ほど粗略《そりゃく》にしている国もないのではないでしょうか。『古事記』は大和朝廷を権威づけ、正当化するために編纂された歴史書だともいわれますが、その内容、とくに神話はロマンに満ちた文学書といっていいくらいのものです。そして長い間に亘《わた》り、日本の文化、風土、風習、ものの見方などに大きな影響を与えてきました。これを読み、知ることは日本を知ることにつながります。

　国際化時代にあって、今の若い人達は今まで以上に語学など国際理解、国際交流に必要な知識、技能の習得が要求されています。しかし、どこの国の人か分からないような人は国際人としても尊敬されないでしょう。その前に、日本の歴史、文化、伝統等について十分な知識と理解を持つこと、そして日本人としての自覚を持つことなどが必要だと思います。日本民族の文化遺産である『古事記』の存在を知り、神話にだけでも接することはこれらのことを身に付ける一助になります。『古事記』一三〇〇年を機に子ども達が日本の神話に親しんでくれるようになれば嬉《うれ》しいかぎりです。

修養団三角章

三角は「天・地・人」の調和を、青色は平和を表しています。翼と下の巾で八咫烏（やたがらす＝太陽の化身）を表わし、ハートは明魂（まごころ）、剣とペンは正義と文化の象徴。全体で、「愛と汗」で総幸福の社会を実現しようという誓願を表わしています。

少子化考

『向上』第1211号, 公益財団法人修養団, 平成25年1月1日

明けましておめでとうございます。平成二十五年、二〇一三年の春を希望をもってお迎えのこととお慶《よろこ》び申し上げます。われわれ修養団役職員一同も、修養団活動の一層の進展のため、引き続き努力して参りたいと存じておりますので、本年もどうぞよろしくお願い申し上げます。

最近、街中で今風の形《なり》をした若い男女がベビーカーを押しているのを見かけると「大変だろうけどガンバッテね」、電車で幼い子ども三人を連れているお母さんには「ご苦労様、有難う」と声をかけたくなります。「しろがねも金《くがね》も玉《たま》も何《なに》せむにまされる宝子《たからこ》にしかめやも」万葉《まんよう》歌人・山上憶良《やまのうえのおくら》の和歌ですが、古今東西を通じ子どもは宝物として大切にされてきました。その子どもの出生率（一人の女性が生涯に生む子どもの数）が、日本では一・三前後で推移し、このままでは子どもの数がどんどん減っていってしまいます。一年ほど前、五十年後の人口が三割減、しかも六十五歳以上の高齢者が四割を占めるというかなりショッキングな数字が厚生労働省から発表されました。出生率が低迷し、長寿化が進めば当然の結果ではあるのですが。

こうした「少子高齢化社会」においては、年金、医療、福祉などの財政面をはじめ社会、経済全体にわたっての抜本的な構造改革必至となりますが、一方で少子化を少しでも食い止め、緩和《かんわ》する方策というか知恵がないものかと思うのです。

近年晩婚《ばんこん》化、未婚化がどんどん進んでいます。これが当然ながら晩産《ばんさん》化、無産化そして少子化へとつながっているのです。さらに結婚しても、子育てについての経済的、精神的、肉体的な負担を考えて出産には消極的になってしまうという気持ちがこれに拍車をかけて

います。

未婚の若い人達に対する意識調査によると、必ずしも結婚する意思がないのではなく、その出会い、きっかけが少なく、ずるずるといってしまっていることが多いようです。かつては地域に結婚仲介の世話をやくおばさんが沢山《たくさん》いて、無理矢理（?）にでもお見合いをさせたりしていましたが、今ではそういうことは殆《ほとん》ど見られなくなりました。そんなことも影響《えいきょう》しているのでしょうか。

月刊『公民館』という雑誌（十一月号）で、「公民館で、婚活を！」という特集をやっていました。一瞬《いっしゅん》「えっ」と思いましたが、結婚が個人だけの問題ではなく、地域の活性化、若者の定住促進、少子高齢化対策と、地域課題の解決につながるとの問題意識に基いているようで、なるほどと首肯《しゅこう》いたしました。

少子化対策として、保育所整備をはじめ、子育て支援のための環境整備が官民で必要なことはいうまでもありません。が同時に様々なレベル、媒体《ばいたい》、形式で出会いの機会を今まで以上に増やしていく工夫が求められるように思います。政府も少子化担当大臣を設けたりしていますが、この問題は、一朝一夕《いっちょういっせき》に解決できなくても、国や自治体だけでなく、国民一人ひとりが問題意識をもって日常的に努力し続けていくことが必要な課題ではないでしょうか。

囲碁礼讃

『向上』第1226号，公益財団法人修養団，平成26年4月1日

囲碁界に若き才能の持ち主が現れました。井山裕太《いやまゆうた》さん（二十四歳）です。かつて将棋界では羽生善治《はぶよしはる》さんが七つのタイトルを独占して話題となりましたが、井山さんは七大タイトルのうち、十段位を除き、名人、棋聖、本因坊、天元、王座、碁聖の六つのタイトルを獲得しています。このところ、中国、韓国に押され気味の日本の囲碁ですが、井山さんが現状を打開してくれるのではないかと期待を集めています。

囲碁はゲームとして基本的には勝ち負けを争うものです。江戸時代、将軍の前で打つ御城碁では家元の名誉と命運を賭けて、それぞれの代表棋士が命がけで対局しました。家元制度が廃止された現在では、個人レベルで名人とか棋聖とかのタイトルを争っています。プロは勝ち負けに生活がかかっており、アマチュアは娯楽として一喜一憂しながらそれを楽しんでいます。しかし、日本人は単に勝ち負けを争うことにとどまらず、そこに文化を見出し、「棋道」といって精神修養の場とさえしています。

古来、琴、書、絵画とともに「琴棋書画《きんきしょが》」といわれ、文人のたしなむべき芸、教養のひとつとされてきました。『源氏物語』などでも貴族が囲碁に興じる様子が描かれ、『枕草子』でも「遊びわざは、小弓、碁」などと碁の面白さが述べられています。ついでながら、紫式部、清少納言は、その記述内容から判断して現代の基準でいうと有段者の腕前だったろうといわれています。日本の囲碁は、他の伝統文化や武道と同じく、礼に始まり礼に終わるなどの作法を重んじ、現代の棋士も、勝つためには手段を選ばずということでなく、囲碁に美学とか品格とかを求める気風があります。この辺に勝負に徹する中国、韓国に遅れをとっている遠因があるのではないかと

素人《しろうと》なりに考えています。ちなみに、囲碁の所管は、日本では文化庁であり、中国では体育省です。

一方、囲碁には脳を活性化する作用があるといわれ、認知症対策などに効果があることが明らかになってきています。また、その戦術、戦略を学ぶことを通じて、大局観など様々の教訓を学ぶ人もいます。

碁を打つことは、日本の文化に親しむことになるわけですし、脳の老化も防ぎます。いつまでも人生を豊かに楽しく過ごすことにつながるのではないかと思います。欠点は、「碁、将棋は親の死に目に会えない」といわれるほど面白いことです。しかし、誠に残念ながら、趣味、娯楽の多様化などもあって、近年囲碁人口が減少しつつあります。囲碁を普及することは「幸せの種」をまくことの一助になるのではないかとさえ思うのですが、子どもの頃から囲碁に親しんできた者の我田引水の論といわれるかもしれません。

平成二十六年度の基本方針を、「総幸福の明るい世界の実現」を目指し、広めよう〝幸せの種まき運動〟としました。本年度も修養団の活動にご理解、ご協力を下さるようお願い申し上げます。

「学ぶ意欲」こそ肝要

『教育時評』No.6，一般財団法人学校教育研究所，平成17年

昨今、マスコミの上で、新学習指導要領のいわゆる「ゆとり」が批判され、キャンペーンといってもよいほど見直し論が盛んである。新学習指導要領は、周知のように①授業時数を削減して教育内容を厳選し、基礎基本の確実な定着を図る、②選択教科を増やして一人一人の個性の伸長を図る、③総合的な学習の時間を新設するなどして体験学習や課題解決学習を重視する、④家庭や地域社会で様々な体験の機会をもって豊かな人間性等を育成する、ことなどをねらいとしている。

こういう考え方はすでに平成元年の改訂で「新しい学力観」として取り入れられつつあったが、その成果を見極めるには少なからぬ時間が必要であるにもかかわらず、性急にも見直し論がこのように燃え上がったのは何故であろうか。直接の引き金になったのは、かねてからの学力低下論に加えて、国際教育到達度評価学会（IEA）調査やOECD生徒の学習到達度調査（PISA）などの国際学力調査で、日本の生徒の学力が思わしくないとの結果が出たことによると思われる。これは大変だということか、我が意を得たりということか、教科の授業時数を増やすため、総合的な学習の時間の廃止や学校5日制の見直しまで言い出している。去る2月15日の中央教育審議会の再開に当たっての中山文科相の審議要請もこの文脈でとらえられ、「ゆとり教育全面見直し」といったセンセーショナルな見出しで報道されている。

もう少し冷静で実証的な検討が必要なのではないかと思う。中山文科相も、前述の審議要請で、確かに全ての教科の基本となる国語力の育成や授業時数等の見直しにも言及しているが、「知識や技能を詰め込むのではなく、基本的な知識や技能をしっかりと身に付けさせ、それを活用しながら自ら学び自ら考える力などの「生きる力」をはぐくむという現行の学習指導要領の理念や目標に誤りはないと考えています。ただ、そのねらいが十分達成されているか、必要な手立てが十分講じられているか、ここに課題があると考えます。」と

述べているのである。

そもそも、上記国際学力調査や国内の各種調査からいわゆる学力が低下しているとしてもそんなに大騒ぎすることなのであろうか。国際的にはトップでないかもしれないが依然トップクラスであり、国内調査でも顕著な落ち込みは見られない。第一授業時数を削減して教育内容を精選すれば、知識の量としてとらえる学力は低下するのが理の当然であり、そのことを考えればむしろ健闘しているというべきであろう。新学習指導要領では、「確かな学力」とは、知識や技能はもちろんのこと、これに加えて、学ぶ意欲や、自分で課題を見付け、自ら学び、主体的に判断し、行動し、よりよく問題を解決する資質や能力等までを含めたもの（平成15年10月中教審答申「初等中等教育における当面の教育課程及び指導の充実・改善方策について」）としており、記憶している英単語数や数学の公式といったものだけで測られるものではないのである。

憂慮すべきことは、そういうことでなく、学習意欲、その反映でもある学習習慣なのである。平成13年度小・中学校教育課程実施状況調査によると、「勉強は大切」だと思いつつも（小学生約87％、中学生約83％）、「好きだと思う」のは非常に少ない状況にある（小学生約37％、中学生約18％）。前述のＩＥＡ調査でも、理数が好きだとか、将来これらに関する職業に就きたいと思う者の割合や、学校外の勉強時間は国際的に見て最低レベルである。また、民間団体（財）日本青少年研究所の日、米、中の高校生についての学習意識調査（平17・3）によると、「授業中よく寝たり、ぼうっとしたりする」（日73・3％、米48・5％、中28・8％）、「宿題をきちんとやる」（日53・0％、米86・0％、中82・1％）、「わからない内容があっても、そのまま放っておく」（日44・4％、米25・5％、中17・7％）、「授業で習ったことをその日に復習する」（日9・6％、米39・8％、中41・8％）、「自ら進んで勉強している」（日25・7％、米60・9％、中63・1％）といった情けない結果が出ている。

日本の高校生が、「成績をもっと上げたい」（86・3％）、「努力すれば、成績が上がる」（90・2％）と思いながら、行動上ではとても消極的、勉強に対する努力のなさが目につくと同報告は分析している。

　これらのことは、学校での授業時数を増やして詰め込もうとしても、それだけでは問題の解決にならないことを示している。中教審初等中等教育分科会会長であった木村孟先生（東工大元学長）は、その会議で、学力問題に関連し、時間数が全く関係ないわけではないが、より重要なのは勉強の動機づけであるとし、東工大工学部の学生の例でも、3年になって実習をやり、4年で卒業論文にとりかかると、それまでとは勉強に取り組む姿勢ががらりと変わるという趣旨のことをいっておられた。また、同じ席で、市川伸一東大教授は、日本を含め東アジアの多くの国は受験のプレッシャーで勉強するが、受験目的を達成すれば解放されたという感じになって知識を剥落していく、しかし、シンガポールなどは学習の動機づけが非常にしっかりしているのでそのようなことはない、見習うべきだ、と述べておられた。いずれの発言も学習に動機づけがいかに大切かということで、私もまさにそのとおりと思う。

　中山文科相も、「子どもたちがわくわくした気持ちで授業に取り組めるような方策、わかる授業の実現に向けた方策について御検討をお願いします。」と述べている。中教審でもこれから教育課程の改善に向けて様々な角度からの検討が深められていくであろうが、授業時数等の学習指導要領の枠組みだけでなく、児童生徒の学習意欲を高める方策について積極的な検討をお願いしたい。基礎・基本を身につけた上で、高いモチベーション、学習意欲を持ち続けることができれば、学力をめぐる問題は自ずと解決されると思うのである。

今どきの若い者は

『公益財団法人交通道徳協会創立60周年記念誌』,
公益財団法人交通道徳協会, 平成18年10月14日

「今どきの若い者は困ったもんだ」。これは、古今東西を通じ年輩者の口ぐせのようだ。ローマだかエジプトだか記憶は定かでないが、数千年前の遺跡からもそんな落書が発見されたという記事を読んだことがある。確かに今日、青少年の傍若無人の態度や常軌を逸した言動などがしばしば指摘されている。

しかし、一方で年輩者もこれを批判する資格があるのかという気もする。日常的なことでいえば、例えば車内で大声で携帯電話を使っているのは最近ではむしろ中高年の方が多い。年輩の女性が横断歩道でもないところを平然と横切っている光景もよく見かける。

青少年の規範というと固苦しくなるが、人生の先輩として日常生活のその程度のマナー、ルールはきちんと守る必要がある、そうでなくては、「今どきの若い者は」などと青少年の道義心の欠如などを慨嘆することなどとてもできないのではないかと思うのである。

当たり前のこと

『文化庁月報』第77号, 文化庁, 昭和50年1月

先日歯槽膿漏の手術を受けた。歯茎の表と裏を切り開いて悪い所を切除し、縫い合わすのだから相当なものだった。歯を1本抜くのと同じで簡単なものですよという歯医者の甘言にうまく乗せられた形である。ズキンズキンする痛みは一昼夜でとれたが、抜糸までの一週間、固いものとしみるものは駄目で、もっぱらうどんとおかゆで過した。

食べ物については特別好き嫌いもなく、時間になったからお腹に何か入れなくちゃといった程度の関心しかなかった私も、これには参った。病人食みたいなものしか食べられないからではなく、流し込むだけで歯で噛んで食べられないということがいかに味気ないことか思い知らされたからである。ガンで死んだ父がコバルト療法のため口の中が火傷状になり、母の作ったおじやを流し込みながら、砂を水と一緒に食べているようなもんだと嘆いていたのが実感をもって思い出される。

噛んで食べるということがどんなに素晴らしいことなのか、今度の体験までうかつにも全く知らなかった。思うに、理屈っぽく一般論をいえば、当たり前になっていることは当たり前になっているだけに当たり前でなくなるまでその有難さに気がつかないものなのかも知れない。

食べることのほかに、眠ること、排泄することなども通常の人にとっては当たり前のことで、有難がる程のことではないが、これも円滑に行われないと、大変な苦痛と痛みを伴う。便秘の経験はないが、不眠症に苦しめられたことはあり、その時はよく眠れさえすればあとは何もいらない位の心境だった。

これは何も快食、快眠、快便といった生理に関することについてだけいえることではないと思う。たとえば環境問題然り、資源問題また然りである。青い空、清い川の流れ、豊富な石油と食糧。少し前までは当たり前だった。当たり前でなくなってはじめてその有難味を知り、大騒ぎをしている。太陽、空気、水の存在。これはいつまでも当たり前でないと困る。

歯槽膿漏のお陰で、こんなことを改めて考えさせられたが、これとて当たり前といえば当たり前のことなので、そのうち忘れ去ってしまうのであろうか。

文教時評　頭が悪いから東大へ行った

『文教ニュース』第794号，昭和60年3月11日

引退した横綱北の湖は、単に相撲が強いだけでなく、三十前後の若さで人間的にも立派で、各界のトップの人達と見劣りなくつき合う堂々たる風格を持っている。一芸に秀でた人は皆そのようで、ある。また「碁・将棋は別才」という言葉があり、「あの馬鹿が本因坊に三子置き」という江戸時代の川柳もある。本因坊とは碁の最強者のことと思って大筋間違いなく、それに三目置いて打てるということは大変な強さで、今でいえばアマチュアのトップクラスである。

数学や英語に強い者もいれば、スポーツや芸能の分野に秀でている者もいる。手先の器用な者もいれば料理が大好きという者もいる。それぞれがその能力、適性をそれなりに発揮でき、それが社会的にも評価されれば、その者も幸せであるし、社会全体にとってもプラスなはずである。耳新しいことでなく、建前としては異論を挟む人はまずいないと思う。

ところが、現実はいわゆる学力だけで人間評価をする風潮は否定しようもない。知的能力、努力の結果としての学力を評価すること自体は大切であるし、また歴史的にみても、我が国の発展、貧富、門地等にかかわりなく努力が酬われる公平な社会構造を支えてきた意義は大きい。そのことを忘れてはいけない。問題は学力以外の能力、適性を軽視ないし過小評価することにある。この諸悪の根源たる学歴社会の是正こそ国民全体が時間がかかっても努力すべき最大の課題で、これなくして教育制度をいじっても効果はないし、根本解決にならないと思う。

将棋四冠王の米長九段の二人の兄は東大卒だそうだが、米長九段の有名な語録に「兄二人は自分より頭が悪いので東大へ行った」というのがある。先日の週刊誌の見出しに「東大に入る人はよいコピーライターになれません」とあった。建前と本音が一致して、特別な能力がないから東大に行くということになったら素晴らしいと思うのだが。今年の入試シーズンもほぼ終った。それぞれどんな考え方、判断基準で進路や大学、高校を選択したであろうか。

第二章　高校時代と家族

最後は時代を遡って高校時代を見るとともに、これまで常にそばにいてくれた家族のことにも触れて筆を置こう。

わたしの受験時代

『南日本新聞』，昭和51年12月10日

高校三年の冬休み、担任の先生から速達の葉書が届いた。東大を受験したらどうかという内容である。私の大学受験との本格的かかわり合いはこのときから始まった。

それまで、学校の成績は余り芳しいものではなかったし、経済的事情で浪人はダメ、私大もダメといわれていたので、まあ大体入れるだろうと見当をつけた某国立大学を受験することにしていた。小・中学校時代から遊び専門で勉強している姿など見たこともない両親も、私に過大の期待をかけていなかった。私自身、中学に入ってみると上に高校があり、高校に行くと大学があるので、何となく進学するんだろうと考えていた程度で、恥しいことに進学や将来に対してはっきりした目的意識を持っていなかった。受験準備であわてている同級生を横目に見て、のんびり構えていたのである。

ところが、十二月末の学内テストでそれまで校内で四百人中五十番前後だった順位がどういう訳か一挙に二番になってしまった。私の高校（都立北園高校、前身は旧制府立九中）は、そのころ例年東大に三十～四十人位合格していたから、担任の先生が成績発表前に慌てて連絡してきたのも無理のないことである。親も本人もすっかりその気になって志望校の変更となったが、色々調べて今度は私が慌てた。当初の志望校の試験科目は、英語、数学、国語のほか、社会一科目、理科一科目だったので、社会は日本史、理科は生物を受験に備えて勉強していた。ところが東大は社会、理科とも二科目である。社会のもう一科目はこれから勉強するとして理科はどうにもならない。当時一般的なやり方だったのかどうか知らないが、私の高校では、一年で物理、化学、生物、地学の基礎的なことを満遍なくやり、二、三年で一科目ずつ選択履修するカリキュラムだった。私は二年で物理、三年で生物を選択したのだが、二年のとき、湿性関節リューマチという年寄りじみた病気で半年病床にあり（夏休にかかったため辛じて出席日数が足り進級できた）、物理の前期末試験は白紙答案、後期お情けで単位だけはもらったという状況であった。これでは東大を受験できない。やむなく、一橋大が理科が一科目でよいことを発見し、急拠一橋大（経済学部）受験と決めた。

結果は言うも愚かなりである。こんないい加減な志望校の決定、泥縄の準備で合格する

17　昭和51年12月10日　金曜日

わたしの受験時代

国分正明（鹿児島県教育長）

高校三年の冬休み、担任の先生から速達の葉書が届いた。東大を受験したらどうかという内容である。私の大学受験との本格的かかわり合いはこのときから始まった。

それまで、学校の成績は余り芳しいものでなかったし、経済的事情で浪人はダメ、私大もダメといわれていたので、まあ大体入れるだろうと見当をつけた某国立大学を受験することにしていた。小、中学校時代から遊び専門で勉強している姿など見たこともない両親も、私に過大の期待をかけていなかった。私自身、中学に入ってみると上に高校があり、高校に行くと大学があるので、何となく進学するんだろうと考えていた程度で、恥しいことに進学や将来に対してはっきりした目的意識を持っていなかった。受験準備であわてている同級生を横目に見て、のんびり構えていたのである。

ところが、十二月末の学内テストでそれまで校内で四百人中五十番前後だった順位がどういう訳か一挙に二番になってしまった。私の高校（都立北園高校、前身は旧制府立九中）は、そのころ例年東大に三十～四十人位合格していたから、担任の先生が成績発表前に慌てて連絡してきたのも無理のないことである。

親も本人もすっかりその気になって志望校の変更となったが、色々調べて今度は私が慌てた。当初の志望校の試験科目は、英語、数学、国語のほか、社会一科目、理科一科目だったので、社会は日本史、理科は生物を受験に備えて勉強していた。ところが東大は社会、理科とも二科目である。社会のもう一科目はこれから勉強するとして理科はどうにもならない。当時一般的なやり方だったかどうか知らないが、私の高校では、一年で物理、化学、生物、地学の基礎的なことを満遍なくやり、二、三年で一科目ずつ選択履習するカリキュラムだった。私は二年で物理、三年で生物を選択したのだが、二年のとき、湿性関節リューマチという年寄りじみた病気で半年病床にあり（夏休にかかったため辛じて出席日数が足り進級できた）、物理の前期末試験は白紙答案、後期お情けで単位だけはもらったという状況であった。これでは東大を受験できない。やむなく、一橋大が理科が一科目でよいことを発見し、急拠一橋大（経済学部）受験と決めた。

結果は言うも愚かなりである。こんないい加減な志望校の決定、泥縄の準備で合格するはずがない。現在の綿密周到な進学指導、準備体制からみるとあきれる程の荒らっぽさである。後から冷静に判断すれば、第一に病気による空白をとり戻しつつあったとはいえ「二番」はフロックで真にその実力がなかった。第二に一橋大は伝統的に語学を重視し、その配点が高くヒアリングまであるのに、英語は別段得意科目でなくヒアリングの練習などしたことがなかったという分析ができるのだが、そのころは実績からみて合格間違いなし、と思っていたのだからいい気なものである。

それから一年、当初はまだ一年もあるんだという気持で小説などを読んでいたが、さすがに後半はエネルギーを大学受験だけに極力注ぐよう努めた。しかし、多感な時期であり、人生こんなことでいいのかというもう一人の自分の声と常に戦わねばならなかった。その度に、今の自分にとって大学に入ることが絶対の課題なんだと無理矢理いきかせ、人並みのつらさを味わった。それを書き出すとキリがないが、今考えても、あの時期よく勉強したなぁ、と思って我ながら感心する。翌春東大（文科一類）に合格したとき、うれしかったことは勿論だが、一方でやれやれという気がしたのを記憶している。

青春時代の若いエネルギーを受験勉強に費すのはもったいないとの考え方がある。私も否定はしない。しかし、受験時代をつらさや苦しみなしに過し、それでいて志望の上級学校へ進めるというのは、特別の人以外には実際問題として理想に過ぎなかろうし、少なくとも私にとって、精神的葛藤（かっとう）と一つのことにエネルギーを集中した一時期を持ったことは、その後の自分にプラスに作用していると信じている。

（こくぶんまさあき）

はずがない。現在の綿密周到な進学指導、準備体制からみるとあきれる程の荒らっぽさである。後から冷静に判断すれば、第一に病気による空白をとり戻しつつあったとはいえ「二番」はフロックで真にその実力がなかった。第二に一橋大は伝統的に語学を重視し、その配点が高くヒアリングまであるのに、英語は別段得意科目でなくヒアリングの練習などしたことがなかったという分析ができるのだが、そのころは実績からみて合格間違いなし、と思っていたのだからいい気なものである。

それから一年、当初はまだ一年もあるんだという気持で小説などを読んでいたが、さすがに後半はエネルギーを大学受験だけに極力注ぐよう努めた。しかし、多感な時期であり、人生こんなことでいいのかというもう一人の自分の声と常に戦わねばならなかった。その度に、今の自分にとって大学に入ることが絶対の課題なんだと無理矢理いいきかせ、人並みのつらさを味わった。それを書き出すとキリがないが、今考えても、あの時期よく勉強したなぁ、と思って我ながら感心する。翌春東大（文科一類）に合格したとき、うれしかったことは勿論だが、一方でやれやれという気がしたのを記憶している。

青春時代の若いエネルギーを受験勉強に費すのはもったいないとの考え方がある。私も否定はしない。しかし、受験時代をつらさや苦しみなしに過し、それでいて志望の上級学校へ進めるというのは、特別の人以外には実際問題として理想に過ぎなかろうし、少なくとも私にとって、精神的葛藤（かっとう）と一つのことにエネルギーを集中した一時期を持ったことは、その後の自分にプラスに作用していると信じている。

（こくぶんまさあき）

『南日本新聞』，昭和53年12月5日

出合いの一冊 ドストエフスキー 罪と罰
度々主人公の立場に

最近、文芸書にはごぶさたのしっぱなしであるが、多くの人がそうであるように、私にも文芸書に夢中になった一時期があった。高校時代である。といっても、戦後の混乱期をやっと脱したころ、（昭和二十六年から二十八年）で、今日のような出版物洪水時代ではなく、また食べるのがやっとの我が家の経済力では、文庫本を買うのも容易ではなかったので、もっぱら友人などから借りてきて読んだ。

手に入り次第読むのだから、とても体系的になるはずもなく、いうところの濫読である。ツルゲーネフ、トルストイ、フローベル、モーパッサン、トルストイから、鷗外、漱石、藤村、龍之介等々、毎日読む本が変わっていた。時には、吉川英治の「宮本武蔵」、デューマの「モンテ・クリスト伯」、コナン・ドイルの「シャーロック・ホームズ」などが交り込んでもいた。あれも読んだ、これも読んだということに満足し、また、文学的表現や深さよりプロットの面白さにひかれるといったたぐいの読者である。徳田秋声などの自然主義文学のつまらなさには降参したし、ヘルマン・ヘッセはチンプンカンプンだったことからも察せられよう。

しかし、これらの濫読が、多感な時期であっただけに、自分でも十分な測定、分析はできないが、今日の私の人間形成に大きな影響を与えているであろうことは否定できない。自分自身がジュリアン・ソレル（スタンダール「赤と黒」）や先生（漱石「心」）になって人生の生き方に思いをめぐらし、「脂肪の塊」（モーパッサン）に人間の醜さを感じ、「友情」（実篤）を読んで恋愛の喜びと苦しみを想像した。

したがって「出合いの一冊」となると、その後精読した本や座右の書的なものでなく、どうしてもこの時期のものから選ぶよりない。

ドストエフスキーの「罪と罰」も、やはりこのころ初めて読んだ。

周知のとおり「罪と罰」は、貧乏学生ラスコーリニコフが、強欲の高利貸の老婆を殺してその財産を社会に活用することは正義にかなうとの理論の下に、その計画を実行し、物のはずみで善良なその妹までを殺してしまう。悩みに悩んだ末、最後は、娼婦ソーニャの清らかさに感化されて自らを司直の手に委ねる、というのが粗筋である。

「罪と罰」は、犯罪と人間心理、悪魔的な個人主義とキリスト教、理論と良心等々のテーマについて、ドストエフスキーの深遠な思想や哲学を展開したものである、といったようなことは、解説を読んでもよく分らなかった。ただ、重苦しいばかりの心理描写に圧倒されながら読了したとき、正義とは何か、正義と虫けらのような人間の命とどっちが大切かということが強く心に残ったことは間違いないが、他の作品も、その時々感銘を受けたことは間違いないが、かなりな程度一過性であったのに対し、「罪と罰」というより主人公ラスコーリニコフは、その後何かにつけて脳裡に浮かんできた。「おや、俺は今ラスコーリニコフになっているのではないかな」といった具合いにである。誰しも、とくに若い世代は社会の不合理、不正を憎み批判する気持ちがひときわ強いだけに、そういった納得できない事態（それが日常のちょっとしたことであったり、世直し的なことであったりしたが）に直面して、一定の判断をし、行動をとろうとするとき、ラスコーリニコフ的になりがちである。目的と手段、方法の妥当性、個人と社会秩序の問題といってよいかもしれない。自分もラスコーリニコフになってみたいという衝動と、なってはいけないという自制の相剋である。そして多くの場合、臆病と

出合いの一冊

国分　正明

度々主人公の立場に

ドストエフスキー「罪と罰」

最近、文芸書にはごぶさたのしっぱなしであるが、多くの人がそうであるように、私にも文芸書に夢中になった一時期があった。高校時代である。といっても、戦後の混乱期をやっと脱したころ（昭和二十六年から二十八年）で、今日のような出版物洪水時代ではなく、また食べるのがやっとの我が家の経済力では、文庫本を買うのも容易ではなかったので、もっぱら友人などから借りてきて読んだ。

手に入り次第読むのだから、とても体系的になるはずもなく、いうところの濫読である。ツルゲーネフ、トルストイ、フローベル、モーパッサン、トルストイから、鴎外、漱石、藤村、龍之介等々、毎日読む本が変わっていた。時には、吉川英治の「宮本武蔵」、デューマの「モンテ・クリスト伯」、コナン・ドイルの「シャーロック・ホームズ」などが交り込んでもいた。あれも読んだ、これも読んだということに満足し、また、文学的表現や深さよりプロットの面白さにひかれるといったたぐいの読者である。徳田秋声などの自然主義文学のつまらなさには降参したし、ヘルマン・ヘッセはチンプンカンプンだったことからも察せられよう。

しかし、これらの濫読が、多感な時期であっただけに、自分でも十分な測定、分析はできないが、今日の私の人間形成に大きな影響を与えているであろうことは否定できない。自分自身がジュリアン・ソレル（スタンダール「赤と黒」）や先生（漱石「心」）になって人生の生き方に思いをめぐらし、「脂肪の塊」（モーパッサン）に人間の醜さを感じ、「友情」（実篤）を読んで恋愛の喜びと苦しみを想像した。

したがって「出合いの一冊」となると、その後精読した本や座右の書的なものでなく、どうしてもこの時期のものから選ぶよりない。ドストエフスキーの「罪と罰」も、やはりこのころ初めて読んだ。

周知のとおり「罪と罰」は、貧乏学生ラスコーリニコフが、強欲の高利貸の老婆を殺してその財産を社会に活用することは正義にかなうとの理論の下に、その計画を実行し、物のはずみで善良なその妹までを殺してしまう。悩みに悩んだ末、最後は、娼婦ソーニャの清らかさに感化されて自ら司直の手に委ねる、というのが粗筋である。

「罪と罰」は、犯罪と人間心理、悪魔的な個人主義とキリスト教、理論と良心等々のテーマについて、ドストエフスキーの深遠な思想や哲学を展開したものである、といったようなことは、解説を読んでもよく分らなかった。ただ、重苦しいばかりの心理描写に圧倒されながら読了したとき、正義とは何か、正義と虫けらのような人間の命とどっちが大切かということが強く心に残った。

他の作品も、その時々感銘を受けたことは間違いないが、かなりな程度一過性であったのに対し、「罪と罰」というより主人公ラスコーリニコフは、その後何かにつけて脳裡に浮んできた。「おや、俺は今ラスコーリニコフになっているのではないかな」といった具合いにである。誰しも、とくに若い時代は社会の不合理、不正を憎み批判する気持ちがひときわ強いだけに、そういった納得できない事態（それが日常のちょっとしたことであったり、世直し的なことであったりしたが）に直面して、一定の判断をし、行動をとろうとするとき、ラスコーリニコフ的になりがちである。目的と手段、方法の妥当性、個人と社会秩序の問題といってよいかもしれない。自分もラスコーリニコフになってみたいという衝動と、なってはいけないという自制の相剋である。そして多くの場合、臆病という名の仲介人があっせんに入った。

今考えてみると「罪と罰」の理解としては、きわめて的が外れており、また幼いものであったが、読み手の理解力、関心度に応じて受けた強烈な印象、及びその影響は事実で、否定できないものであり、これも文学作品の持つ効果の一側面であろうと思う。

久しくラスコーリニコフに会っていないし、思い出すことも少なくなった。多少は社会的経験を積んだ今、会ってみたらどんな感じだろうか。本稿を機に近く再会したいと考えている。

（鹿児島県教育長）

いう名の仲介人があっせんに入った。

今考えてみると「罪と罰」の理解としては、きわめて的が外れており、また幼いものであったが、読み手の理解力、関心度に応じて受けた強烈な印象、及びその影響は事実で、否定できないものであり、これも文学作品の持つ効果の一側面であろうと思う。

久しくラスコーリニコフに会っていないし、思い出すことも少なくなった。多少は社会的経験を積んだ今、会ってみたらどんな感じだろうか。本稿を機に近く再会したいと考えている。

（鹿児島県教育長）

宮島先生を偲んで

『北園80年のあゆみ:東京都立北園高等学校創立80周年記念誌』,
九曜会, 平成21年2月

昨年7月、宮島クラスのクラスメイトの川井忠行君から「宮島先生が亡くなられた」との電話連絡を受けた。「えっ、まさか」と俄かには信じられなかった。その1か月位前に、北園6期と16期の宮島クラスのメンバーが中心になって、お住まいの近くの船橋のホテルで「宮島先生の米寿を祝う会」を開いたばかりだったからである。その席でも、車椅子に乗ってはおられたが、矍鑠として、「今日は長くなりますが」と前置きをして、我々に人生について熱っぽく語りかけておられた。

小さい頃から憧れていた北園高校に入学すると、D組に配属され、そのクラス担任が宮島先生だった。大きな体、大きな声、大きな字で「一般社会」を講じておられ、それにひかれて指導教官制に移行してもそのまま宮島クラスに残った。

ところが、幼児期の疫痢位で高校卒業後今日まで入院したこともないのに、何故か北園時代だけ病いに悩まされ、しばしば学校を欠席せざるを得なくなり、入学当初の明るい希望が暗い憂うつにとって代わられてしまった。1年の時、盲腸の手術をしたが、執刀医が腹中にガーゼを忘れてきて、異物であるガーゼを体外に押し出してくるため、数か月傷口がふさがらず、手当てのため授業をしばしば休み、体育の時間は見学という情けない状態だった。2年になると、湿性関節リューマチという左膝に水がたまる年寄りじみた病気になり、歩行困難で入院を含めて半年位病床で過ごした。3年になっても、梅雨時に再発した。

勉学に、スポーツに、文化活動にと青春を謳歌している級友たちを羨ましい気持ちで眺めているよりしかたなかった。本来私自身は陽気な質だと思っているのだが、当時の私を客観的に見てみると、部活動もできず、欠席がちなので宮島クラス外に友人も少なく、引込み思案で目立たないそんな存在ではなかったかと思う。宮島先生は心身ともに弱々しいそんな私を担任として3年間心配し続けられたと思う。

こんなこともあった。2年の前期末の物理

の試験で、療養明けのため全く分からず、文字どおり白紙で答案を提出した。物理の安部先生に職員室に呼ばれ、前期の成績を保留にしておくので後期に頑張るようにと言われた。今思うと、どうしてそんな弾力的な取扱いができたのか、宮島先生とも相談したのではないかと思っている。2年の長期欠席の取扱いは、夏休みにかかったため、出席日数がギリギリ足りたのではないかと当時は考えていたが、進級を認めさせるために裏で宮島先生のご苦労、ご尽力があったに違いないと今では推測している。

こんなことで、成績がよいわけはないが、それでも3年になって校内の学力テストでは50番前後にはなってきた。大学進学は我が家の経済事情から私立はダメ、浪人はムリと分かっていたので、比較的確実と思われる大学に見当をつけて最後の冬休みを迎えていた。ところが宮島先生から速達のハガキで呼び出され、年末の学力テストで学内2番になったから「東大受験に変更してはどうか」との指導を受けた。その気になって調べてみると、理科は実質的に生物しかやっていないのに東大の受験科目は理科2科目、一橋大が理科1科目で足りることを発見して、急きょそこを受験することにした。英語はあまり得意ではないのに、英語配点が高い一橋大にするなど無茶苦茶な志望校変更だが、そんなことでうまくいくはずがなく、不合格となった。翌年化学を独学でやって今度は東大を受け、何とか宮島先生の期待に応えることができた。

2年の時留年していたら、志望大学を変更してなかったら、どんな人生行路を歩いていただろう。分かりようもないことだが、その岐路に宮島先生がおられたのである。その宮島先生が亡くなられた今、ご心配をかけ、お世話になったことに十分な恩返しができなかったことが悔やまれる。ご冥福を心からお祈りする次第である。

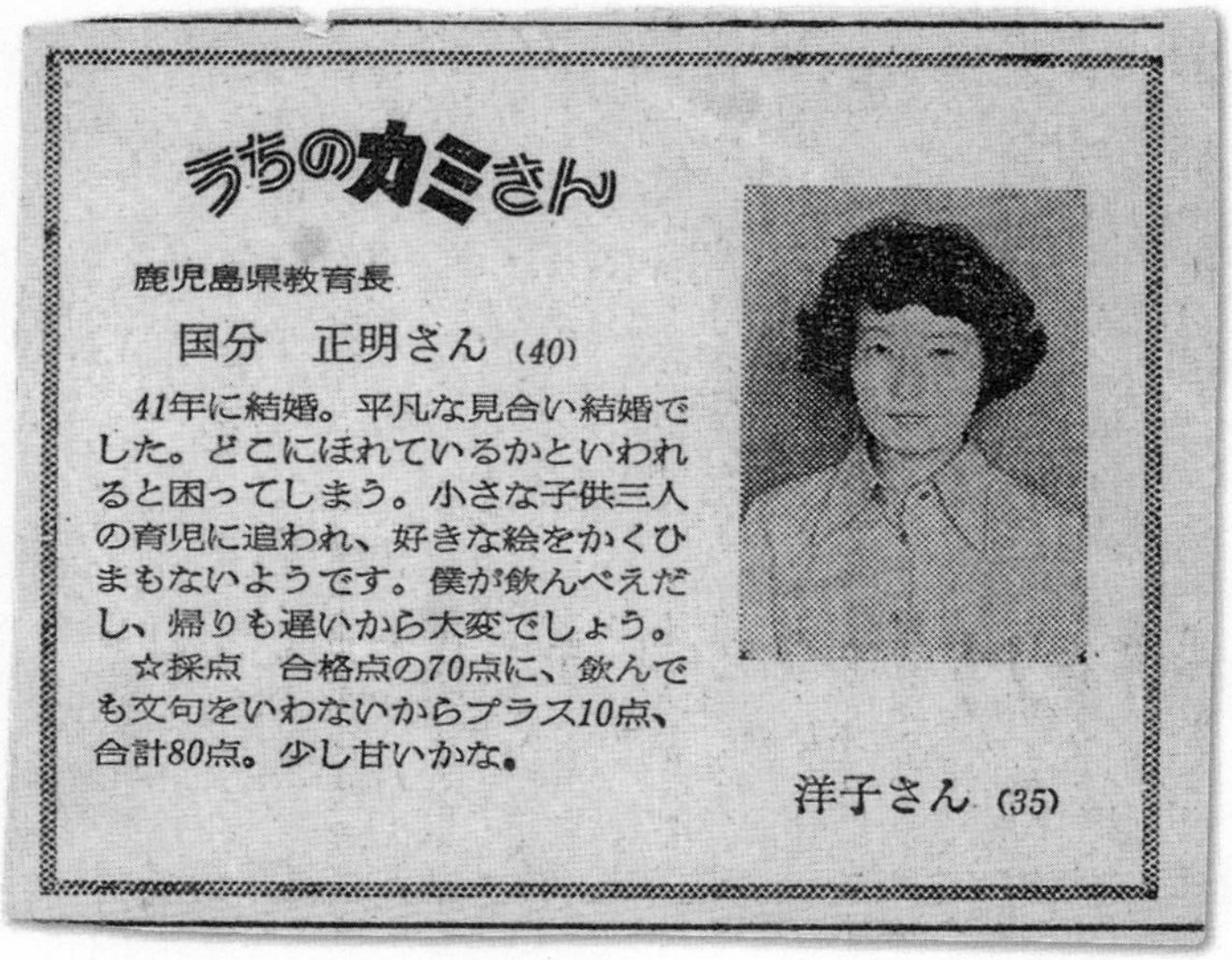

うちのカミさん

鹿児島県教育長

国分　正明さん（40）

41年に結婚。平凡な見合い結婚でした。どこにほれているかといわれると困ってしまう。小さな子供三人の育児に追われ、好きな絵をかくひまもないようです。僕が飲んべえだし、帰りも遅いから大変でしょう。

☆採点　合格点の70点に、飲んでも文句をいわないからプラス10点、合計80点。少し甘いかな。

洋子さん（35）

41年に結婚。平凡な見合い結婚でした。どこにほれているかといわれると困ってしまう。小さな子供三人の育児に追われ、好きな絵をかくひまもないようです。僕が飲んべえだし、帰りも遅いから大変でしょう。

☆採点　合格点の70点に、飲んでも文句をいわないからプラス10点、合計80点。少し甘いかな。

『南日本新聞』，昭和51年10月27日

うちのカミさん

『明和小PTA新聞』, 昭和53年3月15日

子供の喧嘩

四年P　国分正明

一年程前、日曜日であったが、所用のため外出の仕度をしていると、外で家内が大声で私を呼んでいる。「大変よ、子供達が大喧嘩しているから、とめて下さい。」

たかが子供の喧嘩位で大騒ぎするな、みっともないと表面冷静を装いつつも、内心びっくりして急いで外に出てみると、前の空地でうちの息子と同年輩の隣りの男の子が取っ組み合いの真最中である。

双方顔にミミズ膨れを作って、ハアハア肩で息をしている。

原因は分らないが頃合いと思って「どっちが悪いのか知らないがもうおしまい」と仲に入った。

両戦士は、未だにらみ合いながら、お互いに相手の非を主張して譲らない。頼んでおいたタクシーも来て先を急ぐので、無理矢理、二人をなだめて家へ帰らせた。

その日帰宅すると、息子が興奮未だ覚めやらずといった面持で、改めて自己の正当性を強調し、もう少しで勝つところだったと抗議してきた。

隣りの子も隣りの子で、小父さんが止めなければと不満だったそうである。

子供の頃、「子供の喧嘩に親が出た」とはやしたことがあることを思い出して徹底的にやらしてみるのだったかなと多少反省した。

また大人からみればどっちもどっちで他愛もないことだが子供の喧嘩にも錦の御旗が必要なんだなとおかしく感じた。

それから暫く、毎日連れだって登校していた二人が会っても顔をそむけ、口もきかない状態が続いたが、ふとしたきっかけで従来どおりの往来が再開された。

私の知る限り、息子にとっては生れて初めての取っ組合いであった。それがどういう影響を与えたかはっきりは分らない。

しかし気迫をこめ、全精力を傾けて相手と身体をぶっつけ合った戦い、自分なりの名分をたてて

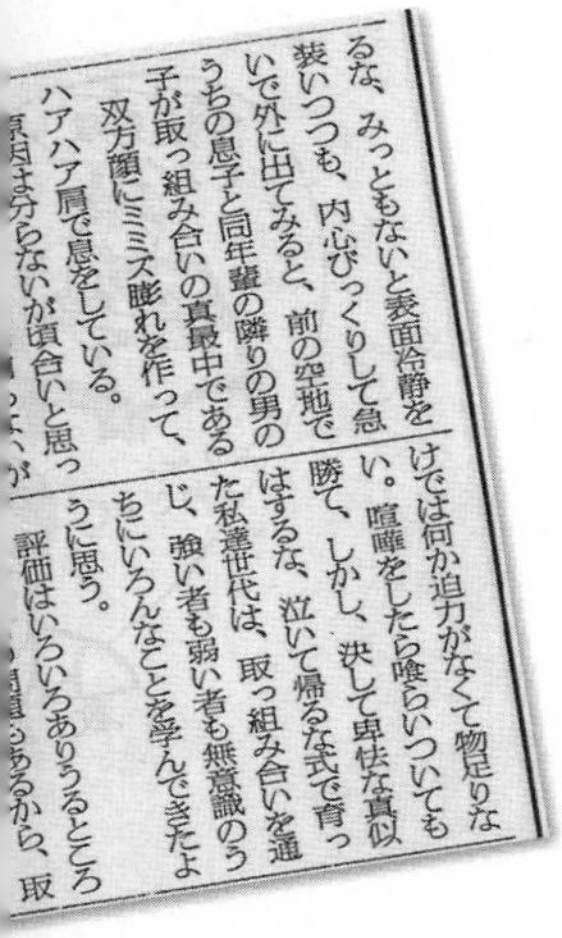
るな、みっともないと表面冷静を装いつつも、内心びっくりして急いで外に出てみると、前の空地でうちの息子と同年輩の隣りの男の子が取っ組み合いの真最中である。
双方顔にミミズ膨れを作って、ハアハア肩で息をしている。
原因は分らないが頃合いと思っ

けでは何か迫力がなくて物足りない。喧嘩をしたら喰らいついても勝て、しかし、決して卑怯な真似はするな、泣いて帰るな式で育った私達世代は、取っ組み合いを通じ、強い者も弱い者も無意識のうちにいろんなことを学んできたように思う。
評価はいろいろありうるところ

いながらも事後の反省と気まずさ、これらの経験は、人間形成の上でまた多少大げさかも知れないが今後社会生活を営んでいく上で、何らかのプラス作用を及ぼすものと思う。

うちの子供に限らず、最近の子供は、物分りがよくなり過ぎたのか、取っ組み合いをしなくなったようだ。皆んな仲良く、話せば分る、それはその通りだが、それだけでは何か迫力がなくて物足りない。喧嘩をしたら喰らいついても勝て、しかし、決して卑怯な真似はするな、泣いて帰るな式で育った私達世代は、取っ組み合いを通じ、強い者も弱い者も無意識のうちにいろんなことを学んできたように思う。

評価はいろいろありうるところだし、建前の問題もあるから、取っ組み合いの喧嘩を学校で指導してもらうわけにはいかない。

家庭の責任で対応すべきことだろうが、少なくともうちの息子については奨励する気分でよいのではないかと思っている。

しかし、その後息子は一向に取っ組み合いをやらない。残念なことである。

子供の喧嘩
四年P　国分　正明

一年程前、日曜日であったが、所用のため外出の仕度をしていると、外で家内が大声で私を呼んでいる。「大変よ、子供達が大喧嘩しているから、とめて下さい。」たかが子供の喧嘩位で大騒ぎす

も来て…
二人をなだめて家へ帰らせた。
その日帰宅すると、息子が興奮未だ覚めやらずといった面持で、改めて自己の正当性を強調し、もう少しで勝つところだったと抗議してきた。

隣りの子も隣りの子で、小父さんが止めなければと不満だったそうである。

子供の頃、「子供の喧嘩に親が出た」とはやしたことがあることを思い出して徹底的にやらしてみるのだったかなと多少反省した。

また大人からみればどっちもどっちで他愛もないことだが子供の喧嘩にも錦の御旗が必要なんだなとおかしく感じた。

それから暫く、毎日連れだって登校していた二人が会っても顔をそむけ、口もきかない状態が続いたが、ふとしたきっかけで従来どおりの往来が再開された。

私の知る限り、息子にとっては生れて初めての取っ組合いであった。それがどういう影響を与えたかはっきりは分らない。

しかし気迫をこめ、全精力を傾けて相手と身体をぶっつけ合った戦い、自分なりの名分をたてていながらも事後の反省と気まずさ、これらの経験は、人間形成の上でまた多少大げさかも知れないが今後社会生活を営んでいく上で、何らかのプラス作用を及ぼすものと思う。

うちの子供に限らず、最近の子供は、物分りがよくなり過ぎたのか、取っ組み合いをしなくなったようだ。皆んな仲良く、話せば分る、それはその通りだが、それだ

…はないかと思っている
しかし、その後息子は一向に取っ組み合いをやらない。残念なことである。

『明和小PTA新聞』，昭和51年12月14日

鹿児島に来て

三年P　国分洋子

山茶花の美しい季節になりました。鹿児島に来てはや半年。当初は環境の変化に大分まいっていた子供達も、この地にすっかりなじんで、「お母さんはいいがー。」とか、「僕はいっぱんしーだったが。」とか、鹿児島弁もしばしば飛び出すようになりました。

三年生の長男は、千葉県の松戸で入学し、昨年十二月に東京の学校に転校しましたが、五ケ月足らずでこちらに移って参りました。今までは学校まで二・三分の近さでしたが、東京では、登校時間も交通規制の行われる十五分間に限られており、忘れものをしても、危いからとりに帰ってはいけないというほどでした。それに比べ、こちらは、町から山が見え、公園や空き地も広々として、子どもには絶好の環境です。子供達もこの夏、生まれて初めて虹を見て大喜び。汽車の中から、青々した稲田を見て、一年生の娘が「きれいな芝生だねー。」と言ったのには驚かされました。

学校も新設校の為か、先生や父兄の方々も、熱意にあふれておられるようです。夏休み全期間通してのラジオ体操・廃品回収・六月灯・運動会・つな引きなど各種の行事。私など末娘が小さいのを口実に何もお手伝いせず失礼しておりますが、先生や役員の方々の御苦労は大変なものだと思います。松戸でも、ラジオ体操は毎年やっておりましたが、七月中だけでした。毎朝きちんと集合場所に行きそのあと賞品をいろいろと選んで配られるのですから、随分手間ひまがかかることでしょう。何か一つ行事をやるのにも、下準備が大変なものです。むこうでも夏の夜校外補導部の主催で、花火大会やすいかわり大会をやっておりましたが、準備が大変だし、一生懸命やっても、いろいろ批判する人がいて馬鹿馬鹿しいからと、段々衰退の傾向にあったようです。

でも、子供達にとっては、そのような催しは、幼い時の思い出として一生なつかしく心の片隅に残るものと思います。御苦労でも続けてほしいものです。何事も地域ぐるみで取り組んでおられる皆様を見て、東京では失われていくものが見出される思いがします。

『朝日新聞』，昭和56年7月2日

ひととき　ぜんそくとの戦いいつまで

東京都目黒区　国分洋子・主婦・40歳

中二の長男は、ここ一週間ほど学校を休んでいる。例によって、ぜんそくが居すわって動かないのだ。真夜中に横になって寝ることも出来ず、脂汗をたらしてあえいでいる姿を見ていると、親の方もやりきれない。

赤ん坊の時からだから、長い付き合いだ。小さい時はおぶってやると一番楽なので、冬の真夜中、背中におぶって、朝お医者さんが開くまで、家の中をぐるぐる歩きまわっていたりした。下の子がおなかにいる時は、おなかと背中の両方でやせっぽちの私は、大変だった。

水泳をやらせるとよいと聞いて、水泳に通わせたこともあった。初めはしぶしぶだった本人も、乗り気になってきて、発作もあまりおこらなくなったと思った時、転勤などの引っ越し続きで中断し、その後、本人もいや気がさしてしまい、本当に惜しいことをした。

下に、小六と幼稚園の二人の娘がいるが、下の娘が同じような体質なので、かわり番こにお医者通い。小六の娘と主人は、ほっぽりっぱなし。

今年は幼稚園の役員を引き受けざるを得なくなって、私も何となく気ぜわしい。「今日は役員会だから、皆、休まないで行ってよ」と調子の悪い長男もむりに追い出すと、翌日、ダウンして「お休み」ということもある。まったく、世話がやける。

「新しい奥さんを探して来て下さい。私はもう、ほとほとくたびれました」と書き置いて、蒸発でもしたら、主人は大喜びするだろうが、そうもいかないし。

こうなったら、やっきになって治そうとせず、のんびり、気長に付き合おう。あせらず、さわがず、受験も気にせず……。「ぜんそくよ、さようなら」と言える日が、いつか来るかもしれないから。

賞状

國分正明殿

あなたは、文部省において
三十三年の長きにわたり
雨ニモ負ケズ風ニモ負ケズ
働き続け、りっぱに家族を
養ってくれたので、その努力を
たたえ、ここに賞します。
御苦労様でした。これからも
がんばって下さい。

平成四年六月三十日

平成4年6月30日

賞状

子供一同

初出一覧

序盤　余暇の棋譜

第一章　囲碁

二人の名人　書下ろし

交遊抄 棋士道　「日本経済新聞」平成三年八月三十一日

交遊抄 後日談　書下ろし

特別対談　囲碁で培われる学力　加藤正夫・國分正明
「教師のための囲碁入門指導へのアドバイス」平成十五年七月

文教囲碁シリーズ　加藤天元が坐り直す熱戦　「文教」昭和五十五年十二月

小川誠子のさわやか指南　第八十七局（前編）　「経済界」平成六年八月三十日

小川誠子のさわやか指南　第八十七局（後編）　「経済界」平成六年九月十三日

第二章　ゴルフ

生涯の友　ゴルフ　書下ろし

〝台風一過〟の夏休み　「あだたら会員誌」平成二年十一月

昭和55年4月27日ホールインワン　挨拶状・記念品・スコアカード　蔵出し

平成24年5月31日ホールインワン　挨拶状・記念品・スコアカード　蔵出し

ゴルフ連続写真　蔵出し

デスク日記　「文教ニュース」昭和五十年五月十九日

とらのもん往来　「文教ニュース」昭和五十年五月十九日

第二章　鹿児島県教委の時代

焼酎五ヵ月　「南日本新聞」昭和五十一年十月十七日

心身ともにたくましく　伸び伸びした子供を育てよう　「県教委だより」昭和五十二年一月一日

ハブの剥製（**鹿教組告発闘争**）　書下ろし

国分教育長の3年　ルール尊重貫く　組合管理強化を批判　「南日本新聞」昭和五十四年七月七日

美しさを感ずる心　「ESCS：エゼックス」平成五年十二月

第三章　虎ノ門の時代

第一節　交遊

加戸さんのこと　書下ろし

入省同期生　書下ろし

弔辞　蔵出し

故 坂元弘直元文部事務次官　告別式しめやかに1，350人　「文教ニュース」平成十三年九月十日

坂元さんを偲んで 付記　書下ろし

文科行政を支える女性陣　書下ろし

碁仇たち　書下ろし

第二節　思わぬ出来事

虚偽報道（**浪速医大事件**）　書下ろし

減給処分（**ワープロ事件**）　書下ろし

リクルート事件を振り返って　書下ろし

第三節　著作権余話

囲碁と著作権　「コピライト」昭和四十九年九月

著作権人語　著作権思想の普及のために　「コピライト」昭和四十九年十二月

著作権人語　磨り減り　「コピライト」昭和五十年一月

著作権人語　権利主張と著作権思想の普及　「コピライト」昭和五十年二月

著作権人語　「ホウ」か「ポウ」か　「コピライト」昭和五十年三月

第四節　文教行政あれこれ

地方課の二年五か月を振り返って　「教育委員会月報」昭和五十八年十二月

二人の女性教師　教育委員会月報五〇〇号によせて　「教育委員会月報」平成四年四月

中国教育印象記　徹底したエリート教育 原級留置、飛び級も 重点学校制度を採用　「教育新聞」昭和五十七年六月十日

年頭の随想　K理事長の初夢　「私学経営」昭和六十一年一月

ナショナルトレーニングセンターの完成　「向上」平成二十年四月一日

新国と私とのかかわり　「新国立劇場準備室時代：7年6月　2，739日の記録」平成九年三月

判断　「教育委員会月報」平成十二年四月

【付録】霞が関血液型紳士録PART2
第4回「のめり込みそうな自分が恐い」　「時評」平成三年四月

第四章　国立劇場の時代

團十郎、玉三郎との晴舞台　書下ろし

邦楽教育に期待する　「教育庁報」平成十二年一月四日

伝統芸能鑑賞のすすめ　「日本芸術文化振興会ニュース」平成八年四月
活発な芸術文化活動を期待して　「文化振興基金ニュース」平成九年
多様な芸術文化活動と助成　「文化振興基金ニュース」平成十二年六月

第五章　修養団の時代

創立100周年記念大会を終えて　「向上」平成十八年一月一日
家庭教育の充実を願って　「向上」平成十九年一月一日
青少年のボランティア活動　「向上」平成二十二年四月一日
年頭に当たって　知・徳・体のバランスこそ　「伊勢道場だより」平成十六年一月
式年遷宮　「向上」平成二十二年一月一日
伝統の継承と遷宮　「向上」平成二十五年四月一日
「遷御の儀」に参列して　「向上」平成二十六年一月一日

終盤　残余の棋譜

第一章　思うこと

国旗、国歌について思う　「向上」平成十七年一月一日
伝統・文化の継承　「向上」平成二十年一月一日
日本人の寄附意識　「向上」平成二十三年四月一日
日本の神話　「向上」平成二十四年一月一日
少子化考　「向上」平成二十五年一月一日

囲碁礼讃　「向上」平成二十六年四月一日
「学ぶ意欲」こそ肝要　「教育時評」平成十七年
今どきの若い者は　「公益財団法人交通道徳協会創立60周年記念誌」平成十八年十月十四日
当たり前のこと　「文化庁月報」昭和五十年一月
文教時評　頭が悪いから東大へ行った　「文教ニュース」昭和六十年三月十一日

第二章　高校時代と家族

わたしの受験時代　「南日本新聞」昭和五十一年十二月十日
出合いの一冊 ドストエフスキー 罪と罰 度々主人公の立場に　「南日本新聞」昭和五十三年十二月五日
宮島先生を偲んで　「北園80年のあゆみ：東京都立北園高等学校創立80周年記念誌」平成二十一年二月
うちのカミさん　「南日本新聞」昭和五十一年十月二十七日
子供の喧嘩　「明和小ＰＴＡ新聞」昭和五十三年三月十五日
鹿児島に来て　「明和小ＰＴＡ新聞」昭和五十一年十二月十四日
ひととき　ぜんそくとの戦いいつまで　「朝日新聞」昭和五十六年七月二日
賞状　蔵出し

（注：蔵出し…國分家の所蔵品）

略歴

昭和十一年　（一九三六年）二月七日　清信、つねの長男として生まれる
（東京府板橋区板橋町三丁目六〇四番地）
板橋区立板橋第五小学校、板橋第一中学校、
都立北園高校を経て
昭和三十年　（一九五五年）四月　東京大学教養学部文科一類入学
昭和三十三年（一九五八年）九月　国家公務員採用上級試験（法律）合格
昭和三十四年（一九五九年）三月　東京大学法学部第二類（公法コース）卒業
四月　文部省入省　社会教育課、大学課、地方課を経て
昭和四十一年（一九六六年）七月　北海道教育委員会総務課長
九月　〈島田洋子と結婚〉
昭和四十二年（一九六七年）九月　〈長男道雄出生〉
昭和四十三年（一九六八年）七月　文化庁文化部著作権課補佐　振興課補佐、
会計課副長を経て
昭和四十四年（一九六九年）十一月　〈長女直子出生〉
昭和四十九年（一九七四年）六月　文化庁文化部著作権課長
昭和五十年（一九七五年）五月　〈次女素子出生〉

昭和五十一年（一九七六年）五月　鹿児島県教育委員会教育長
昭和五十四年（一九七九年）七月　文部省初等中等教育局地方課長
昭和五十六年（一九八一年）十一月　文部省初等中等教育局財務課長
昭和五十七年（一九八二年）七月　文部省大臣官房会計課長
昭和五十九年（一九八四年）七月　文部省高等教育局私学部長
昭和六十一年（一九八六年）九月　文部省体育局長
昭和六十三年（一九八八年）六月　文部省高等教育局長
平成元年（一九八九年）四月　文部省大臣官房長
平成二年（一九九〇年）七月　文部事務次官
平成四年（一九九二年）七月　辞職、公立学校共済組合理事長
平成七年（一九九五年）十二月　日本芸術文化振興会理事長
平成十五年（二〇〇三年）六月　（財）修養団理事長
平成十六年（二〇〇四年）五月　日本芸術文化振興会理事長退任
七月　（財）教職員生涯福祉財団理事長、会長を経て
平成十八年（二〇〇六年）四月　授瑞宝重光章
平成二十六年（二〇一四年）五月　（公財）修養団理事長退任
平成二十九年（二〇一七年）三月　（財）教職員生涯福祉財団会長退任

審議会委員等歴

国土審議会、大学設置・学校法人審議会、中央教育審議会、文化功労者選考委員会、東京都教育委員会

民間団体役員歴

（財）教職員生涯福祉財団会長・理事長、（公財）修養団理事長、（財）全日本社会教育連合会会長、（公社）日本舞踊協会会長、（任）全国神社総代会副会長、（公財）日本ペア碁協会副理事長、（財）２００２ワールドカップサッカー大会日本組織委員会副会長、（公財）交通道徳協会理事、（公財）新国立劇場運営財団理事、（宗）神社本庁理事、（公財）東京オペラシティ文化財団理事、（公財）日本棋院理事、（公財）日本文化興隆財団理事、（公財）一橋文芸教育振興会理事、（宗）神宮崇敬者総代、（公財）ＳＯＭＰＯ美術財団評議員

あとがき

頼まれて書いた雑文が死後あっさり捨てられてしまうのも、文筆を業としているわけではないが、その時その時自分なりに精一杯書いたものだけに、何か切ない感じがしていた。子や孫などごく身近な者だけにでも生きた証しとして残しておけないものかと、いわゆる終活の時期を迎えて考えた。でもこれをどう整理したものか途方に暮れた。第一億劫だ。やはり屑籠にポイされるよりないかと諦めていた。

そこに、全くたまたまのことだが、第一法規時代から旧知の「悠光堂」の佐藤裕介さんから出版のことでお役に立てることがあればいつでもご用命下さいという文書が届いた。そうだ、佐藤さんに丸投げすればエネルギーを使わずに何とかまとめられるかもしれないと横着なことを考えた。

早速佐藤さんに相談した。佐藤さんは出版編集のプロだけに、既存のバラバラのものをただ並べて一冊にしただけでは面白くない、生涯を俯瞰するというコンセプトで構成してはどうか、そうでないと手にした人が興味を持てないという意見だった。多くの人に読んでもらうものならそうだろうと私も思う。でも、そもそも人様に読んでもらうことは頭になかった。極端にいうなら、分散しないようホチキスでガチャンと綴じたようなものが少部数できればそれで十分だと思っていた。また、自分史みたいなものになると、ややもすると業績を誇ったり、自分を飾ったりしたものになり勝ちである。それも嫌だ。

しかし、現実に出版するとなると、数部というわけにはいかず、必然的に多くの人の目にふれることになるのも避けられない。そこで、既存の雑文などの接着剤として、少し書き足しをして編集することにした。丸投げの当てがはずれ、「書下ろし」という予期せぬ作業は、老骨の身にとっては結構な労働だった。これに佐藤料理人が配下のエディター遠藤由子さん、冨永彩花さんとともに——食材が悪くて苦労したようだが——味つけの工夫など調理の腕をふるった。こうして、ホチキスでとめるだけのつもりのものが段々大袈裟になってでき上ったのが本書である。多少職業生活を振り返るような形にはなったが、依然ごった煮の感が残っているのは、無理矢理私の意見を貫いたことによるものと認識している。

いずれにしても、完成した原稿を本にする通常の出版と違い、バラバラのものを何とか一冊にまとめ上げるのは並大抵のことではなかったと思う。また、オフィスでの打合せの後、築地界隈の居酒屋での延長戦も楽しい思い出として忘れられない。悠光堂の皆さんに改めて感謝の意を表したい。特に実務を担当した遠藤さん、冨永さんにはご苦労をかけた。お二人とも独身とのこと、是非良縁をと願ってあとがきを終えたい。

令和二年七月

國分　正明

付記

新型コロナウイルスの感染拡大により、全世界がかつて経験したことがないような困難に直面している。日常生活、社会経済活動、文化・スポーツ活動、国内外の物流、人の交流など人間活動のあらゆる分野で変革が求められている。こんな中、本書の編集、出版作業が続けられ、関係者のご努力で完成を見たことを誠に有難く思っている。いつ、どのような形でコロナ騒ぎが終息するのか、現時点では全く見通しが立てられないが、一刻も早く、できるだけ犠牲が少なく収まってほしいと願わずにはおられない。

イラスト p.83、85、93、101、105、117、169、
185、209　　國分洋子

悠光堂の 文部省OB出版 について

出版社悠光堂では、これまですでに十数冊にのぼる、文部省（文部科学省）OB の方々の出版のお手伝いをさせていただいてきております。今後とも引き続き OB の方々の出版についてのご相談に乗らせていただき、事業展開をしていきたいと存じておりますので、何卒よろしくお願いいいたします。

また、年に一度（秋頃予定）文部省 OB 出版局通信の発行も行ってまいりますので、ぜひともご愛読のほどお願いいいたします。

局　員　　遠藤由子
　　　　　冨永彩花
応　援　　國分正明

ひとつの人生の棋譜

2020 年 10 月 10 日　初版第一刷発行

著　者　　國分正明

発行人　　佐藤裕介
編集人　　遠藤由子（企画・進行管理）
　　　　　冨永彩花（企画・制作支援）
発行所　　株式会社 悠光堂
　　　　　〒 104-0045 東京都中央区築地 6-4-5
　　　　　シティスクエア築地 1103
　　　　　電話　03-6264-0523　FAX　03-6264-0524
　　　　　http://youkoodoo.co.jp/
デザイン　株式会社 シーフォース
印刷・製本　株式会社 シナノパブリッシングプレス

ISBN978-4-909348-30-2　C0095